JN415380

여성과 법률

[신정판]

法 文 社

신정판 머리말

"여성과 법률"이 이번에도 독자들의 많은 지적과 격려에 힘입어 신정판을 출간하게 되었다. 개정판 이후에 내용과 관련된 많은 법률들이 개정되었으므로 이에 관한 부분을 전체적으로 보완, 수정하였다. 아울러 독자들의 이해를 높이기 위하여 관련내용을 좀 더 자세히 쉽게 기술하려고 노력하였다.

이번에도 본 개정에 수고를 해준 부경대 강사 김미경 박사, 교정과 내용정리에 도움을 준 김민선 조교와 임주영 학생에게 감사의 마음을 전한다.

또한 이번에 신정판 출간 기회를 주신 법문사 사장님, 원고 편집과 교정에 애를 많이 써주신 편집부 예상현 과장과 직원여러분들 그리고 실무적으로 많은 수고를 한 권혁기 대리께도 감사의 마음을 전한다.

2014년 2월 1일

대연동 연구실에서 최 명 구

개정판 머리말

“여성과 법률”이 독자들의 관심 속에 개정판을 내게 되었다. 초판 출간 후 현재까지 개정된 법률을 중심으로 내용을 재정리하였다. 특히 “할부거래에 관한 법률”의 대폭개정으로 관련 장의 내용을 상당부분 개정하였다. 그리고 독자들의 이해를 돕기 위하여 내용을 쉽게 전개하려고 노력하였다.

본 개정에 수고를 해준 부경대 강사 김미경 박사에게 감사의 마음을 전한다.

2011년 2월 15일

대연동 연구실에서 崔明龜

머리말

"여성과 법률"은 여성과 관련된 법률문제를 다룬 저서로서, 우리사회에서 여성이 사회적 약자로서 법적 지위를 갖는 부분과 여성으로서 알아야 할 법적 사항을 중점적으로 정리하여 기술하였다. 또한 본서는 대학강의일정에 맞게 14개의 다양한 주제를 두고 해당 주제의 내용, 사례 그리고 생각할 문제로 구성되어 있다. 이렇게 구성한 이유는 독자들이 내용을 통하여 해당주제를 숙지하고, 이어서 관련사례를 파악함으로써 전체적으로 이해도를 높이는 데 있다. 아울러 해당 내용과 사례의 숙지 후 스스로 생각할 여지를 두기 위하여 생각할 문제를 두었다.

그럼에도 불구하고 부족한 부분이 있을 것으로 생각되며 이 부족한 부분은 전적으로 저자의 모자람에 기인한 것이기 때문에 앞으로 독자의 지속적인 관심과 지적을 토대로 좀 더 나은 내용을 제공하도록 노력할 것이다.

이 책의 출간을 위하여 내용보완 등 책의 완성도에 도움을 준 부경대 강사인 최현숙 박사와 교정과 내용정리 등 여러 가지로 도움을 준 박사과정을 수료한 최춘길과 박사과정에 있는 설영숙에게 감사를 드린다.

2009년 2월 1일

저자 崔 明 龜

차 례 *contents*

제1강 여성과 법

Ⅰ. 여성의 인간으로서의 존엄과 가치

Ⅱ. 여성의 법적 지위

1. 서론

2. 현행법상의 남녀평등조항

제1강 여성과 법

I. 여성의 인간으로서의 존엄과 가치

헌법 제10조는 "모든 국민은 인간으로서의 존엄과 가치를 가지며 행복을 추구할 권리를 가진다. 국가는 개인이 가지는 불가침의 기본적 인권을 확인하고 이를 보장할 의무를 진다"라고 규정하여 국민이 인간으로서의 존엄과 가치 · 행복을 추구할 권리 및 국가의 기본적 인권의 보장의무를 선언하고 있다. 인간이 인간으로서 당연히 가질 수 있는 기본적 권리인 인권은 국가에 의하여 비로소 부여되는 것이 아니라 전국가적 · 초국가적인 권리로 자연에 근거하여 가지는 천부적인 것이라고 말할 수 있다.

즉, 국가는 개인이 가지는 불가침의 기본적 인권을 확인하고 이를 보장할 의무를 지고 있기 때문이다. 인권이 이러함에도 불구하고 현실적으로 여성은 사회경제적으로 인권을 유린당하고 있는 점을 찾아볼 수 있다.

경우에 따라서는 법률에 의해서 여성의 인권유린이 뒷받침되고 있기도 하다.

예컨대, 형법상의 간통죄는 배우자의 고소가 있어야 논할 수 있는 친고죄인 바 배우자의 고소제기는 혼인이 해소되었거나 이혼소송을 제기한 후에야 가능한데(형사소송법 제229조제1항), 우리나라의 경제·사회적 여건과 여성에게 불리한 이혼제도에 비추어 볼 때 이혼을 전제로 한 고소는 남편에게만 유리한 제도로 되어 결국 남편이 아내와 헤어지기 위한 하나의 수단이 되기 쉽다. 따라서 법내용의 애매모호함과 형식적인 법 규정의 운영 혹은 부당한 법적용 등을 통해 여성은 인간으로서의 존엄을 무시당하고 남성의 예속물이 되도록 요구당하기도 한다.

법이 사회적 약자 보호를 내포하고 있는 인권 보장적 측면은 법의 성격에서 나온 것이 아니라 약자들의 저항으로 쟁취한 사회적 소산이다. 따라서 그것은 지배층의 불가피한 양보의 의사표시로서 여전히 법제도 속에서 지배층의 이익을 반영할 여지를 아직도 가지고 있다.

여성의 인간으로서의 존엄과 관련된 법 제도는 근대 인권사상의 풍미에도 불구하고 여전히 재산을 소유한 남성들의 지배구조적인 남성전제 문화를 표현하여 프랑스 대혁명에서 시민의 자유와 만민평등의 선언에서 조차 그 시민은 남자만을 의미하였다. 인권이란 다만 남성들의 인권임을 깨달은 이후 여성들은 인권쟁취를 위해 집요한 투쟁을 새로 전개하여 20세기에 들어와서야 비로소 프랑스, 영국, 독일, 미국 등이 추상적이지만 오늘날과 같은 남녀평등을 법으로 인정하고 있다.

Ⅱ. 여성의 법적 지위

1. 서 론

1948년 우리나라는 자유민주주의 이념을 표방하는 민주공화국 헌법을 제정·공포한 이래 그동안 아홉 차례에 걸친 개헌이 있었으나 헌법은 성차별을 금지하는 평등권을 변함없이 선언하고 있다. 이에 따라 지금까지 헌법에 명시된 '법 앞의 평등'원칙에 위배되는 성차별의 각종 법률규정들은 상당한 수준으로 차례차례 제거되거나 개정되어 왔다.

예컨대, 1958년 제정된 민법 가족편은 그 내용이 헌법정신에 위배되는 성차별 규정들을 담고 있어 여성계의 끊임없는 비판과 도전을 받아왔으며 1989년 12월 19일 제7차 개정이 이루어지면서 현행 가족편은 헌법이 명시하는 남녀평등권의 원칙에 보다 근접한 것으로 평가되고 있다. 또한 2001년에는 상속에 관한 승인규정이 일부 수정되기도 하였다.

그러나 현행 가족법은 지난 40여 년간 한국의 가족관계와 여성의 법적 지위를 규정해 온 구 가족법에 비해 '변혁적'이라 부를 만큼 획기적인 내용을 담고 있는 것은 사실이나 아직도 가부장제적 남성지배 이데올로기를 크게 반영하고 있음도 부인할 수는 없다. 아래에서는 우리나라의 현행법상 남녀평등조항에 관한 여러 가지의 문제점을 개괄적으로 살펴보기로 한다.

2. 현행법상의 남녀평등조항

1) 공법상의 남녀평등조항

우리 헌법전문은 "……정치·경제·사회·문화의 모든 영역에 있어서 개인의 기회를 균등히 하고…… 국민생활의 균등한 향상을 기한다"라고 선언하고 있으며, 제11조에서는 "모든 국민은 법 앞에 평등하다. 누구든지 성별·종교 또는 사회적 신분에 의하여 정치적·경제적·사회적·문화적 생활의 모든 영역에 있어서 차별을 받지 아니한다"라고 선언하고 있으며, 제36조제1항에서는 "혼인과 가족생활은 개인의 존엄과 양성의 평등을 기초로 성립되고 유지되어야 하며 국가는 이를 보장한다"라고 규정하고 있고 선거에 있어서의 남녀의 평등은 제41조제1항, 제116조제1항 등에서 이를 규정하여 보장해 주고 있다.

특히, 헌법은 여자의 노동에 대한 특별보호규정을 제32조제4항에서 "여자의 근로는 특별 보호를 받으며 고용·임금 및 근로조건에 있어서 부당한 차별을 받지 아니 한다"라고 규정하여 여자의 노동권을 명백하게 보장하고 있다. 이러한 민주적 헌법의 규정에 따라 여성의 법적 지위는 구법 하에서보다 상당히 향상된 것이 사실이다.

민법상 재산권 행사에 관하여 남녀차별이 없을 뿐만 아니라 형사상으로는 배우자의 부정행위에 대한 제재수단으로 간통죄 처벌에 있어 구형법에서는 아내의 부정행위만을 처벌하던 것을 현행법에서는 소위 쌍벌죄로 규정하여 남편·아내 구별 없이 처벌하도록 하였다.

노동관계법에서 특히 '법 앞의 평등'을 규정한 헌법조항을 재확인하여 노동조합 조합원은 어떠한 경우에도 인종·종교·성별·연령 신체적 조건·고용형태, 정당 또는 신분 등에 의하여 차별대우를 받지 아니하며

(노동조합 및 노동관계조정법 제9조) 사용자에게서 근로자는 남녀의 차별적 대우를 받지 아니하도록 규정하고 있다(근로기준법 제6조).

이상의 규정들은 법의 명문형식에서는 남녀를 차별하지 않거나 여성을 더 두텁게 보호한다고 볼 수 있으나 아직도 남성지배가 절대적인 사회적 관행과 가족법상의 각종 성차별조항에 의해 실제로는 여성들의 인권보호에 만전을 기하고 있다고는 볼 수 없다.

2) 사법상의 남녀평등조항

민법의 제4편과 제5편에 속하는 친족・상속법인 가족법은 1990년 제7차 개정을 통해 대폭 개정하였고, 최근 2013년 7월 1일 시행된 개정민법에서는 제한능력자제도 도입(과거 무능력자제도의 개선)으로 가족법분야가 많은 부분 개정되었다. 현행가족법의 내용을 개정된 내용을 중심으로 요약하면 다음과 같다.

(1) 친족관계

개정 전 법률에서는 부계, 모계에 따라 불평등한 친족범위를 규정하고 있었으나 현행법에서는 부계, 모계 똑같이 8촌 이내의 혈족과 부계, 모계 모두 4촌 이내의 인척으로 규정하고 있다.

따라서 8촌 이내의 혈족은 부계나 모계 다 같이 친족이 되는 것은 물론 혼인관계로 생기는 4촌 이내의 인척(이를테면 남자의 경우 처의 부모인 장인, 장모는 물론이고 처의 형제, 자매, 처삼촌, 처사촌, 처사촌동서)도 모두 친족이 된다(민법 제777조 참조). 이는 종래의 친족관계가 남계혈통중심으로 규정되던 것을 양성평등의 원칙에 입각해서 동등하게 규정한 것이다.

(2) 호주제도의 폐지

장남은 과거 법률에서는 의무적으로 호주라는 신분이 상속되었으나 이후 장남이 호주승계를 포기할 수 있고 또 분가하거나 다른 집에 양자로 갈 수도 있게 개정되었다가 현재는 호주제의 폐지로 이 조항도 폐지되었다(2005년 개정).

또한 호주의 권리와 의무규정(이를테면 가족부양의 의무, 가족거소지정권, 가족 중 성년남자에 대한 강제분가권, 한정치산선고권, 후견인이 될 권리, 입적동의권)도 호주제 폐지로 모두 삭제되었다 . 한편 호적제도가 1인 1적 제도로 변경됨으로써 호적제도가 유명무실하게 되었다. 이와 더불어 친족법 제2편 제2장 '호주와 가족'을 '가족의 범위와 자의 성과 본'으로 개정하여, 과거 호주에 관한 조항을 모두 폐지하고 새롭게 가족의 범위와 자의 성과 본 조항을 신설하였다(2005년 개정).

(3) 혼인법

혼인법에서는 가부장제적 성차별주의를 줄이려는 의도가 엿보이는 바, 그 주요 항목을 살펴보면 다음과 같다.

① 부부의 동거 장소에 관한 규정(1990년 개정)

종래에는 부부가 동거하는 장소를 남편의 주소나 거소로 하고 입부혼인(入夫婚姻)인 경우에만 처의 주소로 하였으나 현행법에서는 부부가 협의해서 동거생활장소를 정할 수 있기 때문에 상황에 따라서는 남편이 아내의 집에서 살 수도 있다(민법 제826조제2항).

② 부부 공동생활비용의 부담 (1990년 개정)

현행법 이전의 법에서는 공동생활에 필요한 비용을 남편이 부담하도록 규정하였으나 현행법에서는 이제는 가정생활의 필수요건인 여성의 가사노동의 경제적 가치와 경제적 능력을 인정하여 부부가 공동으로 부담하도록 함으로써 부부평등의 이념을 입법화하고 있다(민법 제833조).

③ 이혼에 따른 자녀의 양육책임규정

현행법 이전 법률은 이혼 시 자녀의 양육은 부모의 협의에 따르고 협의가 안 될 때에는 아버지가 양육책임을 지었으나 현행법에서는 이혼 시 자녀양육문제를 부모가 협의로 정하고 협의가 이루어지지 아니하거나 협의할 수 없을 때에는 가정법원은 직권으로 또는 당사자의 청구에 따라 이에 관하여 결정한다. 이 경우 제3항의 사정을 참작하여야 한다(민법 제837조제4항). 민법 제737조제3항에는 '제1항에 따른 협의가 자의 복리에 반하는 경우에는 가정법원은 보정을 명하거나 직권으로 그 자의 의사·연령과 부모의 재산상황, 그 밖의 사정을 참작하여 양육에 필요한 사항을 정한다(민법 제837조제3항, 2007년 개정). 또한 당사자인 부모는 자의 양육에 관한 양육자의 결정, 양육비용의 부담, 면접교섭권의 행사 여부 및 그 방법을 협의하여 정한다(민법 제837조제1항, 제2항).

④ 면접교섭권

부부의 이혼 시 자녀를 직접 양육하지 않는 부모의 일방과 자는 상호 면접교섭할 수 있는 권리는 갖는다(민법 제837조제1항, 2007년 개정). 그리고 가정법원은 자의 복리를 위하여 필요한 때에는 당사자의 청구 또는 직권에 의하여 면접교섭을 제한하거나 배제할 수 있다(민법 제837조제2항, 2005년 개정). 이 규정의 면접교섭권은 자의 복리 측면을 적극 고려한 것이다.

⑤ 재산분할청구권 (1990년 개정)

이혼 시 부부는 협의에 의해 재산을 나눌 수 있고 협의가 이루어지지 않는 경우 가정법원에 청구해서 재산을 분할할 수 있다. 그동안 여성의 가사노동이 정당한 평가를 받지 못했던 사정을 감안하면 현행법에서 신설된 재산분할 청구권제도의 경우 가사노동에 종사하는 기혼여성의 경제적 지위를 법적으로 평가하여 그것이 향상될 수 있는 계기를 만들었다는 평가를 받고 있다(민법 제839조의 2).

(4) 상속법(1990년 개정)

과거 법률에서는 호주상속과 재산상속을 인정하는 복합상속제도를 취하고 있었으나 현행법에서는 호주상속제도가 폐지됨으로써 재산상속법만을 규정하고 있다. 그 내용에 있어서도 상속순위와 상속분을 보면 남녀동권의 방향으로 조정하고 있는 것으로 지적되고 있다.

① 상속인의 범위와 상속순위

종전에는 상속인의 범위가 사망자의 8촌 이내의 방계혈족까지였으나 현행법에서는 4촌 이내의 방계혈족으로 축소시키고 있다(민법 제1000조제1항제4호). 또한 배우자의 상속순위에 관하여 구법에서는 부부 사이에 차등을 두었으나 현행법에서는 이 같은 차등을 없애고, 남편의 경우도 아내가 자식 없이 사망한 때에는 장인・장모와 공동 상속케 함으로써 사망한 딸의 유산을 친정부모도 상속받을 수 있게 하였다.

② 자녀간의 균등한 상속분

아들·딸 그리고 이들의 결혼여부에 관계없이 평등하게 재산을 상속받을 수 있게 되었고 배우자의 경우에는 남편·아내 구별 없이 자녀의 상속분보다 5할을 더 가산하여 받게 되었다(민법 제1009조). 그러나 공동상속인들 중에 재산의 유지 또는 증가에 특별히 기여한 사람이 있을 때에는 공동상속인의 협의나 가정법원의 결정에 따라 기여분을 별도로 받을 수 있게 하고 있다. 한편 최근에 배우자의 상속분에 관한 규정을 대폭 개정하여 상속지분을 확대하는 안이 제시되기도 하였다.

(5) 기타 법규

구법에서의 성차별적 요소를 제거함으로써 여성의 법적 지위가 보다 향상된 현행법의 내용 가운데는 양자제도에 관한 법규와 친권법 등이 있다. 양자제도의 경우 종전에 있었던 사후양자, 서양자(壻養子), 유언양자제도를 폐기했고 이것은 현대양자법의 추세에 따라 가(家)를 위한 양자제도에서 자(子)를 위한 양자제도로 가고 있고 친권법에서는 부모가 혼인중인 때에는 부모가 공동으로 친권을 행사하고, 혼인 외의 출생자가 인지된 경우나 부모가 이혼하는 경우에도 부모의 협의에 의해 친권을 행사할 자를 정하도록 하고 협의가 이루어지지 못할 경우에는 가정법원의 결정을 따르게 된다.

또한, 계모자와 적모서자가 종래의 강제적인 법정모자관계에서 인척관계로 바뀌었다. 말하자면 남편의 혼외 자녀가 아내의 동의 없이 입적되어 본인도 모르는 사이에 법정모자관계가 성립되는 경우는 이제 없어지게 된 셈이다.

이상에서 간략하게 살펴본 현행가족법의 내용은 구법에 비해서 남녀불평등의 불식에 획기적인 공헌을 하고 있는 것으로 평가되고 있다. 아울러 동성동본인 혈족 사이에는 혼인하지 못한다는 민법 제809조는 1997년 7월 16일 헌법재판소에서 헌법불합치결정으로 그 적용이 중지됨으로써 남녀평등을 적극적으로 실현한 것으로 평가할 수 있다.

사례문제

사례 1. 향후 수령할 공무원 퇴직연금이 재산분할의 대상이 되는지

▌남편 甲과 이혼을 하려고 한다. 그런데 남편 甲이 혼인생활 중 수년간 공무원으로서 근무하였는바 이혼 시 남편 甲이 향후 수령할 퇴직연금도 재산분할의 대상이 되는지?

협의이혼의 경우 재산분할청구권에 관하여 민법 제839조의 2에 의하면 "① 협의상 이혼한 자의 일방은 다른 일방에 대하여 재산분할을 청구할 수 있다. ② 제1항의 재산분할에 관하여 협의가 되지 아니하거나 협의할 수 없는 때에는 가정법원은 당사자의 청구에 의하여 당사자 쌍방의 협력으로 이룩한 재산의 액수 기타 사정을 참작하여 분할의 액수와 방법을 정한다. ③ 제1항의 재산분할청구권은 이혼한 날부터 2년을 경과한 때에는 소멸한다"라고 규정하고 있다. 그리고 재판상 이혼의 경우에도 민법 제843조에 의하여 위 규정이 준용된다. 위와 같은 재산분할제도는 부부가 혼인 중에 취득한 실질적인 공동재산을 청산·분배하는 것을 주된 목적으로 하는 것이므로 혼인 중에 부부가 협력하여 이룩한 재산이 있는 경우에는 혼인관계의 파탄에 대하여 책임이 있는 배우자라도 재산의 분할을 청구할 수 있다(대법원 1993. 5. 11. 자 93스6 결정). 그런데 위 사안에서는 향후 수령할 퇴직연금이 재산분할의 대상이 되는지 문제된다. 이에 관하여 판례를 보면 "향후 수령할 퇴직연금은 여명을 확정할 수 없으므로 이를 바로 분할대상재산에 포함시킬 수는 없고 이를 참작하여 분할액수와 방법을 정함이 상당하다"라고 하였다(대법원 1997.3.14. 선고 96므1533, 1540 판결, 대법원 2002.8.28. 자 2002스36 결정). 따라서 위 사안에 있어서도 본인과 甲이 이혼할 경우 甲이 장차 지급 받게 될 퇴직연금은 재산분할대상재산에 포함시킬 수는 없고 분할액수를 정함에 있어서는 참작할 수 있을 것으로 보인다. 〈출처 : 법률구조공단 사례에서〉

사례 2. 재산상속에 있어서 법정상속인의 상속순위

▌처자와 노부모, 시동생이 있는 남편이 교통사고를 당하여 사망하였다. 이 경우 남편의 재산 및 교통사고배상금의 상속관계는 어떻게 되는지?

상속의 순위에 관하여 민법 제1000조에 의하면 "① 상속에 있어서는 다음 순위로 상속인이 된다. 1. 피상속인의 직계비속 2. 피상속인의 직계존속 3. 피상속인의 형제자매 4. 피상속인의 4촌 이내의 방계혈족 ② 전항의 경우에 동순위의 상속인이 수인인 때에는 최근친을 선순위로 하고 동친 등의 상속인이 수인인 때에는 공동상속인이 된다. ③ 태아는 상속순위에 관하여는 이미 출생한 것으로 본다"라고 규정하고 있으며 이를 구체적으로 살펴보면 다음과 같다. 제1순위는 사망한 자의 직계비속(直系卑屬), 즉 자(子), 손자 등이다. 이 경우 자연혈족(친자식), 법정혈족(양자), 혼인 중의 출생자, 혼인 외의 출생자, 남자, 여자를 구별하지 아니하며, 태아는 상속순위에 있어서 이미 출생한 것으로 본다. 제2순위는 사망한 자의 직계존속(直系尊屬), 즉 부모, 조부모 등이다. 직계존속은 부계(친가), 모계(외가), 양가, 생가를 구별하지 아니하며 양자인 경우 친생부모와 양부모는 모두 같은 순위이다. 제3순위는 사망한 자의 형제 · 자매이며, 제4순위는 사망한 자의 4촌 이내의 방계혈족이다. 같은 순위의 상속인이 여러 명인 때에는 촌수가 가까운 사람이 선순위가 되고 같은 촌수가 여러 명인 경우에는 공동으로 상속하게 된다.

또한, 배우자(혼인신고 된 배우자)의 경우에는 피상속인(사망한 자)의 직계비속 또는 피상속인의 직계존속과 같은 순위, 직계비속과 직계존속이 모두 없을 경우에는 단독으로 상속을 하게 된다(민법 제1003조). 따라서 위 사안의 경우 상속순위는 남편의 자식과 배우자인 귀하가 공동으로 제1순위의 상속인이 되므로 남편의 노모와 시동생은 상속인이 될 수 없다고 하겠다. 다만 남편의 노모와 시동생은 아들 또는 형이 사망함으로 인한 정신적 고통에 대한 위자료청구권은 그들 고유의 권리로서 가지게 될 것이다(대법원 1999. 6. 22. 선고 99다7046 판결). 〈출처 : 법률구조공단 사례에서〉

생각할 문제

문제1. 2008년 1월 1일부터 호주와 호적제도는 어떻게 변경되는가?

문제2. 현재 우리나라 법률 중 여성지위향상과 관련된 법은 무엇인가?

문제3. 헌법에는 남녀평등에 관하여 어떻게 규정하고 있는가?

제2강 가정폭력과 법

제2강 가정폭력과 법

Ⅰ. 가정폭력범죄

1. 가정폭력 등의 의미

■ '가정폭력'이라 함은 가정구성원(과거 또는 현재의 법률상, 사실상 배우자, 자기 또는 배우자의 직계존비속, 계부모와 자·적모와 서자, 동거친족) 사이의 신체적, 정신적 또는 재산상의 피해를 수반하는 행위를 말한다(가정폭력범죄의 처벌 등에 관한 특례법 제2조제1호), 제2호).

■ '가정폭력행위자'라 함은 가정폭력범죄를 범한 자 및 가정구성원인 공범을 말한다(동법 제2조제4호).

■ '가정보호사건'이라 함은 가정폭력범죄로 인하여 이 법에 의한 보호처분의 대상이 되는 사건을 말한다(동법 제2조제6호).

■ '보호처분'이라 함은 '법원이 가정보호사건에 대하여 심리를 거쳐 행위자에게 과하는 동법 제40조의 규정에 의한 처분'을 말한다.

■ '아동'이라 함은 '아동복지법 제3조제1호에 따른 아동(18세 미만의 사람)'을 말한다.

2. 가정폭력범죄의 의미

가정폭력범죄라 함은 가정폭력으로서 다음에 해당하는 죄를 말한다(동법 제2조제3호).

가. 형법 제2편 제25장 상해와 폭행의 죄 중
– 제257조(상해, 존속상해) – 제258조(중상해, 존속중상해) – 제260조(폭행, 존속폭행)제1항 · 제2항 – 제261조(특수폭행) – 제264조(상습범)의 죄

나. 형법 제2편 제28장 유기와 학대의 죄 중
– 제271조(유기, 존속유기) 제1항 · 제2항 – 제272조(영아유기) – 제273조(학대, 존속학대) – 제274조(아동혹사)의 죄

다. 형법 제2편 제29장 체포와 감금의 죄 중

- 제276조(체포, 감금, 존속체포, 존속감금)
- 제277조(중체포, 중감금, 존속중체포, 존속중감금)
- 제278조(특수체포, 특수감금)
- 제279조(상습범)(제276조, 제277조의 죄에 한한다)
- 제280조(미수범)(제276조 내지 제279조의 죄에 한한다)의 죄

라. 형법 제2편 제30장 협박의 죄 중

- 제283조(협박, 존속협박) 제1항 · 제2항
- 제284조(특수협박)
- 제285조(상습범)(제283조의 죄에 한한다) 및
- 제286조(미수범)의 죄

마. 형법 제2편 제32장 강간과 추행의 죄 중

- 제297조(강간)
- 제298조(강제추행)
- 제299조(중강간, 준강제추행)
- 제301조(강간등 상해 · 치상)
- 제301조의2(강간등 살인 · 치사)
- 제302조(미성년자등에 대한 간음)
- 제305조(미성년자에 대한 간음, 추행)
- 제305조의2(상습범)(제297조부터 제300조까지, 제302조, 제303조 또는 제305조의 죄에 의한다)의 죄

바. 형법 제2편 제33장 명예에 관한 죄 중

- 제307조(명예훼손)
- 제308조(사자의 명예훼손)
- 제309조(출판물 등에 의한 명예훼손) 및
- 제311조(모욕)의 죄

사. 형법 제2편 제36장 주거침입의 죄 중 제321조 (주거 · 신체 수색)의 죄

아. 형법 제2편 제37장 권리행사를 방해하는 죄 중
- 제324조(강요) 및 - 제324조의 5(미수범)(제324조의 죄에만 한한다)의 죄

자. 형법 제2편 제39장 사기와 공갈의 죄 중
- 제350조(공갈) 및 - 제352조(미수범)(제350조의 죄에만 한한다)의 죄

차. 형법 제2편 제42장 손괴의 죄 중 제366조(재물손괴 등)의 죄

카. 가목부터 차목까지의 죄로서 다른 법률에 의하여 가중처벌되는 죄

3. 가정폭력범죄의 신고와 고소

가정폭력범죄에 관하여는 피해자 본인은 물론 누구든지 수사기관에 신고할 수 있다(동법 제4조제1항). 또한 아동의 교육과 보호를 담당하는 기관의 종사자와 그 기관장, 아동, 60세 이상의 노인 그 밖에 정상적인 판단능력이 결여된 사람의 치료 등을 담당하는 의료인 및 의료기관의 장, 「노인복지법」에 따른 노인복지시설, 「아동복지법」에 따른 아동복지시설, 「장애인복지법」에 따른 장애인복지시설의 종사자와 그 기관장, 「다문화가족지원법」에 따른 다문화가족지원센터의 전문인력과 그 장, 「결혼중개업의 관리에 관한 법률」에 따른 국제결혼중개업자와 그 종사자, 「소방기본법」에 따른 구조대·구급대의 대원, 「사회복지사업법」에 따른 사회복지전담공무원 중 어느 하나에 해당하는 사람이 직무를 수행하면서 가정폭력범죄를 알게 된 경우에는 정당한 사유가 없으면 즉시 수사기관에 신고하여야 한다(동법 제4조제3항 〈개정

2012.1.17.〉). 그리고 「아동복지법」에 따른 아동상담소, 「가정폭력방지 및 피해자보호 등에 관한 법률」에 따른 가정폭력 관련 상담소 및 보호시설, 「성폭력범죄의 피해자보호 등에 관한 법률」에 따른 성폭력피해상담소 및 보호시설(이하 "상담소등"이라 한다)에 근무하는 상담원과 그 기관장은 피해자 또는 피해자의 법정대리인 등과의 상담을 통하여 가정폭력범죄를 알게 된 경우에는 가정폭력피해자의 명시적인 반대의견이 없으면 즉시 신고하여야 한다(동법 제4조제3항 〈개정 2012.1.17.〉).

그러나 누구나 동법 제4조제1항 내지 제3항의 규정에 의하여 가정폭력범죄를 신고한 자에 대하여 그 신고행위를 이유로 불이익을 주어서는 안 된다(동법 제4조제4항). 이는 신고자에게 피해를 주지 않고 적극적 신고를 통해 가정폭력을 예방하려는 취지가 담긴 것으로 해석된다.

또한, 가정폭력범죄는 일반 형법상의 범죄와는 달리 자기 또는 배우자의 직계존속(부모, 시부모, 장인, 장모 등)에 대하여도 이 법에 의해서 고소할 수 있다. 신고는 112, 1366과 가까운 파출소나 경찰서 등 수사기관에 할 수 있고 상대방의 주소지를 관할하는 수사기관이나 가정폭력이 이루어진 곳을 관할하는 수사기관에 고소하면 된다.

한편, 가정폭력에 관한 고소장을 작성할 때는 최근의 가정폭력 뿐만 아니라 과거에 있었던 가정폭력 등에 관하여도 고소장에 자세히 기재함으로써 이번의 폭력이 우발적이거나 일회적이 아님을 강조할 필요가 있고 상해진단서나 소견서, 멍들거나 다친 부위의 사진 등을 고소장에 첨부하는 것이 좋다.

4. 가정폭력범죄에 대한 응급조치

현재 진행 중인 가정폭력을 신고하였을 경우 사법경찰관리는 즉시 현장에 출동하여 다음의 응급조치를 취하여야 한다(동법 제5조).

- 폭력행위의 제지, 가정폭력행위자와 피해자의 분리 및 범죄수사
- (피해자의 동의가 있는 경우에만) 피해자를 가정폭력 관련 상담소 또는 보호시설로 인도
- 긴급치료가 필요한 피해자의 의료기관으로 인도
- 폭력행위 재발 시 동법 제8조(임시조치의 청구 등)에 따라 격리 또는 접근금지 등의 임시조치를 신청할 수 있음을 통보

한편, 경찰의 응급조치에도 불구하고 가정폭력범죄가 재발할 우려가 있다고 인정될 경우 검사는 직권 혹은 사법경찰관의 신청에 의하여 법원에 가정폭력행위자에 대한 다음과 같은 임시조치를 청구할 수 있다(동법 제8조, 제29조).

- 피해자 또는 가정구성원의 주거 또는 점유하는 방실로부터의 퇴거 등 격리(예컨대, 안방출입금지, 그 집에서 나갈 것 등) : 2회 연장을 포함하여 최장 6개월까지 가능(1회에 2개월)
- 피해자 또는 가정구성원의 주거, 직장 등에서 100미터 이내의 접근금지 : 2회 연장을 포함하여 최장 6개월까지 가능
- 피해자 또는 가정구성원에 대한 「전기통신기본법」 제2조제1호의 전기통신(예: 유무선전화통화, 이메일, 전자문서, 인터넷채팅 등)을 이용한 접근금지 : 2회 연장을 포함하여 최장 6개월까지 가능

제8조의2 신설 : 제8조의2(긴급임시조치) ① 사법경찰관은 제5조에

따른 응급조치에도 불구하고 가정폭력범죄가 재발될 우려가 있고, 긴급을 요하여 법원의 임시조치 결정을 받을 수 없을 때에는 직권 또는 피해자나 그 법정대리인의 신청에 의하여 제29조제1항제1호부터 제3호까지의 어느 하나에 해당하는 조치(이하 "긴급임시조치"라 한다)를 할 수 있다. ② 사법경찰관은 제1항에 따라 긴급임시조치를 한 경우에는 즉시 긴급임시조치결정서를 작성하여야 한다. ③ 제2항에 따른 긴급임시조치결정서에는 범죄사실의 요지, 긴급임시조치가 필요한 사유 등을 기재하여야 한다. 〈본조신설 2011.7.25.〉

그리고 만일 가정폭력을 신고하였음에도 불구하고 사법경찰관리가 현장에 출동하지 않거나 출동하더라도 부부싸움이라는 이유로 그냥 돌아가는 등 무성의한 태도를 보인다면 경찰청이나 검찰청 1366 등에 진정・신고를 하거나 사법경찰관리를 직무유기 등으로 형사 고소할 수도 있다.

또한 가정폭력으로 수사기관에 고소장을 제출하였음에도 불구하고 상당한 기간이 지나도록 수사기관에서 아무런 조사나 조치도 취하지 않는다면 전화로 확인을 하거나 직접 담당 수사관을 찾아가 그 사건이 어떻게 처리되고 있는지 언제쯤 조사를 할 것인지 등에 대하여 알아보고 촉구해서 권리를 실현해야 한다.

5. 가정폭력범죄의 고소에 관한 특례

가정폭력범죄의 고소권자는 피해자 또는 그 법정대리인이며 일정한 경우 그 친족 또는 검사가 지정한 사람이 고소권자가 될 수 있다(동법

제6조제1항, 제3항). 즉, 피해자의 법정대리인이 가정폭력행위자인 경우 또는 가정폭력행위자와 공동으로 가정폭력범죄를 범한 경우에는 피해자의 친족이, 피해자에게 고소할 법정대리인이나 친족이 없는 경우에 이해관계인의 신청에 의하여 검사가 10일이내에 고소권자를 지정한 경우 그 지정자가 피해자의 가정폭력을 고소할 수 있다(동법 제6조제1항, 제3항). 또한 피해자는 자기 또는 배우자의 직계존속이 가해자인 경우에는 형사소송법 제224조에 의하여 고소할 수 없게 되어 있지만 가정폭력범죄시에는 그 특례가 인정되어 그러한 가해자를 고소할 수 있다. 법정대리인이 고소하는 경우에도 같다(동법 제6조제2항).

6. 가정폭력범죄의 임시조치

가정폭력으로 신고하더라도 수사기관의 수사와 법원의 재판 등을 거쳐 가해자가 일정한 보호처분이나 처벌을 받기까지는 상당한 기간이 소요되기 때문에 그 기간 동안 피해자는 가해자의 지속적인 폭력이나 괴롭힘, 보복 등으로 두려움에 떨게 되는데 이로 인한 피해자의 보호 등을 위하여 마련된 것이 '임시조치'이다(동법 제29조). 임시조치는 가정폭력을 신고하면서 경찰 또는 검사를 통하여 법원에 청구하거나 가정폭력사건을 담당한 판사의 직권으로 행해진다.

그러나 현실적으로는 임시조치결정이 잘 내려지지 않는 경향이고 법원에서 임시조치결정이 내려지더라도 가해자가 임시조치를 지키지 않으면 현행법상 이에 대한 아무런 제재규정이 없다. 따라서 다시 임시조치를 청구하여 좀 더 강한 임시조치에 처해지도록 하거나 구속시키는 등의 방법을 강구하여야 할 것이다.

임시조치의 종류는 아래와 같다.

- 피해자 또는 가정구성원의 주거 또는 점유하는 방실로부터의 퇴거 등 격리 : 2회 연장을 포함하여 최대한 6개월까지 가능
- 피해자 또는 가정구성권의 주거, 직장 등에서 100미터 이내의 접근금지 : 2회 연장을 포함하여 최대한 6개월까지 가능
- 피해자 또는 가정구성권에 대한 「전기통신기본법」 제2조제1호의 전기통신을 이용한 접근금지 : 2회 연장을 포함하여 최대한 6개월까지 가능
- 의료기관이나 그 밖의 요양소에의 위탁 : 1회 연장을 포함하여 최대한 2개월까지 가능
- 국가경찰관서 유치장 또는 구치소에의 유치 : 1회 연장을 포함하여 최대한 2개월까지 가능

위 임시조치를 판사가 결정한 경우에는 가정보호사건조사관, 법원공무원, 사법경찰관리 또는 구치소 소속 교정공무권으로 하여금 집행하게 할 수 있다(동법 제29조제8항). 그리고 가정폭력행위, 그 법정대리인이나 보조인은 위 임시조치 결정의 취소 또는 그 종류의 변경을 신청할 수 있고(동법 제29조제9항), 판사는 직권으로 그 신청이 정당한 이유가 있다고 인정되면 해당 임시조치를 취소하거나 그 종류를 변경할 수 있다(동법 제29조제10항).

7. 가정폭력범죄의 보호처분 등

가정폭력사건은 검찰단계에서 불기소처분(기소유예, 기소중지 등)이나 구약식(벌금형)으로 종결되거나 가정법원에서 가정보호사건으로 처리하거나 형사법원에서 일반 범죄처럼 처리될 수 있으며 이들 중 어느 쪽으로 처리할 것인지는 1차적으로 검사가 결정한다. 검사가 가정법원으로 송치한 사건을 심리한 판사는 불처분결정(아무런 처분도 하지 아니한다는 결정)이나 보호처분의 결정을 할 수 있다.

가정폭력사건에 대하여 '불처분결정'을 할 수 있는 경우는 다음과 같다(동법 제37조제1항).

- 보호처분을 할 수 없거나 할 필요가 없다고 인정한 때
- 사건의 성질·동기 및 결과, 가정폭력행위자의 성행·습벽 등에 비추어 가정보호사건으로 처리함이 적당치 않다고 인정한 때

한편 가정폭력사건에 대한 '보호처분'의 종류(동법 제40조)는 다음과 같다.

- 가정폭력행위자가 피해자 또는 가정구성원에게 접근하는 행위의 제한(6개월 이내)
- 가정폭력행위자가 피해자 또는 가정구성원에게 「전기통신기본법」 제2조제1호의 전기통신을 이용하여 접근하는 행위의 제한(6개월 이내)
- 가정폭력행위자가 친권자인 경우 피행해자에 대한 친권 행사의 제한(6개월 이내, 이 경우에 피해자를 다른 친권자나 친족 또는 적당한 시설로 인도할 수 있음)

■ 「보호관찰 등에 관한 법률」에 따른 사회봉사·수강명령(200시간 이내)

■ 「보호관찰 등에 관한 법률」에 따른 보호관찰(6개월 이내)

■ 「가정폭력방지 및 피해자보호 등에 관한 법률」에서 정하는 보호시설의 감호위탁(6개월 이내)

■ 의료기관에의 치료위탁(6개월 이내)

■ 상담소에의 상담위탁(6개월 이내)

위 보호처분은 병과할 수 있고 즉, 함께 부과할 수 있고(동법 제40조제2항), 위 네 번째부터 8번째(마지막)까지의 보호처분을 한 경우에는 가정폭력행위자의 교정에 필요한 참고자료를 보호관찰관 또는 수탁기관의 장에게 보내야 한다(동법 제40조제5항). 또한 감호위탁을 받은 기관은 가정폭력행위자에 대하여 그 성행을 교정하기 위한 교육을 꼭 해야 한다(동법 제40조제6항).

그러나 위 보호처분을 이행하지 않는 자는 2년 이하의 징역이나 2천만 원 이하의 벌금 또는 구류형에 처해진다(동법 제63조제1항). 이런 죄를 상습적으로 범한 경우에는 3년 이하의 징역이나 3천만 원 이하의 벌금에 처해진다(동법 제63조제2항).

8. 배상명령

가정폭력의 피해자는 가정보호사건을 심리하고 있는 1심법원에 피해자 또는 가정구성원의 부양료나 가정폭력으로 인하여 발생한 물적 피해 및 치료비 등을 청구할 수 있고 법원은 직권으로 배상명령을 내릴 수도 있다. 배상명령은 보호처분의 결정과 동시에 하되 가집행할 수 있다(동법 제57조, 제58조).

Ⅱ. 가정폭력의 피해자보호

1. 관련법률

가정폭력에 대한 피해자보호와 지원을 위하여 가정폭력방지 및 피해자보호 등에 관한 법률의 특별법을 두고 있다(1977.12.31, 법률 제5487호, 최근 2014.1.31. 법률 제11981호 일부개정). 이 법의 목적은 가정폭력을 예방하고 가정폭력의 피해자를 보호・지원함에 있다(동법 제1조).

2. 피해자의 의미

'피해자'란 가정폭력으로 인하여 직접적으로 피해를 입은 자를 말하며(동법 제2조제3호), '아동'이란 18세 미만을 말한다(동법 제2조제4호).

3. 피해자보호의 내용

1) 국가 등의 책무

(1) 각종 조치

국가와 지방자치단체는 가정폭력의 예방・방지와 피해자의 보호・지원을 위하여 다음 각 호의 조치를 취하여야 한다(동법 제4조제1항).

- 가정폭력 신고체계의 구축 및 운영
- 가정폭력의 예방과 방지를 위한 조사 · 연구 · 교육 및 홍보
- 피해자를 위한 보호시설의 설치 · 운영, 임대주택의 우선 입주권 부여와 그 밖에 피해자에 대한 지원 서비스의 제공
- 피해자의 보호와 지원을 원활히 하기 위한 관련 기관 간의 협력체계의 구축 및 운영
- 가정폭력의 예방 · 방지 및 피해자의 보호 · 지원을 위한 관계법령의 정비와 각종 정책의 수립 · 시행 및 평가
- 피해자와 동법 제4조의6(긴급전화의 설치와 운영 등)에 따른 긴급전화센터, 제5조(상담소의 설치와 운영)에 따른 가정폭력 관련 상담소, 제7조(보호시설의 설치)에 따른 가정폭력피해자 보호시설의 상담원 등 종사자의 신변보호를 위한 안전대책 마련

(2) 실태조사 등

여성가족부장관은 3년마다 가정폭력 실태를 조사하여 발표하고 이를 정책수립의 기초자료로 활용하여야 한다(동법 제4조의2제1항). 각급학교의 장은 가정폭력의 예방과 방지를 위한 교육을 실시하고 국가 또는 지방자치단체는 피해자 또는 피해자가 동반한 가정구성원이 아동인 경우 주소지 외의 지역에서 취학(입학 · 재입학 · 전학 및 편입학을 포함)할 필요가 있는 때에는 그 취학이 원활히 이루어지도록 지원해야 한다(동법 제4조의4제1항).

(3) 상담소 설치 등

국가 또는 지방자치단체는 가정폭력과 관련된 상담소를 설치·운영할 수 있고(동법 제5조제1항), 그 상담소의 설치·운영기준, 상담소에 두는 상담원의 수와 신고절차 등에 필요한 사항은 여성가족부령으로 정한다(동법 제5조제3항). 그리고 국가나 지방자치단체 외의 자가 상담소를 설치·운영하려면 특별자치도지사·시장·군수·구청장(구청장은 자치구의 구청장을 말함)에게 신고하여야 한다(동법 제5조제2항).

상담소의 업무는 아래와 같다(동법 제6조).

- 가정폭력을 신고 받거나 이에 관한 상담(상담을 요청한 사람과 그 가족에 대한 상담)에 응하는 일
- 가정폭력으로 인하여 정상적인 가정생활 및 사회생활이 어렵거나 그 밖에 긴급히 보호를 필요로 하는 피해자 및 피해자가 동반한 가정구성원(이하 '피해자등'이라 한다)에 대한 임시로 보호를 하거나 의료기관 또는 가정폭력피해자보호시설로의 인도하는 일
- 행위자에 대한 고발 등 법률적 사항에 관한 자문하기 위한 대한변호사협회 또는 지방변호사회 및 법률구조법의 규정에 따른 법률구조법인(이하 '법률구조법인'이라 한다) 등에 대한 필요한 협조와 지원의 요청
- 경찰관서 등으로부터 인도받은 피해자 등의 임시보호
- 가정폭력의 예방 및 방지에 관한 교육과 홍보
- 기타 가정폭력 및 피해에 관한 조사·연구

(4) 보호시설의 설치 등

국가 또는 지방자치단체는 가정폭력피해자 보호시설(이하 '보호시설'이라 한다)을 설치·운영할 수 있고(동법 제7조제1항), 사회복지사업법에 따른 사회복지법인과 그 밖의 비영리법인은 시장·군수·구청장의 인가를 받아 보호시설을 설치·운영할 수 있다(동법 제7조제2항). 그 설치·운영기준과 보호시설에 두는 상담원 등 종사자의 직종과 수 및 인가기준 등에 관하여 필요한 사항을 여성가족부령으로 정한다(동법 제7조제4항).

보호시설의 업무는 아래와 같다(동법 제8조제1항).

- 숙식의 제공
- 심리적 안정 및 사회적응을 위한 상담 및 치료
- 질병치료 및 건강관리(입소 후 1개월 이내의 건강검진을 포함)를 위한 의료기관에의 인도 등 의료지원
- 수사기관의 조사 및 법원의 증인신문에의 동행
- 법률구조기관 등에 필요한 협조와 지원의 요청
- 자립자활교육의 실시와 취업정보의 제공
- 다른 법률에 의하여 보호시설에 위탁된 사항
- 그밖에 피해자 등의 보호를 위하여 필요한 일

(5) 치료보호

치료기관은 피해자 본인·가족·친지나 긴급전화센터. 상담소 또는 보호시설의 장 등의 요청이 있을 경우에는 피해자에 대하여 다음 각 호

의 치료보호를 실시하여야 한다(동법 제18조제1항).

- 보건에 관한 상담 및 지도
- 신체적 · 정신적 피해에 대한 치료
- 기타 대통령령이 정하는 의료에 관한 사항

(6) 피해자 의사의 존중업무

상담소나 보호시설의 장은 피해자 등의 명시한 의사에 반하여 보호시설 및 치료시설의 보호를 할 수 없다(동법 제9조).

Ⅲ. 가정폭력 방지 및 피해자보호 등에 관한 법률

1. 목 적

가정폭력 방지 및 피해자보호 등에 관한 법률(이하 '가정폭력방지법'이라 한다)은 가정폭력을 예방하고 가정폭력의 피해자를 보호함으로써 건전한 가정을 육성함을 그 목적으로 하고 있다. 가정폭력방지법은 피해자들이 좀 더 쉽게 보호를 요청할 수 있도록 하는데 그 목적을 두고 있으므로 가해자를 처벌하는 것에 중점을 두기 보다는 가정폭력의 악순환이 반복되지 않도록 가해자를 문제의 유발자가 아닌 또 하나의 피해자로 보아 가정의 폭력을 방지하고자 하는 점이 매우 긍정적이라 할 것이다. 남편의 폭력을 운명으로 받아들이고 참기만 하여 가정폭력의 노예로 전락하기 보다는 피해구제를 위한 특례법을 통해 상담도 받고 보호도 받으면서 부당한 폭력에 과감히 맞서려는 자세가 필요하다.

2. 구 성

가정폭력 방지법은 총 22개 조문으로 총칙, 가정폭력피해상담소 등 설치, 벌칙, 부칙으로 구성되어 있다.

3. 내 용

1) 국가 · 지방자치단체 등의 책무

가정폭력방지법은 제4조에서 가정폭력을 예방하고 피해자를 보호하는데 국가와 지방자치단체에게 그 책무를 주어서 그 목적을 달성하고자 한다. 이를 위해서 국가나 지방자치단체는 가정폭력 신고체계를 구축하고 운영하며, 가정폭력의 예방과 방지를 위해서 조사 · 연구 · 교육 및 홍보를 실시하여야 하고, 피해자를 위한 보호시설을 설치 · 운영함과 더불어 피해자에 대한 지원 서비스의 제공하며, 피해자의 보호와 지원을 원활히 하기 위해서 관련 기관 간의 협력체계를 구축하고 운영하도록 하고 있으며, 가정폭력의 예방 · 방지와 피해자의 보호 · 지원을 위한 관계법령의 정비하고 각종 정책을 수립하여 시행하고 이를 평가하고 있다. 또한 가정폭력 예방교육의 실시, 아동의 취학 지원, 피해자를 고용하고 있는 자에게 불이익한 처분이 내려지지 않도록 하고 있다.

2) 상담소 설치 · 운영

제5조에서는 국가나 지방자치단체가 상담소를 설치하여 운영할 수 있도록 하고 있으며, 그 외 민간단체는 신고를 통하여 상담소를 설치 · 운영할 수 있도록 하여 피해자 상담을 원활히 할 수 있도록 하고 있다. 설치된 상담소는 가정폭력을 신고받거나 이에 관한 상담에 응하는 업무를 수행하고, 가정폭력으로 정상적인 가정생활과 사회생활이 어렵거나 그 밖에 긴급히 보호를 필요로 하는 피해자 및 피해자가 동반한 가정구성원을 임시로 보호하거나 의료기관 아닌 가정폭력피해자 보호시설로 인도(引導)하는 일, 행위자에 대한 고발 등 법률적 사항에 관하여 자문하기 위한 대한변호사협회 또는 지방변호사회 및 「법률구조법」에 따른 법률구조법인 등에 대한 필요한 협조와 지원의 요청할 수 있으며, 경찰관서 등으로부터 인도받은 피해자등의 임시 보호하고, 가정폭력의 예방과 방지에 관한 홍보할 수 있다.

3) 보호시설 설치 · 운영

국가나 지방자치단체는 가정폭력방지법 제7조의2에 따라 보호시설을 설치하여 운영할 수 있다. 보호시설에는 아래와 같은 종류가 있다.

· 단기보호시설: 피해자 등을 6개월의 범위에서 보호하는 시설

· 장기보호시설: 피해자 등에 대하여 2년의 범위에서 자립을 위한 주거편의(주거편의) 등을 제공하는 시설

· 외국인보호시설: 배우자가 대한민국 국민인 외국인 피해자 등을 2년의 범위에서 보호하는 시설

· 장애인보호시설: 「장애인복지법」의 적용을 받는 장애인인 피해자

등을 2년의 범위에서 보호하는 시설

보호시설에는 피해자에게 숙식을 제공하고, 심리적 안정과 사회적응을 위한 상담 및 치료를 하여야 하며, 질병치료와 건강관리를 위한 의료기관에의 인도 등 의료지원을 하고, 수사기관의 조사와 법원의 증인신문(증인신문)에 동행하며, 법률구조기관 등에 필요한 협조와 지원을 요청하고, 자립자활교육을 실시하고 취업정보를 제공하며, 그 밖에 피해자 등의 보호를 위하여 필요한 일을 수행하여야 한다.

또한 이러한 시설을 설치하여 운영함에 있어서 누구든지 영리를 목적으로 상담소·보호시설 또는 교육훈련시설을 설치·운영하여서는 아니된다. 다만, 교육훈련시설의 장은 상담원교육훈련과정을 수강하는 자에게 여성가족부장관이 정하는 바에 따라 수강료를 받을 수 있도록 하여 피해자를 보호하고자 한다(동법시행령 제16조).

4. 문제점 및 해결방안

1) 문제점

가정폭력방지법의 시행에도 불구하고 가정폭력은 인권을 침해하는 심각한 범죄로서 최근 점차 양적인 증가와 질적인 심화현상이 수반되고 있는 실정이다. 이와 같이 최근의 현상으로 보아 가정폭력은 법적·제도적 장치만으로는 근절되기 어렵다는 것을 알 수 있다.

가정폭력은 법제도의 실현 이전에 가족간의 조정이 먼저 이루어져야 함에도 불구하고 현실은 그렇지가 못하고, 가족간의 일은 지극히 사적인 공간이라는 생각이 지배적인 우리 사회에서는 국가가 관여하여 가족간의 문제를 해결한다는 생각은 일반 국민의 의식과 거리가 먼 일이다. 이처럼 가정폭력에 대하여 국가권력이 개입하는 것에 대한 사회적 동조나 이해가 이루어지지 않고 있다.

2) 해결방안

가정폭력방지법의 시행으로 인하여 가정의평화유지와 폭력재발이 방지되는 면도 없지 않지만 오히려 가정문제에 국가공권력이 개입하였다는 그 자체만으로 가족 간의 관계가 더욱 악화되거나 가족 해체가 촉진되는 경우도 상당하다고 한다. 따라서 법의 집행자인 국가기관과 가정폭력피해자 및 행위자 사이에 중재해 주는 조정자가 반드시 필요할 것으로 보인다. 이 조정자로서 가정복지사가 가족상담 및 가족관계 등에 개입하며 가해자에 대한 상담치료까지도 가능하게 함으로써 가정폭력범죄에 대한 철저한 인식과 실태파악 및 이에 대한 정확한 실상과 특성을 파악함으로써 피해자와 가해자에 대한 법적 보호와 대책 그리고 불이익을 사전에 예방하고 피해자의 인권보장에 만전을 기할 수 있을 것이다.

사례문제

사례 1. 중혼적 사실혼관계에서 인척도 성폭력범죄처벌법상 사실상의 친족인지

▌甲女의 어머니 乙은 수년전 가출하여 생사가 불분명한 甲女의 아버지 丙과 혼인관계를 정리하지 않은 상태에서 丁과 혼인식을 거행하고 실질적인 혼인생활을 하고 있다. 그런데 丁은 乙이 집에 없는 동안 甲女를 강간하였다. 이 경우 丁의 위와 같은 행위가 성폭력범죄의처벌및피해자보호등에관한법률위반으로 문제될 수 있는지?

형법 제297조에 의하면 "폭행 또는 협박으로 부녀를 강간한 자는 3년 이상의 유기징역에 처한다"라고 규정하고 있으며 형법 제306조에 의하면 "강간죄는 고소가 있어야 공소를 제기할 수 있다"고 규정하고 있다. 그리고 성폭력범죄의처벌및피해자보호등에관한법률(약칭 성폭력범죄처벌법) 제7조제1항에 의하면 "친족관계에 있는 자가 형법 제297조(강간)의 죄를 범한 때에는 5년 이상의 유기징역에 처한다"라고 규정하고 있으며 성폭력범죄처벌법 제7조제4항에 의하면 "제1항 내지 제3항의 친족의 범위는 4촌 이내의 혈족과 2촌 이내의 인척으로 한다"라고 규정하고 있고 성폭력범죄처벌법 제7조제5항에 의하면 "제1항 내지 제3항의 친족은 사실상의 관계에 의한 친족을 포함한다"라고 규정하고 있다.

또한, 성폭력범죄처벌법 제15조에 의하면 "제11조 · 제13조 및 제14조의 죄는 고소가 있어야 공소를 제기할 수 있다"라고 규정하여 성폭력범죄처벌법 제7조 위반의 경우에는 고소가 없어도 공소를 제기할 수 있다. 그런데 위 사안에서와 같이 중혼적 사실혼(乙이 丙과의 혼인관계를 정리하지 않은 상태에서 丁과 사실적 혼인관계를 형성하고 있으므로 중혼적 사실혼으로 보아야 할 듯함)으로 인하여 형성된 인척이 성폭력범죄처벌법 제7조제5항 소정의 사실상의 관계에 의한 친족에 해당하는지에 관하여 판례를 보면 "법률이 정한 혼인의 실질관계는 모두 갖추었으나 법률이 정한 방식, 즉 혼인신고가 없기 때문에 법률상 혼인으로 인정되지 않는 이른바 사실혼으로 인하여 형성되는 인척도 성폭력범죄의처벌및피해자보호등에관한법률 제7조제5항이 규정한 사실상의 관계에 의한 친족에 해당하고 비록 우리 법제가 일부일처주의를 채택하여 중혼을 금지하는 규정을 두고 있다 하더라도 이를 위반한 때를 혼인 무효의 사유로 규정하고 있지 아니하고 단지 혼인 취소의 사유로만 규정함으로써 중혼에 해당하는 혼인이라도 취소되기 전까지는 유효하게 존속하는 것이므로 중혼적 사실혼이라 하여 달리 볼 것은 아니다"라고 하였다(대법원 2002. 2. 22. 선고 2001도5075 판결). 따라서 위 사안에서 丁이 甲女와 중혼적 사실혼으로 인하여 형성되는 인척이라고 하여도 丁은 甲女를 강간함으로 인하여 성폭력범죄처벌법 제7조에 정해진 형으로 처벌을 받게 될 것이고 고소가 없어도 처벌할 수 있게 될 것이다. 〈출처 : 법률구조공단 사례에서〉

생각할 문제

문제 1. 가정폭력범죄의 신고

개똥의 집에서 부부가 싸우는 소리가 들렸는데 이웃에 살던 말똥의 집에 말똥의 부인이 경찰에 신고할 수 있는가? 이는 개인의 사생활 침해가 아닌가?

문제 2. 가정폭력범죄로부터 임시보호조치

개똥 가정에서 폭력을 사용하여 부부싸움을 하였다. 이때 폭력을 행사하는 개똥으로부터 개똥의 부인을 보호하려고 한다. 이 경우에 개똥의 부인과 그 가족은 어떤 조치를 경찰을 통하여 법원에 신청할 수 있는가?

문제 3. 징역 또는 벌금?

말똥은 그 부인을 상습적으로 폭행하였고 이를 참지 못한 부인은 경찰에 가정폭력범죄로 고소하여서 말똥은 법원으로부터 사회봉사명령 50시간을 받았다. 그러나 말똥씨는 울분을 참지 못하고 또다시 폭행을 했으며 사회봉사명령도 이행하지 않았다. 이 경우에 말똥씨는 어떤 처분을 받을 수 있는가?

제3강 여성의 지위로서 의녀

1. 의녀의 개념
2. 의녀의 사회적 지위
3. 의녀의 연혁
4. 의녀의 복식
5. 의녀에 대한 대우
6. 의녀의 교육과 그 권장법
7. 의녀의 교과용 의방서
8. 의녀의 치료법
9. 의녀전

제3강 여성의 지위로서 의녀

1. 의녀의 개념

‘의녀’는 조선시대에 부인들의 병을 구호·진료하기 위하여 창설된 제도로서 여의(女醫)라고 부른다. 이런 의녀제도는 단순히 의료사업을 수행하는 것이 아닌 남녀접촉이 어렵던 사회적 제약 때문에 남의(男醫)가 직접 진료할 수 없는 데에서 비롯되었다. 한방에서 진료를 위하여는 우선 적으로 맥으로 보는 촉진(觸診)을 하는데 남의가 내방부인을 진맥하는 것이 그 시대에는 거의 불가능하였다. 따라서 사회적 요청에 의하여 의녀제도는 부인들의 병을 주로 치료하기 위하여 창설된 제도이다.

2. 의녀의 사회적 지위

조선시대는 의업을 하는 자의 사회적 지위는 중서계급에 속하였다. 따라서 의관은 중서계급에 속하였다. 그러나 의녀는 중서계급의 출신이 아니었다. 왜냐하면 조선시대에 남녀가 자유로운 접촉을 금해 왔기 때문에 외부 남성과 쉽게 접촉할 기회를 가질 수 있는 직업을 천시하였기 때문이다. 따라서 의녀들은 거의 모두 노비(관노비 또는 사노비) 출신으로 충당되었다. 이런 이유로 의녀는 다른 중서계급에 비하여 낮았으며 기녀와 비슷한 계급에 속하였다.

그 후 성종말엽 이후부터 연산군에 이르기까지 의녀들이 연유장(연회장)에 나오게 됨으로써 그 대우가 더욱 천시되었다. 그렇지만 의녀 및 창기의 자녀는 종량(從良) 즉 상민의 적(籍)에 입적할 수 있어서 실질적으로 노비계급보다는 다소 나은 대우를 받았다. 그 후 갑신정변(서기 1884년)이후 노비제도의 폐지와 서양의술의 도입으로 차츰 현대 의술제도가 도입되었고 간호사제도가 의녀를 대신하였다. 그러나 오늘날에는 여의사가 그 위치를 대신하고 있다.

3. 의녀의 연혁

1) 의녀의 창설

의녀는 태종 6년(1406년) 3월에 검교(檢校), 한성윤(漢城尹) 지제생원사(知濟生院事) 허도(許道)의 건의에 의하여 제생원에서 설치되었다. 처음에는 창고궁사(倉庫宮司)에 있는 동녀(童女) 수십 명을 뽑아 맥경

(脈經) 및 침구법을 가르쳐 부인들의 병을 진료·치료하게 하였다. 그 뒤 태종 18년 6월에는 제생원의 제청으로 의녀를 다시 증가시켰다.

그 후 세조 및 세종 때에 이르러서는 의녀들에게 소독의서(所讀醫書)를 익히게 하였고 세종 4년에 그리고 예조는 제생원 의녀들의 훈도관(訓導官)을 감찰하고 승정원은 의녀들의 학업상태를 감독하게 하였다. 그 뒤 예조 5년에 제생원이 혜민국에 병합되어 그 후 의녀들은 혜민국과 내의원에 속하게 되었다. 성종때까지 의녀들을 중앙 및 지방 부녀들의 질병치료에 줄곧 종사하여 왔다.

2) 의녀의 의기화(醫妓化)

성종 말엽부터 연산군까지의 의녀들은 부인들의 질병치료 이외에 가무를 배우며 또는 홍장(紅粧)을 시켜 기녀들과 함께 공사의 연유에 참가하도록 하였다. 연산군 8년에는 각사(各司)가 주관하는 연유에 의녀와 기녀들을 불러들이는 것을 금하였다. 그 이유는 이런 연유에 의녀와 기녀를 동원함으로써 노비가 피폐하게 되었기 때문이다.

한편, 연산군 8년에는 부자집에서 사치스런 혼사품을 준비하는 폐해를 방지하기 위하여 의녀들을 혼가납채일(婚家納采日)에 물품을 감찰도록 하였으며 재주 있는 의녀들은 어전의 계상(階上)에 참석하여 시중을 들기도 하였다. 그 뒤 의녀는 천자문과 시구(詩句)를 익히기도 하였다.

3) 의녀의 연유금지 및 의녀의 의기겸행(약방기행)

중종부터 선조에 이르기까지 의녀들의 공사연유에 참가하는 것을 법으로 엄단하고 의료사업에 전념하도록 하였다. 또한 중종 2년에 의녀·창기들이 낳은 자식들에 대하여 종량(從良)을 허가하였다. 광해군때에는 사대부가에 죄인을 체포할 때에 의녀로써 내정(內庭)을 조사하도록 하였다. 또한 왕비의 친잠(親蠶)시에는 의녀로써 의장봉지(儀仗奉持)를 받들게 되었다. 그리고 광해군 이후 고종 말경까지의 의녀들은 부인들의 진료에 종사하면서 약방기생이라는 이름으로 기녀들과 함께 연유에 참석하였고 이들은 관기(官妓)중에서도 제1품에 속하였다.

4. 의녀의 복식

의녀의 복식에 관하여 창설초기부터 성종 말엽까지 정확한 문헌이 없어서 알 수가 없다. 그러나 성종 말엽부터 기녀의 복식에 따른 것을 볼 수 있다. 그리고 내의원의녀들은 다른 기녀들과 같이 연유에 참석하기는 하였으나 다른 관기보다는 품위가 높다는 것을 표시하기 위하여 머리에 흑단(黑檀)으로 만든 '족도리(2004년 3월에 종영된 대장금 이라는 드라마에서 그 모습을 볼 수 있음)'를 썼다. 그 외 기생들은 후포로 만든 가리마를 얹었으며 '가리마'란 너울을 접어서 머리에 올린 형태의 것이다.

평소 의녀들로서의 복장은 보통 내인들과 같이 옥색 3회장 저고리에 남치마였으나 같은 복장이라도 기생이라 역시 멋을 부렸다고 한다. 가슴에 조그맣게 침주머니를 달았는데 그 둘레에 공작 꼬리의 둥글둥글한 것을 여러개 꽂았다. 고종 말까지만 해도 이미 양의(洋醫)가 권내에 있었기 때문에 침주머니는 사실상 액세서리와 같게 되었다.

5. 의녀에 대한 대우

의녀들은 여기(女妓)의 예에 따라 1년에 두 차례 쌀을 주었다. 그리고 시대가 경과함에 따라 지방에서 선상(選上)되는 의녀의 수도 많아져서 이들에 대한 경제적 대우 문제도 좀 더 나아졌다. 성종 9년에는 내의녀 2명에게는 매삭(每朔)에 료(料)를 급(給)하고 간병의녀 20명과 전달에 강화수(講畫數)가 많은 4명에게 급료하였다. 그리고 영·정조에 이르러 내국의녀에게는 한 달에 화수(畫數)가 6분 이상에 달하면 월급을 주었다. 그리고 수석에게는 면포 2필, 차석에게는 1필씩 호조로부터 지급하였다. 그 중에 성적이 우수한 4명은 호조에 알려 3명은 급료를 주고 1명에게는 포(布)를 주었다.

6. 의녀의 교육과 그 권장법

태종 5년에 부인의 질병을 치료하기 위하여 창고궁사의 동녀 수십 명을 선발하여 맥경(脈經) 및 침술의 법을 가르쳤으며 18년에는 의업을 마친 5명의 의녀들을 각처에 파견하여 그 수가 부족하므로 13세 이하의 각사(各司)에 있는 노비들의 자녀 10명들을 증원 모집하였다. 세종때에는 의녀 훈도관을 두어 의녀의 학습상태를 조사하였으며 침술약이법을 교습시켜 다시 지방에 돌려보내 의술을 펴보도록 하였다. 그리고 제생원 의녀들이 될 동녀들에게는 한문을 습득시켜 의방을 익히도록 하였다.

세종때에는 제생원을 혜민국에 병합하였고 의녀교육을 혜민국에서 권장하였으며 혜민국 제조가 의녀의 처벌조건을 정하였다. 즉 매달 소독 및 일찍 도서한 것을 읽도록 하여 그 여부를 파악하고 매달 그 화수가 많은 세명을 계문(啓聞)하여 월급을 주고 그 중에서 불통(不通)한 자는 혜민국다모(茶母)로 정하였다.

성종때에는 예조가 의녀권과(醫女勸課)의 조(條)를 정하여 여의를 내의녀, 간병의녀, 초학의녀로 나누었다. 그러나 영정조에 제정한 속대전 卷三, 예전(禮典), 장권(奬勸)에는 내축여의와 혜민서여의에 대한 장권의 방법을 따로 정하였다. 이 같은 장권제도는 고종 2년에 성립된 대전회통에도 그대로 기록되어 있다.

7. 의녀의 교과용 의방서

의녀들은 가감삼십방(加減三十方)같은 일반적인 상용처방서, 맥경 및 침구, 지지맥(直指脈), 도인경(銅人經), 찬도(纂圖) 등의 진맥전문서, 산서(産書), 화제부인문(和劑婦人門) 등과 같은 산부인과 전문서 능을 익혔다. 그러므로 의학적 지식은 주로 진맥 및 침구 또는 산부인과 등에 주력했다고 보여진다.

8. 의녀의 치료법

성종때에 의녀 권과(勸課)의 조(條)에서 진맥, 절혈 이외에 방서(方書)·명약들을 고강(考講)케 한 것은 의녀로서 진료에 종사할 수 있는 실력을 배양케 한 것으로 보인다. 그러므로 오늘날 여의와 간호사의 업무를 함께 한 것이라고 할 수 있다. 한편 임산부의 분만을 담당케 하는 의녀를 근대에 들어와 '산파(産婆)'라고 하였다. 이런 산파제도는 성종부터 고종때까지 그대로 승계되었다고 할 수 있다.

9. 의녀전

의녀들의 사회적 지위가 하천류에 속하였기 때문에 문헌에 의녀의 기록이 일천하다. 다만 의녀의 본분을 다한 여성의 이름을 간추려 보면 다음과 같다. 소비(召比), 사랑(思郎), 백이(栢伊), 귀금(貴今), 조방(曺倣), 강금(姜今), 장금(長今), 개금(介今), 덕금(德今), 세금(世今), 장이(莊伊), 수련(秀連), 연생(連生), 은비(銀比), 신비(信比), 장덕(長德), 승소(勝昭), 정옥(正玉) 등이다.

생각할 문제

문제1. 의녀들은 어떤 대우를 받았는가?

문제2. 의녀들은 어떻게 선발되었고, 어떤 역할을 하였는가?

문제3. 과거 TV드라마 "대장금"과 "동의보감 허준"을 보고 그 당시의 의녀들의 실상을 파악하여 보고 그들의 생활을 토론해보자.

제4강 주거생활과 법

Ⅰ. 주택임대차의 의의

Ⅱ. 주택임대차보호법

1. 주택임대차보호법의 목적
2. 주택임대차보호법의 적용범위
3. 주택임차인의 대항력
4. 주택임대차의 보증금
5. 임차권등기명령
6. 주택임대차등기의 효력 등
7. 경매에 의한 임차권의 소멸
8. 주택임대차의 기간
9. 주택임대차계약의 갱신
10. 주택임대차의 차임 등의 증감청구권
11. 임차주택의 임차권의 승계
12. 임차인에게 불리한 규정은 무효(강행규정)
13. 일시 사용을 위한 임대차의 동법규정의 배제
14. 미등기 전세에도 적용
15. 소액사건심판법의 준용

제4강 주거생활과 법

Ⅰ. 주택임대차의 의의

'주택임대차'란 주택을 임대차라는 계약의 대상으로서 주택소유주가 임대인, 그 상대방이 임차인으로 계약상 지위를 가지고 맺는 계약을 말한다. 예컨대 세를 놓은 자(者)는 임대인, 세를 든 자(者)는 임차인의 위치를 가지며 주택임대차를 크게 등기한 전세계약 및 임대차와 등기하지 않은 일반 임대차로 구분할 수 있다. 한편 주택임대차보호법의 대상이 되는 계약은 등기하지 않은 주택임대차에 한 한다. 따라서 민법이 아닌 주택임대차보호법에 의하여 주택임차인이 보호받게 된다.

주택임대차보호법의 제정 취지는 물론 임대인이 아닌 경제적 약자인 주택임차인을 보호하기 위함에 그 의미가 있다. 아래에서는 주택임대차보호법의 조문 해설을 중심으로 전개하고자 한다.

Ⅱ. 주택임대차보호법

1. 주택임대차보호법의 목적

동법 제1조에 의하면 국민의 주거생활의 안정의 보장을 목적으로 하고 있다. 즉 임대인에게 경제적 약자인 임차인의 보호를 위하여 임대차에서 발생하는 권리를 약화시키고 의무를 강화시키고 있다. 예를 들면, 주택의 인도와 주민등록의 이전만으로 임차인에게 일정한 대항력을 취득하고 더 나아가 소액임차인에게 일정한 보증금액의 우선변제권을 인정하고 있다.

2. 주택임대차보호법의 적용범위

동법 제2조에 의하면, "이 법은 주거용 건물(이하 '주택'이라 한다)의 전부 또는 일부의 임대차에 관하여 이를 적용한다. 그 임대주택의 일부가 주거외의 목적으로 사용되는 경우에도 또한 같다"고 규정하고 있다.

'주택'이란 인간이 주식(住食)을 해결할 수 있도록 기둥과 벽이 있고 쉽게 해체 또는 이동할 수 없는 시설물을 말한다. 따라서 여기에는 무허가 건물・가건물도 포함되며 등기부상 주거용도가 아닌 다른 용도(예 : 공장, 창고 등)로 되어 있지만 사실상 주거용으로 사용하고 있는 건물도 포함된다.

'전세 또는 임대차'란 독채 또는 방 1개 또는 여러 개의 세를 얻는 것을 말한다. 따라서 임차인이 주택을 독채로 또는 방 1개나 몇 개를 임대차하여도 주택임대차보호법의 적용을 받는다. '임차주택의 일부의 주거 외의 목적으로 사용'이란 일부는 주거이고 나머지 일부는 주거 이외의 용도로 임대차하는 것을 말한다. 임대차목적물의 공부상의 표시만을 기준으로 할 것이 아니라 그 실지용도에 따라서 정하여야 하고 건물의 일부가 임대차의 목적이 되어 주거용과 비주거용으로 겸용되는 경우에는 구체적인 경우에 따라 그 임대차의 목적, 전체 건물과 임대차목적물의 구조와 형태 및 임차인의 임대차목적물의 이용관계 그리고 임차인이 그곳에서 일상생활을 영위하는지 여부 등을 아울러 고려하여 합목적적으로 결정해야 한다(대법원 판례).

3. 주택임차인의 대항력

동법 제3조에 의하면, 제1항은 임대차는 그 등기가 없는 경우에는 임차인이 주택의 인도와 주민등록을 마친 때에는 그 다음날부터 제3자에 대하여 효력이 생긴다. 이 경우 전입신고를 한 때에 주민등록이 된 것으로 본다. 제2항은 국민주택기금을 재원으로 하여 저소득층 무주택자에게 주거생활 안정을 목적으로 전세임대주택을 지원하는 법인이 주택을 임차한 후 지자체의 장 또는 그 법인이 선정한 입주자가 그 주택을 인도받고 주민등록을 마쳤을 때에는 제1항을 준용한다. 제4항은 임대주택의 양수인(기타 임대할 권리를 승계한 자를 포함한다)은 임대인의 지위를 승계한 것으로 본다. 제5항은 민법 제575조제1항・제3항 및 제578조의 규정은 이 법에 의하여 임대차의 목적이 된 주택이 매매 또는 경매의 목적물이 된 경우에 이를 준용한다. 제6항은 동시이행항변권에 관한 민법 제536조의 규정은 제5항의 경우에 이를 준용한다고 규정하고 있다.

여기서 '주택인도'란 실제로 생활하기 위하여 임차주택에 이사하여 임차주택에 거주하는 것을 말한다. '제3자'란 임대차의 당사자, 즉 임대인과 임차인 이외의 모든 자를 말한다. 동법 제1항, 제3항에 의하게 되면 임차인이 임차주택지에 주민등록의 이전과 주택의 인도를 마치게 될 때에는 임대인은 물론 임대주택의 양수인, 즉 매수인 · 상속인 · 승계인 등에게도 임대차에서 발생한 임차인의 지위를 주장하게 된다. 이와 같은 임차인의 지위는 주민등록과 인도가 마친 그 다음날부터 제3자에 대하여 발생하게 되는 것이다. 한편 민법 제575조는 제한물권이 있는 경우와 매도인의 담보책임, 민법 제578조는 경매와 매도인의 담보책임, 민법 제536조는 동시이행의 항변권에 관한 조항들이다.

4. 주택임대차의 보증금

1) 주택임대차의 보증금의 회수

동법 제3조의2제1항에 따르면 "임차인이 임차주택에 대하여 보증금반환청구소송의 확정판결 기타 이에 준하는 집행권원에 따라서 경매를 신청하는 경우에는 집행개시요건에 관한 민사집행법 제41조의 규정에도 불구하고 반대채무의 이행 또는 이행의 제공을 집행개시의 요건으로 하지 아니한다"고 규정하고 동법 제3조의2제2항에 따르면, "제3조제1항 · 제2항 또는 제3항의 대항요건과 임대차계약증서상의 확정일자를 갖춘 임차인은 민사집행법에 의한 경매 또는 국세징수법에 의한 공매 시 임차주택(대지를 포함)의 환가대금에서 후순위권리자 기타 채권자 보다 우선하여 보증금을 변제받을 권리가 있다"고 규정하고 있다.

여기서 '확정일자'란 공정증서에 기입한 일자 또는 공무소(예 : 등기소 · 공증인사무소 · 주민센터 · 세무서)에서 사문서에 어느 사항을 증명하고 기입한 일자를 말한다. 이 확정일자는 공증인, 관공서 또는 등기소 등의 공무원으로부터 부여 받는다.

동법 제3조제1항 본문에 의하여 각종 등기의 순서와 대항력 및 확정일자를 갖춘 임차일자를 비교하여 먼저인 것이 선순위, 뒤에 있는 것이 후순위의 물권이라고 한다. 이에 의하여 선순위인 주택임차인은 후순위 권리자 기타 채권자보다 주택이 경매 또는 공매에 의하여 팔린 가액(환가금액)의 배당에 참여하여 우선적으로 보증금을 변제받을 권리가 있다.

한편, '소액임차보증금'즉 서울특별시는 9천500만 원 이하인 경우에 3천200만 원, 수도권정비계획법에 의한 과밀억제권역(서울특별시는 제외)은 8천만 원 이하인 경우에 2천700만 원, 광역시(수도권정비계획법에 따른 과밀억제권역에 포함된 지역과 군 지역은 제외), 안산시, 용인시, 김포시, 광주시는 6천만 원 이하인 경우에 2천만 원, 그 밖의 지역은 4천500만 원 이하인 경우에 1천500만 원을 선 · 후순위와 관계없이 우선 변제 받을 수 있다(동법시행령 제3 · 4조). 여기서 일정한 요건은 ① 적법한 주택임대차의 체결, ② 주택의 인도와 주민등록을 마침, ③ 임대차의 종료, ④ 임대차의 체결 및 주택의 인도와 주민등록의 이전이 경매등기 이전에 성립, ⑤ 경락기일 이전의 배당요구의 신청 등을 말한다.

2) 주택임대차보증금의 수령조건

동법 제3조의2제2항에 의하면 "제3조제1항 · 제2항 또는 제3항의 대항요건과 임대차계약 증서상의 확정일자를 갖춘 임차인은 민사집행법에 의한 경매 또는 국세징수법에 의한 공매 시 임차주택(대지를 포함한다)의 환가대금에서 후순위권리자 기타 채권자보다 우선하여 보증금을 변제받을 권리가 있다"고 한다.

3) 담보권자를 사해(詐害)하려는 행위의 방지

동법 제3조의2제4항에 의하면 "제2항에 따른 우선변제의 순위와 보증금에 대하여 이의가 있는 이해관계인은 경매법원 또는 체납처분청에 이의를 신청할 수 있다"고 규정하고 있다. 이 규정은 주택의 소유자인 채무자가 경매신청인인 채권자를 해하기 위하여 거짓으로 임대차계약서를 만들고 그 밖의 대항요건을 갖추어 임차보증금의 우선변제청구를 방지하기 위함이다. '이해관계인'이란 특정한 사실의 발생·변경·소멸에 관하여 자기의 권리·의무에 직접 영향을 받는 자를 말하며 '체납처분청'이란 압류 처분을 한 세무당국을 말한다.

4) 경매법원에 이의를 신청하는 경우

동법 제3조의2제5항에 의하면 "민사집행법 제152조 내지 제161조의 규정은 제4항의 규정에 의하여 경매법원에 이의를 신청하는 경우에 이를 준용 한다"고 규정하고 있다. 즉 법원의 경매의 경우에 경매법원에 이의를 신청할 때 이의에 관한 민사집행법 제152조 내지 제161조가 적용하게 된다.

5) 이의가 있는 경우에 보증금의 변제를 유보

동법 제3조의2제6항에 의하면 "제4항의 규정에 의하여 이의신청을 받은 체납처분청은 이해관계인이 이의신청일로부터 7일 이내에 임차인을 상대로 소를 제기 한 것을 증명한 때에는 당해 소송의 종결 시까지 이의가 신청된 범위 안에서 임차인에 대한 보증금의 변제를 유보하고 잔여금액을 배분하여야 한다. 이 경우 유보된 보증금은 소송의 결과에 따라 배분한다"고 규정하고 있다. 이에 따르면 임차인에 대한 보증금의 우선변제에 이의를 제기하는 이해관계인이 있는 경우 그 이해관계인이 이의신청일로부터 7일 이내에 임차인을 상대로 소송을 제기하면 그 소송이 종결될 때까지 보증금의 변제를 유보한다.

5. 임차권등기명령

1) 취 지

'임차권등기명령제도'는 주택임차인을 두텁게 보호하는 제도를 말한다. 즉 주택임차인이 임대차가 만료된 후 대항요건(주택인도와 주민등록이전)을 갖춘 상태에서만 제3자에게 대항할 수 있기 때문에 다른 곳으로 이주 또는 주민등록이전을 하였을 경우에는 대항요건의 불비로 보증금반환청구를 실현하기가 어렵다. 따라서 이를 보완하기 위하여 '임차권등기명령제도'를 둔 것이다.

2) 신 청

임대차가 종료된 후 보증금을 반환받지 못한 임차인은 임차주택의 소재지를 관할하는 지방법원・지방법원지원 또는 시・군법원에 임차권등기명령을 신청할 수 있다(동법 제3조의3제1항). 임차권등기명령의 신청 시에 일정한 사항(동법 제3조의3제2항 제1호 내지 제4호)을 기재하며 신청의 이유 및 임차권등기의 원인이 된 사실은 이를 소명해야 한다(동법 제3조의3제2항).

3) 준용규정

민사집행법 제280조제1항, 제281조, 제283조, 제285조, 제286조, 제288조제1항·제2항 본문, 제289조 , 제290조제2항 중 제288조제1항에 대한 부분, 제291조, 제293조의 규정은 임차권등기명령의 신청에 대한 재판과 임차권등기명령의 취소신청 및 그에 대한 재판 또는 임차권등기명령의 집행 등에 관하여 이를 준용한다. 이 경우 가압류는 임차권등기로 채권자는 임차인으로 채무자는 임대인으로 본다(동법 제3조의3제3항).

4) 항 고

임차권등기명령 신청을 기각하는 결정에 대하여 임차인은 항고할 수 있다(동법 제3조의3제4항).

5) 우선변제권

임차권등기명령의 집행에 의한 임차권등기가 경료되면 임차인은 동법 제3조제1항·제2항 및 제3항의 규정에 의한 대항력 및 동법 제3조의2제2항의 규정에 의한 우선변제권을 취득한다. 다만 임차인이 임차권등기 이전에 이미 대항력 또는 우선변제권을 취득한 경우에는 그 대항력 또는 우선변제권은 그대로 유지되며 임차권등기 이후에는 동법 제3조제1항·제2항 및 제3항의 대항요건을 상실하더라도 이미 취득한 대항력 또는 우선변제권은 상실하지 아니한다(동법 제3조의3제5항). 그러나 임차권등기명령의 집행에 의한 임차권등기가 경료 된 주택(임대차의 목적이 주택의 일부분인 경우에는 해당부분에 한함)을 그 이후에 임차한 임차인은 제8조의 규정에 의한 우선변제권이 없다(동법 제3조의3제6항).

6) 필요한 사항의 규정

임차권등기의 촉탁, 등기공무원의 임차권등기 기입 등 임차권등기명령의 시행에 관하여 필요한 사항은 대법원규칙으로 정한다(동법 제3조의3제7항).

7) 비 용

임차인은 임차권등기명령의 신청 및 그에 따른 임차권등기와 관련하여 소요된 비용을 임대인에게 청구할 수 있다(동법 제3조의3제8항).

6. 주택임대차등기의 효력 등

1) 준용규정

동법 제3조의3제5항 및 제6항의 규정은 민법 제621조의 규정에 대한 주택임대차등기의 효력에 관하여 준용한다(동법 제3조의4제1항).

2) 신청서의 기재사항 및 첨부서면

임차인이 대항력 또는 우선변제권을 갖추고 민법 제621조제1항의 규정에 의하여 임대인의 협력을 얻어 임대차등기를 신청하는 경우에는 신청서에 부동산등기법 제74조제1호부터 제5호까지의 사항 외에 일정한 사항(동법 제3조의4제2항 제1호 내지 제3호)을 기재해야 하며 이를 증명할 수 있는 서면(임대차의 목적이 주택의 일부분인 경우에는 해당부분의 도면을 포함)을 제출해야 한다(동법 제3조의4제2항).

7. 경매에 의한 임차권의 소멸

임차권은 임차주택에 대하여 민사집행법에 의한 경매가 행해진 경우에는 그 임차주택의 경락에 의해 소멸한다. 다만 보증금이 전액 변제되지 아니한 대항력이 있는 임차권은 그러하지 아니하다(동법 제3조의5).

8. 주택임대차의 기간

1) 주택임대차의 기간

동법 제4조제1항에 의하면 "기간이 정함이 없거나 기간을 2년 미만으로 정한 임대차는 그 기간을 2년으로 한다. 다만 임차인은 2년 미만으로 정한 기간이 유효함을 주장할 수 있다"고 규정하고 있다. 여기서 '기간이 정함이 없는 경우'는 처음부터 임대기간을 정하지 않는 경우와 임대기간의 만료 이전 6월에서 1월 사이에 해약의 통고나 계약의 갱신이 없는 경우를 말한다. 이 규정은 일정한 기간을 보장함으로써 경제적 약자인 임차인을 보호하기 위함이다.

2) 임대차 종료

동법 제4조제2항에 의하면 "임대차가 종료한 경우도 임차인이 보증금을 반환 받을 때까지는 임대차관계는 존속하는 것으로 본다"고 규정하고 있다.

또한 주택임대차보호법에 의하여 임대차의 종료원인을 살펴보면,

- 두 번의 차임의 연체 기타 임차인의 현저한 의무위반의 경우에 임대인으로부터의 해지 통고가 있는 경우(동법 제6조제3항)
- 임대차기간의 정함이 없는 경우에 임차인으로부터 해지통고가 있는 경우
- 임대차기간의 정함이 있는 경우에 임차인으로부터 기간 만료 이전에 해지통고가 있는 경우 (동법 제6조의2제1항)
- 임대인이 임차기간종료 6개월 전부터 1개월 전까지 해지통고를 한 경우 등이 있다.

그러나 위의 원인이 존재하여 주택임대차가 종료한 경우에도 임차인이 보증금을 반환받을 때까지 임대차관계가 존속하게 된다.

9. 주택임대차계약의 갱신

1) 원 칙

동법 제6조제1항에 의하면 "임대인이 임대차기간 만료 전 6월부터 1월까지에 임차인에 대하여 갱신 전의 통지 또는 조건을 변경하지 아니하고

갱신하지 아니한다는 뜻의 통지를 아니한 경우에는 그 기간이 만료된 때에 전임대차(前賃貸借)와 동일한 조건으로 다시 임대차한 것으로 본다. 임차인이 임대차기간 만료 전 1월까지 통지하지 아니한 때에도 또한 같다." 또한 동법 제6조제2항에 따르면 "이 경우에 임대차의 존속기간은 그 정함이 없는 것으로 본다"고 규정하고 있다. 따라서 임대인은 임대차계약을 갱신하거나 조건을 변경하려면 늦어도 임대기간만료 1개월 전에 임차인에게 표시하여야 한다.

2) 예 외

동법 제6조제2항에 의하면 "2기의 차임액에 달하도록 차임을 연체하거나 기타 임차인으로서의 의무를 현저히 위반한 임차인에 대하여는 제1항의 규정을 적용하지 아니한다"고 규정하고 있다. 이 규정에 따르면 임대인이 임대차계약의 만료일 1개월 전까지 아무런 통보가 없을 때에 ① 두 번 차임이 밀린 경우 ② 임차인이 임차물을 훼손 · 파괴하는 등 임차인으로서의 의무를 현저히 위반한 경우에는 동법 제6조제1항이 적용되지 않고 임대차계약의 기간이 만료됨으로써 임대차기간이 종료하게 된다.

3) 묵시적 갱신의 경우 계약해지

묵시적 갱신의 경우(동법 제6조제1항) 임차인은 언제든지 임대인에 대하여 계약해지를 통지 할 수 있다(동법 제6조의2제1항). 그 해지는 임대인이 그 해지통지를 받은 날로부터 3월이 경과하면 그 효력이 발생한다(동법 제6조의2제2항).

10. 주택임대차의 차임 등의 증감청구권

동법 제7조에 의하면 "약정한 차임 또는 보증금이 임차주택에 관한 조세 · 공과금 · 기타 부담의 증감이나 경제사정의 변동으로 인하여 상당하지 아니하게 된 때에는 당사자는 장래에 대하여 그 증감을 청구할 수 있다. 그러나 증액의 경우에는 대통령이 정하는 기준에 따른 비율을 초과하지 못한다"고 규정하고 있다. 이 규정에 따르면 사정변경에 의하여 차임이 적당하지 아니할 때에는 그 차임의 증감을 청구할 수 있다. 그러나 주택임대차보호법시행령 제2조에 의하여 차임 또는 보증금의 금액은 당초 약정한 차임 또는 보증금의 20분의 1 즉, 5%의 금액을 초과하지 못하고 증액한지 1년 이내에 또 다시 증액을 요구하지 못한다.

11. 임차주택의 임차권의 승계

동법 제9조에 따르면,

제1항은 임차인이 상속권자 없이 사망한 경우에 그 주택에서 가정공동생활을 하던 사실상의 혼인관계에 있는 자(者)는 임차인의 권리와 의무를 승계한다.

제2항은 임차인이 사망한 경우에 사망 당시 상속권자가 그 주택에서 가정공동생활을 하고 있지 아니한 때에는 그 주택에서 가정공동생활을 하던 사실상의 혼인관계에 있는 자(者)와 2촌 이내의 친족은 공동으로 임차인의 권리와 의무를 승계한다.

제3항은 제1항 및 제2항의 경우에 임차인이 사망한 후 1월 이내에 임대인에 대하여 반대의사를 표시한 때에는 그러하지 아니한다.

제4항은 제1항 및 제2항의 경우에 "임대차 관계에서 생긴 채권·채무는 임차인의 권리의무를 승계한 자(者)에게 귀속한다"고 규정하고 있다.

따라서 동법 제9조제1항에 따라서 임차인의 지위는 우선적으로 상속권자가 승계하나 그 상속권자가 없으면 사실상 혼인관계가 있는 자가 승계하게 된다. 여기서 '사실상 혼인관계'란 법률적으로 혼인하고 있지 않으나 사실상 혼인관계 즉 동거를 하고 있는 것을 말한다.

또한 임차인이 사망한 경우 상속권자가 있으나 임대주택에서 함께 살지 아니한 때에는 그 주택에서 함께 살던 사실상 혼인관계에 있는 자(者)와 2촌 이내의 친족(예 : 임차인의 부모, 조부모, 형제자매 등)이 공동으로 임차인의 권리와 의무를 승계한다(동법 제9조제2항). 한편 임차인의 권리·의무를 승계할 자(者)가 임대인에게 반대의사를 표시한 때에는 임차인의 권리·의무를 승계하지 않는다. 간혹 임차인의 권리·의무의 승계자가 권리보다 의무의 부담이 큰 경우에 임차인의 권리의무의 승계를 포기하는 경우가 있다(동법 제9조제3항). 그리고 승계인에게 임대차관계에서 생긴 채권(예 : 임차물의 사용·수익)과 채무(예 : 지불임료·보존·원상회복의무 등) 등이 귀속하게 된다(동법 제9조제4항).

12. 임차인에게 불리한 규정은 무효(강행규정)

동법 제10조에 따르면 "이 법의 규정에 위반된 약정으로서 임차인에게 불리한 것은 그 효력이 없다"고 규정하고 있다. 이 규정은 계약자유의 원칙에 대한 제한으로서 경제적 약자인 임차인을 적극적으로 보호할 것이다. 또한 반대해석에 의해 임차인에게 유리한 약정은 유효하다.

13. 일시 사용을 위한 임대차의 동법규정의 배제

동법 제11조에 따르면 "이 법은 일시 사용을 위한 임대차임이 명백한 경우에는 이를 적용하지 아니한다"고 규정하고 있다. 따라서 일시사용(예 : 숙박업소의 임대)을 위한 임대차와 피서지의 민박시설·공사를 위한 가건물 등의 임대차는 주택임대차보호법의 적용대상이 되지 않는다.

14. 미등기 전세에도 적용

동법 제12조에 따르면 "이 법은 주택을 등기하지 아니한 전세계약에 관하여 이를 준용한다. 이 경우 전세금은 임대차의 보증금으로 본다"고 규정하고 있다. 따라서 이 규정은 등기하지 아니한 전세입자를 보호하기 위한 것으로서 주택임대차와 같은 목적을 갖는 것으로 보고 있다.

15. 소액사건심판법의 준용

소액사건심판법 제6조·제7조·제10조 및 제11조의2의 규정은 임차인이 임대인에 대하여 제기하는 보증금반환청구소송에 관하여 준용한다(동법 제13조).

사례문제

사례 1. 임차주택의 일부를 점포로 운영한 경우 주택임대차보호법 적용되는지

▌ 전세금 3,500만원에 조그마한 점포가 딸린 주택을 임차하여 입주와 동시에 전입신고를 마치고 가족과 그곳에 살면서 장사를 하고 있다. 그런데 얼마 전 집주인이 은행에서 돈을 차용하고 근저당권을 설정해주었다고 한다. 현재 점포가 있기 때문에 나중에 일이 잘못되어 소유주가 바뀌는 날에는 주택임대차보호법의 보호를 받지 못한다는 이야기가 있는데 정말 보호를 받을 수 없는지?

주택임대차보호법 제2조에 의하면 "이 법은 주거용 건물의 전부 또는 일부의 임대차에 관하여 이를 적용한다. 그 임차주택의 일부가 주거 외의 목적으로 사용되는 경우에도 또한 같다"라고 규정하고 있다. 이와 관련하여 판례는 "주택임대차보호법 제2조 소정의 주거용 건물에 해당하는지 여부는 임대차목적물의 공부상의 표시만을 기준으로 할 것이 아니라 그 실지용도에 따라서 정하여야 하고 건물의 일부가 임대차의 목적이 되어 주거용과 비주거용으로 겸용되는 경우에는 구체적인 경우에 따라 그 임대차의 목적, 전체건물과 임대차목적물의 구조와 형태 및 임차인의 임대차목적물 이용관계 그리고 임차인이 그 곳에서 일상생활을 영위하는지 여부 등을 아울러 합목적적으로 결정하여야 한다"라고 하였다(대법원 1996.3.12. 선고 95다51953 판결).

그리고 여기에서 주거용 건물과 비주거용 건물의 구분은 일반적으로 사실상의 용도를 기준으로 하고 있으므로 주거용 건물은 그것이 사회통념상 건물로 인정하기에 충분한 요건을 구비하고 주거용으로 사용되고 있는 것이면 공부(건축물관리대장 등)상 용도란에 주거용으로 기재되어 있지 않더라도 주택임대차보호법의 적용을 받게 된다고 보고 있다. 또한 판례는 "1층이 공부상으로는 소매점으로 표시되어 있으나 실제로 그 면적의 절반은 방 2칸으로 나머지 절반은 소매점 등 영업을 하기 위한 홀로 이루어져 있고 임차인이 이를 임차하여 가족들과 함께 거주하면서 음식점영업을 하며 방 부분은 영업 시에는 손님을 받는 곳으로 사용하고 그 때 외에는 주거용으로 사용하여 왔다면 위 건물은 주택임대차보호법의 보호대상인 주거용 건물에 해당한다"라고 한 사례가 있으며(대법원 1996.5.31. 선고 96다5971 판결), 또한 "건물이 공부상으로는 단층 작업소 및 근린생활시설로 표시되어 있으나, 실제로 甲은 주거 및 인쇄소경영 목적으로, 乙은 주거 및 슈퍼마켓 경영 목적으로 임차하여 가족들과 함께 입주하여 그곳에서 일상생활을 영위하는 한편 인쇄소 또는 슈퍼마켓을 경영하고 있으며, 甲의 경우는 주거용으로 사용되는 부분이 비주거용으로 사용되는 부분보다 넓고, 乙의 경우는 비주거용으로 사용되는 부분이 더 넓기는 하지만 주거용으로 사용되는 부분도 상당한 면적이고 위 각 부분이 甲과 乙의 유일한 주거인 경우 주택임대차보호법 제2조 후문에서 정한 주거용 건물로 볼 것이다"라고 하였다(대법원 1995.3.10. 선고 94다52522 판결).

그러나, 방 2개와 주방이 딸린 다방이 영업용으로서 비주거용 건물이라고 보여지고 설사 그 중 방 및 다방의 주방을 주거목적에 사용한다고 하더라도 이는 어디까지나 다방의 영업에 부수적인 것으로서 그러한 주거항제적 사용은 비주거용 건물의 일부가 주거목적으로 사용되는 것일 뿐 주택임대차보호법 제2조 후문에서 말하는 주거용 건물의 일부가 주거 외의 목적으로 사용되는 경우에 해당한다고 볼 수 없다라고 하였다(대법원 1996.3.12. 선고 95다51953 판결). 따라서 본인의 경우에는 사안의 내용으로 보아 주택에 딸린 가게에서 소규모 영업을 하는 것으로 보여지고 그곳이 본인의 유일한 주거라면 이는 주택임대차보호법 제2조 후단에 해당하여 주택임대차보호법의 보호대상이 될 수 있다고 할 수 있을 듯 하다. 〈출처 : 법률구조공단 사례에서〉

사례 2. 입주와 전입신고 사이에 근저당권이 설정된 경우 대항력 취득시점

▌甲소유주택을 임차보증금 3,500만원에 2년 기간으로 임차하여 입주하였으나 주민등록전입신고는 입주 후 1개월이 지나서야 하였다. 그런데 전입신고 후 혹시나 하고 등기부등본을 떼어보니 입주 후 전입신고 전에 채권최고액 5,000만원의 근저당권이 설정되어 있었다. 만약 위 주택이 경매된다면 경매절차의 매수인에게 대항력을 주장할 수 있는지?

주택임대차보호법 제3조제1항에 의하면 "임대차는 그 등기가 없는 경우에도 임차인이 주택의 인도와 주민등록을 마친 때에는 그 익일부터 제3자에 대하여 효력이 생긴다. 이 경우 전입신고를 한 때에 주민등록이 된 것으로 본다"라고 규정하고 있다. 그러므로 임차인이 주택의 인도(입주)와 주민등록(전입신고)을 마친 때에는 그 다음 날로부터 제3자에 대하여 대항할 수 있다 할 것이다. 그런데 위 사안에서와 같이 입주와 전입신고 사이에 근저당권이 설정된 경우에 대하여 판례를 보면 "주택임대차보호법 제3조제1항이 인도와 주민등록을 갖춘 다음날부터 대항력이 발생한다고 규정한 것은 인도나 주민등록이 등기와 달리 간이한 공시방법이어서 인도 및 주민등록과 제3자 명의의 등기가 같은 날 이루어진 경우에 그 선후관계를 밝혀 선순위권리자를 정하는 것이 사실상 곤란한데다가, 제3자가 인도와 주민등록을 마친 임차인이 없음을 확인하고 등기까지 경료하였음에도 그 후 같은 날 임차인이 인도와 주민등록을 마침으로 인하여 입을 수 있는 불측(不測)의 피해를 방지하기 위하여 임차인보다 등기를 경료한 권리자를 우선 시키고자 하는 취지이므로 대항력은 인도와 주민등록을 마친 다음날을 기준으로 발생한다"라고 하였다(대법원 1997.12.12. 선고 97다22393 판결, 대법원 1999.3.23. 선고 98다46938 판결).

따라서 대항력은 인도와 주민등록을 모두 갖춘 다음날 그 효력이 있으므로 귀하의 경우 주민등록전입신고를 마친 다음날부터 대항력이 발생한다. 그런데 위 사안에서 근저당권설정등기는 주민등록전입신고를 마치기 전(대항요건을 갖추기 전)에 이미 마쳤으므로 경매절차의 매수인에 대하여 대항력을 주장할 수 없을 것으로 보인다. 〈출처 : 법률구조공단 사례에서〉

사례 3. 주택일부에 점포와 주택임대차

▌甲은 점포가 딸린 1칸짜리 방을 얻었다. 이 공간을 얻은 이유는 다른 곳보다 임대보증금이 저렴하고 가족이 살기 편하면서 아이들 초등학교가 가까웠기 때문이다. 그러나 그곳에 살면서 작은 점포를 놀릴 수가 없어서 구멍가게를 열어 매달 약간의 수입을 얻고 있다. 그리고 입주시 주민등록을 마쳤다. 이 경우 주택임대차보호법의 적용을 받을 수 있는가?

주택임대차보호법 제2조에는 "주거용 건물의 전부 또는 일부의 임대차에 관하여 이를 적용한다"고 규정하고 있다. 판례는 "공부상 주거용건물의 여부는 공부상 표시만을 기준으로 하지 않고 실지용도에 따라 결정하고 건물의 일부가 임대차 목적이 되어 주거용과 비주거용으로 사용하는 경우에는 그 임대차의 목적, 전체건물과 임대차목적물의 구조와 형태 및 임차인의 임대차목적물의 이용관계 그리고 임차인이 그 곳에서 일상생활을 영위하는 지 여부 등 합목적적으로 결정한다(대법원 1996.3.12. 선고 95다51953 판결)"고 판시하고 있다. 따라서 위 사안의 경우 내용으로 보면 주택에 딸린 가게에서 소규모영업(구멍가게)을 하는 것으로 보여지고 주목적이 주거로 해석되어 주택임대차보호법에 적용될 것으로 보인다.

사례 4. 해외동포와 주택임대차보호법

■ 미국에 거주하고 미국시민권을 가진 甲은 사업상 서울에 장기체류하기 위하여 서울시 강남구 대치동에 50㎡의 아파트를 임대차하여 거주하고 있다. 갑은 주택임대차보호법에 적용받을 수 있는가?

주택임대차보호법에는 재외국민에게 적용한다는 명문규정이 없다. 해외동포가 재외동포의 출입국과 법적 지위에 관한 법률에 의한 국내거소신고를 위 임차주택소재지 지번으로 하였다면 주택임대차보호법에 의한 보호를 받을 수 있을 것으로 보인다.

사례 5. 세대의 일부만 전입신고와 대항력

■ 한 가족 모두가 A지역서 B지역으로 이사오면서 자식의 진학문제 때문에 어머니와 아들만 B지역으로 주민등록이전을 하고 모든 식구가 이사를 하였다. 그리고 주택임대차계약서에는 임차인을 남편의 이름으로 하였다.

주택임대차보호법 제3조제1항에 따르면 "임대차는 그 등기가 없는 경우에도 임차인의 주택인도와 주민등록을 마친 때에는 그 익일(다음 날)부터 제3자에게 대하여 효력이 발생한다"고 규정하고 있어서 주민등록이전과 입주한 그 다음날 대항력이 발생한다. 그리고 판례에서 주민등록에 관하여 "주민등록이라는 대항요건은 임차인 본인뿐만 아니라 그 배우자나 자녀 등 가족의 주민등록을 포함한다(대법원 1998.1.23. 선고 97다43468 판결)"고 판시하고 있다. 따라서 위 사안의 경우 일부의 세대만 주민등록이전하고 전세대가 살고 있다면 그 다음날 대항력이 발생한다고 본다.

사례 6. 일시주소이전과 대항력

■ 甲은 자녀의 다른 지역 입학 때문에 일시적으로 그 지역으로 주소이전 후 3개월 후에 다시 살던 곳으로 주소를 이전하였다. 그런데 일시적으로 주소를 이전하고 있는 동안 임차한 주택에 저당권이 설정되었다. 이 경우 저당권과 주택임차권의 관계는?

임차인이 대항력을 유지하려면 판례는 "공시방법이 없는 주택임대차에 있어서 주택인도와 주민등록이전이라는 대항요건은 취득 시에만 구비하면 족하는 것이 아니라 그 대항력을 유지하기 위하여 계속 존속하고 있어야 한다(대법원 2002.10.11 선고 2002다20957 판결)"고 판시하였다.

따라서 이 경우 임차인의 의사에 의하여 퇴거 다시 전입한 것이고 그 사이에 저당권이 설정되었기 때문에 주택임대차의 대항력은 다시 전입할 때 발생하는 것으로 해석할 수 있어서 처음에 주민등록이전한 후 대항력은 주민등록퇴거로 소멸되고 다시 주민등록 이전한 그 다음날 다시 대항력이 발생한다고 볼 것이다. 그러므로 위 주택임차권은 저당권에 대하여 대항할 수 없을 것이다.

사례 7. 주택양도와 양도인의 보증금반환채무

■ 甲은 이미 저당권이 설정된 주택을 임차보증금 3,000만원에 2년 기간으로 임차하였다. 그리고 주민등록이전과 입주를 마쳤다. 해당 주택을 乙에게 매매하여 현재 乙이 소유자로 등기되어 있다. 이 경우 甲의 임차보증금은 어떻게 되는가?

판례에 따르면 "주택의 임차인이 제3자에 대하여 대항력을 갖춘 후 임차주택의 소유권이 양도되어 그 양수인이 임대인의 지위를 승계하는 경우에는 임차보증금의 반환채무도 부동산소유권과 결합하여 일체로서 이전하는 것이므로 양도인의 임대인으로서의 지위나 보증금반환채무는 소멸한다(대법원 1996.2.27. 선고 95다35616 판결)"고 판시하고 있다. 한편 다른 판례에 따르면 "임차인의 보호를 위한 임대차보호법의 입법취지에 비추어 임차인이 임대인의 지위승계를 원하지 않는 경우에는 임차인이 임차주택의 양도사실을 안 때부터 상당한 기간 내에 이의를 제기함으로써 승계되는 임대차관계의 구속으로부터 벗어날 수 있다고 봄이 상당하고 그와 같은 경우에는 양도인의 임차인에 대한 보증금반환채무는 소멸하지 않는다"고 판시함으로써 임차인을 보호하고 있다.

위 사안의 경우 양도사실을 최근에 알았다면 상당한 기간 내에 이의를 제기함으로써 전소유자에게 보증금반환청구를 할 수 있고 만약 이의를 제기하지 않으면 양수인(乙)에게 보증금반환청구를 해야 할 것이다.

사례 8. 임차권등기와 소액임차인의 보호

▌甲은 서울 은평구 소재 개인주택을 보증금 4,000만원에 2년간 임차하였다. 그런데 최근 등기부등본을 확인하여 보니 이미 다른 사람이름으로 입주 전에 임차권등기명령제도에 의한 임차권등기가 되어 있다. 이 주택은 근저당권자에 의하여 경매절차가 진행 중이다. 甲은 소액임차인으로서 보호를 받을 수 있는가?

임차권등기명령제도는 임차권등기명령제도에 의하여 주택임차권등기를 마친 임차인을 보호하기 위하여 그가 임차보증금을 반환 받을 때까지 임차인의 우선변제권 등의 권리를 유지하도록 해주는 것이다. 그러므로 주택임차권등기가 경료된 주택을 다시 임차한 임차인은 주택임대차보호법상 소액임차인의 최

우선변제권 등을 인정할 수 없게 된다. 왜냐하면 이미 임차된 주택에 다시 임차인이 존재하는 것으로서 그 임차인이 소액임차인인 경우에는 그 임차인에게 최우선변제권을 인정하게 되면 임차권을 등기한 임차인과 저당권자 그 밖의 선순위권리자의 이익을 해할 우려가 있기 때문이다.

생각할 문제

문제 1. 쇠똥이는 부산시 기장군에 방 2칸짜리를 4,500만원에 전세계약을 체결하고 주소이전 및 입주하고 살던 중 선순위 저당권자인 은행이 해당 주택을 경매에 붙였다. 이 경우에 쇠똥이는 해당 주택의 경락대금에서 얼마를 최우선변제 받을 수 있는가?

문제 2. 말똥이가 개인주택에 전세를 얻어 살고 있던 중 집주인인 왈자가 남편의 사업자금을 보태기 위하여 B은행에서 5,000만원을 빌리고 저당권설정을 해 주었다. 그 뒤 채무를 변제하지 못하여 해당 주택이 경매를 통하여 제3자에게 경락되었다. 이 경우에 말똥이는 전세대금을 안정적으로 확보할 수 있는가?

문제 3. 왈패는 서울시 도봉구에 소재하고 있는 연립주택 2층에 방 2칸짜리를 5,100만에 전세 들어 살고 있고 이미 해당 주택은 은행에서 6,000만을 채권금액으로 하여 저당권이 설정되었다. 해당 주택이 경매되었을 경우에 왈패는 최소한 얼마를 우선 변제받을 수 있는가?

제5강 부동산등기와 법

1. 서설
2. 부동산등기의 개념
3. 등기의 종류
4. 등기사항
5. 각종 권리에 관한 등기절차

제5강 부동산등기와 법

1. 서 설

오늘날 부동산은 물권의 대상(목적물)으로서 온 국민들에게 매우 관심이 높은 물건이다. 이러한 부동산의 물권변동은 등기를 함으로써 효력이 발생한다(민법 제186조 참조). 즉 부동산물권의 발생・변경・소멸은 등기를 통하여 이루어진다. 예외적으로 등기를 하지 않아도 물권변동이 발생하는 경우(상속, 판결, 경매, 공용징수 그 밖에 법률이 규정한 경우)(민법 제187조 참조)가 있다. 그러나 이 경우에도 처분 시에는 반드시 등기를 해야 한다(민법 제187조 단서). 이렇게 등기는 부동산물권변동에 있어서는 매우 중요한 공시방법이다. 아래에서 이에 대하여 개괄적으로 살펴보기로 한다.

2. 부동산등기의 개념

부동산등기는 크게 절차법상 그리고 실체법상으로 나누어 살펴볼 수 있다.

1) 절차법상 개념

부동산등기는 등기관(국가기관)이 법적 절차에 의해 등기용지에 부동산의 표시 또는 부동산에 관한 일정한 권리관계를 기재하거나 그러한 기재 자체를 말한다.

2) 실체법상 개념

부동산등기는 등기관(국가기관)이 법적 절차에 의하여 등기용지에 부동산에 관한 권리관계를 기재하거나 그러한 기재 자체를 말한다.

3) 두 개념의 비교

두 개념의 차이는 절차법상에서는 등기의 기재내용이 부동산의 표시와 이해관계이나 실체법상에서는 등기의 기재내용이 부동산의 이해관계에 한한다. 위에서 '법적 절차'란 부동산등기법과 동법시행규칙이 또는 등기에 관한 특별법과 그 시행규칙이 정하는 절차를 뜻한다. 또한 '기재 자체'는 구체적인 경우에 따라 검토・판단되어야 한다. 예를 들면 등기를 이기 또는 전사, 등기의 말소에서의 등기는 등기용지의 등기 자체를 가리킨다.

3. 등기의 종류

등기는 여러 가지 기준에 의하여 다양하게 분류되나 주요한 것은 다음과 같다.

1) 등기대상에 따른 분류

등기의 대상인 부동산의 종류에 따른 '토지등기'와 '건물등기'로 구분한다(부등법 제14조제1항).

2) 등기기능에 따른 분류

표제부의 등기는 부동산의 위치 · 사용목적 · 면적 등을 등기용지 중 표제부에 기재하는 부동산의 표시의 등기이다. 따라서 이를 '사실의 등기'라고 한다. 갑구 · 을구의 등기는 부동산의 권리관계를 등기용지(등기정보) 중 갑구와 을구의 사항란에 기재하는 등기로 '권리의 등기'로 불리 운다. 따라서 갑구 · 을구의 등기에서 권리변동의 효력을 알아볼 수 있다(즉 갑구에서는 소유권의 변동을 을구에서는 소유권 이외의 권리의 변동을 알아볼 수 있다).

3) 권리의 보존과 그 변동에 따른 분류

(1) 보존등기

미등기의 부동산에 대하여 그 부동산 소유자의 소유권에 관한 최초의 신청등기를 '보존등기'라고 한다. 모든 부동산이 처음으로 등기용지에 등재되려면 이의 보존등기가 있어야 한다. 보존등기의 신청이 있는 경우

등기용지의 표제부에는 부동산의 표시가 등재되고 갑구란에는 소유권자의 표시가 등재된다.

(2) 권리변동의 등기

소유권의 보존등기 이후에 행해지는 권리변동의 등기를 말한다. 예컨대 소유권의 변동이 발생하면 갑구란에 그 사항을 등재하고 소유권 이외의 권리의 변동(예 : 제한물권의 설정)이 발생하면 을구란에 그 사항을 등재하게 된다. 따라서 권리변동의 등기는 갑구 또는 을구의 등기에만 해당된다.

4) 등기의 기재내용에 따른 분류

등기의 기재내용인 실질적 형태에 따라서 기입등기 · 경정등기 · 변경등기 · 말소등기 · 회복등기 · 멸실등기로 구분한다.

■ 기입등기 : 새로운 등기원인에 의거하여 어떤 사항을 등기용지에 새롭게 기입하는 등기로 소유권보존등기 · 소유권이전등기 · 저당권설정등기 등이 이에 속한다.

■ 경정등기 : 기존등기의 등기절차에 '착오 또는 유루(遺漏)'로 인하여 원시적으로 등기와 실체관계가 상호 불일치한 경우에 이를 시정하기 위해 기존 등기의 일부의 내용을 정정하는 등기가 경정등기이다(부등법 제32조). 예컨대 소유권보존등기에 있어서 등기공무원 또는 신청자의 잘못으로 주소를 오기 또는 빠뜨린 경우, 지상권설정등기에 있어서 지상권의 존속기간을 오기 또는 빠뜨린 경우에 경정등기가 필요하다.

■ 변경등기 : 등기와 실체관계가 후발적으로 불일치가 있는 경우 이를 제거하기 위하여 기존등기의 일부를 변경하는 등기가 '변경등기'이다(부등법 제35조, 제36조). 예컨대 등기부상 소유권자의 주소 또는 성명의 변경의 경우와 저당권에 있어서 피담보채권의 이율변경의 경우에 변경등기가 필요하다. 경정등기와 변경등기는 모두 등기와 실체관계가 불일치한 경우에 발생하는 것이지만 그 불일치가 원시적인 경우에는 경정등기가 후발적인 경우에는 변경등기가 필요하게 된다.

■ 말소등기 : 등기에 대응하는 실체관계가 없는 경우에 기존등기의 전부를 법률적으로 말소하는 등기이다. 말소등기의 원인이 원시적으로 발생하는 경우(예 : 매매 등의 등기원인의 무효, 목적부동산의 부존재)와 후발적으로 발생하는 경우(예 : 피담보채권의 변제에 의한 저당권의 소멸)가 있다. 말소등기는 기존등기의 전부를 법률적으로 말소하지만 경정등기와 변경등기는 기존등기를 존속시키면서 그 내용의 일부를 말소한다. 예컨대 말소등기는 기존등기의 기재를 소극적으로 삭제하는 것이 아니라 등기부에 일정사항을 적극적으로 기재하는 하나의 등기이다.

■ 회복등기 : 기존등기가 부당하게 소멸한 경우에 이를 회복하는 등기를 말한다. 즉 실체관계에 상응하는 등기가 부당하게 상실될 때에 실체관계에 부합하도록 등기를 회복하는 것이 회복등기이다. 구등기의 소멸원인에 따라 다음과 같은 두 가지의 회복등기로 구분한다.

- 말소회복등기 : 구등기가 법률적으로 소멸한 경우, 즉 구등기가 부적합하게 전부 또는 일부가 소멸한 경우에 회복하는 등기이다(부동산등기규칙 제118조). 예컨대 저당권의 소멸원인이 없는 데도 부적합하게

저당권등기가 말소된 경우에 회복등기를 할 수 있다.

- 멸실회복등기 : 구등기가 물리적으로 소멸한 경우에, 즉 등기부의 전부 또는 일부가 멸실한 경우에 이를 회복하는 등기이다(구부등법 제79조 내지 제81조). 등기전산화에 따라서 멸실등기가 물리적으로 존재하지 않는다고 보아, 멸실회복등기를 현행 부동산등기법에서 삭제를 하였다. 그러나 종전 멸실된 등기부에 대한 회복절차를 부동산등기규칙 부칙에 규정하고 있어(부동산등기규칙 부칙 제3조), 과거 등기부에 대한 멸실회복등기는 가능하다.

■ 멸실등기 : 부동산이 멸실한 때에 행해지는 등기이다(부등법 제39조, 제43조 참조). 부동산의 멸실등기를 하는 때에는 등기기록 중 표제부에 멸실의 뜻과 그 원인 또는 부존재의 뜻을 기재하고 표제부의 등기를 말소하는 표시를 한 후 그 등기기록을 폐쇄하여야 한다(부동산등기규칙 제84조제1항, 제103조). 따라서 부동산이 멸실한 때에는 그 부동산 위의 권리도 모두 소멸한다. 한편 소멸한 건물이 1동의 건물을 구분한 것인 때에는 등기기록을 폐쇄하지 아니한다(부동산등기규칙 제103조 단서). 만약 부동산의 일부가 멸실한 때에는, 즉 토지나 건물의 일부가 멸실한 때에는 면적 또는 건물의 표시의 변경등기가 행해질 뿐 멸실등기에 의하지 않는다.

5) 등기의 형식에 의한 분류

등기를 등기용지에 기재할 때의 기술적인 형태의 관점에 따라 '독립등기(주등기)'와 '부기등기'로 분류한다. 이와 같은 등기는 권리에 관한 등기에만 고려될 수 있다.

■ 독립등기(주등기) : 독립등기는 부기등기의 상대적 용어이다. '독립등기'는 표시란에 등기할 때에는 표시번호란에, 갑구·을구에 등기할 때에는 순위번호란에 각각의 기존등기의 최후의 표시번호 또는 순위번호에 이어서 독립한 번호를 붙이는 등기이다(부등법 제59조 참조). 이 등기는 원칙적으로 주등기의 형식에 따라서 행해진다.

■ 부기등기 : '부기등기'란 기존의 어떤 특정한 등기순위번호(주등기의 번호)를 그대로 사용하고 다만 이 번호의 아래쪽에 부기(附記) 몇 호라는 순위번호를 붙이는 등기를 말한다(부동산등기규칙 제2조). 부기등기를 하는 이유는 어떤 등기를 하고 기존의 특정등기(주등기)의 순위를 그대로 보유할 필요가 있는 데에 있다. 즉 기존의 어떤 등기와 동일성 또는 그 연장을 표시하고자 할 때(예 : 경정등기·변경등기)나 표시될 등기에 기존등기(주등기)에 표시되는 권리와 동일한 순위 혹은 효력 또는 이것을 전제로 하는 순위 혹은 효력을 가지는 것을 등기부상 명백히 하고자 할 때 부기등기를 이용한다.

예를 들면, 소유권 이외의 권리의 이전등기(예 : 지상권이전등기) 또는 이 경우에 이 권리를 목적으로 한 권리의 등기(예 : 지상권상의 저당권설정등기)는 부기등기가 이용된다. 또한 통상의 지상권등기를 구분지상권등기로 변경하거나 구분지상권등기를 통상의 지상권등기로 변경하는 등기신청의 경우에도 부기등기에 의하여 그 변경등기를 할 수 있다(1991. 8. 26 등기 제394호).

'부기등기'에서의 부기와 부동산등기법상(부등법 제52조 참조)의 '부기'는 다르다. '부동산등기법상 부기'는 어떤 등기의 내부에 기재를 함에 있어서 일정사항을 추가 기재한다는 것을 나타낸다.

6) 등기의 효력에 의한 분류

등기의 실체법상(민법 제186조)의 권리관계가 권리변동의 효력을 발생하게 하느냐의 여부에 따라 종국등기와 예비등기로 구분한다.

■ 종국등기(본등기) : '종국등기'란 등기의 본래의 효력인 실체법상의 권리변동의 효력을 발생하게 하는 등기를 말한다. 그러므로 실체법상 권리변동이 발생하고 절차법상 부동산등기법에서 정한 절차의 요건을 정한 경우에 종국등기를 하게 된다. 종국등기는 가등기에 대응하여 '본등기'라고 불리운다(부등법 제3조 참조).

■ 예비등기 : '예비등기'란 실체법상 권리변동의 효력과 직접관계가 없는 등기를 말한다. 이에는 '가등기'와 '예고등기'가 있다.

- 가등기 : 가등기는 등기할 권리(부등법 제3조에 게기한 권리)의 변동(설정 · 이전 · 변경 · 소멸)의 청구권을 보존하려 할 때 또는 그 청구권이 시기부 또는 정지조건부인 때 기타 장래에 있어서 확정될 것인 때에 하는 등기이다(부등법 제88조). 장차 가등기를 본 등기할 경우에 본등기의 순위는 가등기의 순위에 의한다(부등법 제91조). 따라서 가등기는 장차 본등기를 위해 미리 순위를 보전하는 것을 목적으로 한다.
- 예고등기 : 예고등기란 등기원인의 무효 또는 취소로 인한 등기의 말소 또는 회복의 소가 제기된 경우에(패소한 원고가 재심의 소를 제기한 경우를 포함) 이를 제3자에게 경고하기 위하여 수소법원(受訴法院)의 촉탁으로 행해지는 등기이다(구부등법 제4조 본문). 그러나 그 무효

또는 취소로서 선의의 제3자에게 대항할 수 없는 경우에는 그러하지 아니하다(구부등법 제4조 단서). 예고등기는 제3자에게 경고의 목적을 가질 뿐 그 부동산에 대한 처분을 금지하는 효력이 발생하지 않는다(대법원 1966. 3. 22, 선고 65다26 판결, 대법원 1966. 9. 27. 선고 66다182 판결 참조). 또한 예고등기의 원인이 된 소유권이전 등기회복청구권이 소송의 확정판결에 따른 회복등기가 이루어지지 않는 경우 그 예고등기의 말소를 할 수 없다. 이런 법리(法理)는 승소판결을 받은 위 소송의 원고가 판결에 따른 회복등기를 할 실익이 없어 그 등기를 하지 아니하는 경우에도 그대로 적용된다(대법원 1987. 3. 20. 선고 87마카3 판결).

그러나 현재 부동산등기법에는 관련규정이 없기 때문에 예고등기제도는 더 이상 존재하지 않는다.

4. 등기사항

1) 등기사항의 의의

등기사항은 크게 실체법상(민법상)의 등기사항과 절차법상(등기법상)의 등기사항으로 나눈다. '실체법상의 등기사항'은 등기를 필요로 하는 사항, 즉 등기하지 않으면 사법상 효력이 발생하지 않는 사항을 말한다. '절차법상의 등기사항'은 등기할 수 없는 사항, 즉 등기하는 것이 공시제도의 이상이나 정책으로 보아 바람직하다고 생각되는 사항을 지칭한다. '절차법상의 등기사항'은 당사자가 등기를 신청할 수 있고 또한 등기관이 등기할 권한을 갖는 사항을 의미하므로 이에 속하는 사항을 '등기능력'이라고 부르기도 한다. 어떤 구체적 사항이 위의 두 가지 등기사항에 해당되는 경우가 있으나(예 : 매매에 의한 소유권이전) 절차법상의 등기사항이지만 실체법상의 등기사항이 되지 않는 것도 있다. 예를 들면 피담보채권의 소멸에 의한 저당권의 소멸, 부동산 멸실에 의한 물권소멸 그리고 민법 제187조에서 규정한 사항의 발생의 경우를 들 수 있다. 민법 제187조에서 규정한 사항은 상속(회사합병 포함) · 공용징수 · 판결(형성판결에 한함) · 경매(입찰 포함) · 기타 법률의 규정에 의한 물권변동 등이 해당된다. 결론적으로 실체법상의 등기사항은 모두 절차법상의 등기사항이 되지만 절차법상의 등기사항은 실체법상의 등기사항이 아닌 것도 포함하고 있다.

2) 등기해야 할 부동산

(1) 서 설

부동산등기법상 등기의 목적물이 되는 것은 부동산 중에서도 토지와 건물뿐이다(부등법 제14조제1항). 민법 제99조에서 '부동산'이란 토지 및 그 정착물로서 건물 이외의 토지의 정착물은 원칙적으로 독립하여 등기할 수 없다. 그러나 예외적으로 토지의 정착물이지만 특별법에 의하여 독립하여 등기능력을 갖는 경우가 있다(예 : 입목(立木)에 관한 법률에 의한 입목등기). 여기에서 등기의 대상이 되는 부동산은 모든 건물과 토지가 해당되는 것이 아니라 이들 중 사권의 목적이 되는 것만 해당한다.

(2) 토 지

■ 토지의 뜻 : 토지라 함은 일정한 범위의 지면과 그 지면과 정당한 이익이 있는 범위 내에서의 상 · 하(즉, 공중과 지하)를 포함한다(민법 제212

조 참조). 그러나 부동산등기법상 토지는 등기능력을 갖는 토지를 말한다. 따라서 우리나라의 영토에 속하는 육지는 등기능력이 있는 토지가 된다. 한편 도로법에서의 도로의 택지는 공용의 제한이 있어도 제한적으로 사권의 목적이 될 수 있다. 즉 도로의 택지 소유자는 소유권이전과 저당권 설정에 관한 사권행사를 할 수 있다(도로법 제3조 참조). 또한 육지의 표면에 어느 정도의 물이 존재해도 토지로 취급되는 경우가 있다. 예를 들면 연못과 늪이 이에 해당 된다고 본다(측량 · 수로조사 및 지적에 관한 법률을 이하에 "지적법"이라 함, 지적법 제67조 참조). 또는 넓은 의미에서 하천(지적법 제67조 참조)과 수유지(水流地)(민법 제230조 참조)도 이에 해당 된다고 하겠다. 그러나 하천법에 적용 또는 준용을 받는 하천 · 하천구역과 공유수면 하에 있는 토지(공유수면관리법 제3조제1호 참조)는 등기능력을 갖지 않는 토지라고 하겠다. 왜냐하면 공유수면은 공법의 이해에 밀접한 관계가 있어 사권의 대상이 될 수 없기 때문이다.

그리고 바다와 토지의 경계선은 만조수위선이다(공유수면관리법 제2조제2항 참조). 하지만 일괄적으로 바다 속에 있는 토지부분에 관하여 등기능력이 없다고 하는 것도 문제가 있다.

■ 토지의 개수 : 토지는 원칙상 물리적으로는 물건으로서 구분성과 개수의 개념을 인정할 수는 없다. 그러나 토지의 거래화를 위한 법률상으로 인위적인 경계를 만들어 각각을 1개의 토지로 하고 이를 토지대장 또는 임야대장에서는 '1필'이라고 한다. 즉 토지등기용지상의 1필의 토지로서 등기된 것이 등기절차 상의 1개의 토지이나 지적법에 의하면 '필지'란 하나의 지번이 붙는 토지의 등록단위를 말한다(지적법 제2조제21호). 등록된 각 필지는 독립성이 인정되어 개별적으로 거래의 대상이 되

고 아울러 물권변동의 대상이 된다.

한편, 경우에 따라서는 1필의 토지를 나누거나 또는 다른 토지와 합하는 경우가 발생한다. 1필의 토지를 나누는 것을 '분필'이라 하고 다른 토지와 합하는 것을 '합필'이라고 한다. 분필과 합필은 법률이 정한 절차에 의하여야 한다(지적법 제79조 · 제80조). 1필의 토지의 일부만을 양도하거나 제한물권을 설정하지 못한다고 할 수 있다. 왜냐하면 등기를 해야 물권변동이 발생하고 토지의 일부에 대한 등기가 인정되지 않기 때문이다. 그러나 지상권 · 지역권 · 전세권은 1필의 토지 일부에 설정 할 수 있다(부등법 제69조 · 제70조 · 제72조 참조).

(3) 건 물

■ 건물의 개념 : 건물은 그 대지인 토지와는 별개의 독립한 부동산으로 독립하여 등기의 대상이 된다(부등법 제14조제1항). 그러나 구체적으로 건물이 무엇인가에 대한 규정은 없다. 단지 건물은 토지의 정착물(민법 제99조제1항) 또는 공작물(민법 제279조 참조)에 속하는 것으로 이보다는 좁은 의미를 뜻한다. 즉 토지의 정착물이면서도 건물이 아닌 것은 특별법에 의한 예외(입목 법에 의한 입목)를 제외하고 독립하여 등기의 대상이 될 수 없다(예 : 교량, 전신주 등). 따라서 건물은 일반거래개념과 사회통념에 의하여 구체적으로 결정되어야 한다. 판례에 따르면 4개의 나무기둥을 세우고 유지(기름종이)로 만든 지붕을 얹고 벽이라고 볼 만한 시설이 되어 있지 아니한 물건은 건물이 아니라고 한다(대법원 1966.5.31. 선고 66다551 판결). 결론적으로 건물은 지붕과 벽을 가지고 토지에 정착된 건조물로써 쉽게 해체 · 이동할 수 없으며 그 건조물이 목적하는 바에 따라 사용되는 상태를 말한다. 구체적인 경우에

살물(撒物)을 저장하는 싸이로시설(1984. 8. 17. 등기 제355호 법원행정처장질의응답), 지붕 있는 야구장 또는 경마장, 주차장, 지하주차장, 지하도의 건물(예 : 상점), 반영구적인 원예·농경용의 온상시설, 반영구적인 시설로 된 주차장 또는 승강장이 건물에 해당된다고 본다. 한편 가스탱크, 석유탱크, 급수탱크, 지상에 받침을 두고 있지 않은 기계시설을 위한 건조물, 쉽게 운반할 수 있는 간이판매장 또는 입장권판매장, 원예·농경용의 비닐하우스 등은 건물이 아니라고 하겠다.

건물축조과정 또는 붕괴·파괴의 경우 어느 때에 건물로 볼 것인가가 문제가 된다. 건물이라 할 때는 부동산등기법상 등기를 필요하게 되고 기존건물의 붕괴·파괴로 건물이 아니라고 할 때는 기존등기를 멸실등기해야 한다. 따라서 건물인가 아닌가에 대한 기준이 필요하게 되는데 이 기준은 구체적인 경우에 따라 사회통념에 의하여 결정하는 것이 타당하다고 본다. 예컨대 목조가옥의 경우 목조로 지붕을 이은 것으로 건물이 될 수 없고 독립적으로 바람과 비를 견딜 수 있을 정도로의 지붕과 주벽이 존재할 때 건물이라고 볼 수 있다.

■ 건물의 개수 : 건물은 토지와 달리 물리적으로 구분이 가능한 인공물이다. 그러므로 토지와 같이 형식적·공권적으로 구분한다는 것은 불가능하다. 그렇다고 건물의 소유자의 자유에 의해 건물을 구분하는 것도 불합리한 것이다. 따라서 사회통념과 거래상태에 의존하여 등기제도에 의한 합리적·효율적 공시가 가능한 것을 1개의 건물로 다루어야 할 것이다. 우선 두 가지 경우로 1개의 건물을 결정하는 기준에 대하여 생각해 볼 수 있다.

첫째, 물리적으로 연계되어 한 개의 구조물인 것은 법률상 1개의 건물을 결정하는 기준이 된다. 따라서 이 같은 1개의 구조물을 소유자가 1개의 건물로 등기를 요구할 때 이를 거부할 이유가 없게 된다. 단지 오늘날 건물의 용도와 형태가 매우 다양하고 건물의 완성 후 증축도 종종 발생하며 특히 건물의 입체적 이용을 위해 건물이 복잡한 구조와 형태가 증가하기 때문에 처음부터 물리적으로 연계되어 있는 건물로 볼 수 있는가 없는가의 판단이 곤란한 경우도 발생하게 된다.

예를 들면, 이미 기존의 고층건물에 일정한 높이의 상층부와 지하층에 통로로 연결된 새로운 고층건물을 건축하였을 경우에 새로운 건물을 1개의 독립된 건물로 볼 것인가 또는 기존건물에 연계된 증축의 건물로 볼 것인가의 문제가 발생한다. 이 경우 건물의 용도와 형태·구조를 고려하여 사회통념에 따라 문제를 해결할 수밖에 없다고 하겠다.

둘째, 이용 또는 거래의 객체로써 독립성·일체성이 인정되는 것도 1개의 건물의 기준이 된다. 그리고 일반적으로 이러한 기준에 의한 1개의 건물은 물리적 기준에 의한 1개의 건물과 일치한다. 그러나 상호 일치하지 않는 경우도 있다. 즉 물리적으로는 수개의 건물이면서 이용·기능상 전체가 1개의 건물로 인정되는 경우와 물리적으로는 1개의 건물이면서 이용·기능상 독립된 수개의 건물로 인정되는 경우가 그러하다. 부동산등기법에서는 이용·기능상의 기준을 물리적 기준보다 우선 시켜 1개의 건물로 다루고 있다. 예컨대 물리적으로 별개의 건물들(즉, 주건물과 부속건물)을 합하여 1개의 건물로 등기용지에 등재할 수 있고(부등법 제40조제1항제4호), 물리적으로 1개의 건물이 구분소유가 존재하는 건물인 때 여러개의 구분소유물을 인정한다(부등법 제16조제2항 참조).

결론적으로 부동산등기법상의 1개의 건물은 위의 두 가지 기준 중 어느 기준에 의하거나 두 가지 기준의 혼합에 의하여 결정 된다고 하겠다.

그러나 어느 기준에 의하든 소유자의 의사가 반영되어야 한다. 판례는 "건물의 개수를 판단함에 있어서 물리적 구조와 거래 또는 이용의 목적물로서 관할 건물의 상태도 그 개수의 판단기준에 중요한 자료가 된다"고 함으로써 위의 두 가지 기준을 혼합하여 1개의 건물을 결정하는 것을 알 수 있다(대법원 1961.11.23. 선고 60민상624 판결).

■ 부속건물 : '부속건물'이란 독립된 건물로서 주건물의 상용에 이바지하는 것으로 법률상 주건물과 합하여 전체로 1개의 건물로서 등기한 것을 말한다. 그러나 주건물과 물리적으로 분리되어 있는 공중목욕탕, 변소, 헛간이 독립하여 1개의 건물로 등기된 경우에는 부속건물이 아닌 등기상 1개의 독립된 건물이 된다. 일반적으로 주건물과 떨어진 목욕탕, 헛간 등은 주건물과 별개의 독립건물이지만 주건물에 종속된 건물로 볼 수 있어 주건물의 처분에 따른다고 볼 수 있다(민법 제100조제2항 참조).

그러나 법률상 무엇이 부속건물인가는 명확하지가 않다. 예를 들면 주택의 상용에 이바지하는 별개의 화장실을 주건물의 부속건물로 볼 수 있고 한편으로는 독립된 건물로 등기능력이 있는 것으로 볼 수도 있다. 주건물의 부속건물로 본다면 주건물의 양도의 경우 부속건물은 주건물과 함께 이전된다. 하지만 등기 용지상 독립된 건물로 등기된 경우에는 주건물이 양도된 경우라도 그 화장실은 별도의 양도가 필요하게 된다. 즉 이중양도가 필요하게 된다.

등기실무상 주건물의 상용에 이바지하는 건물이 부속건물로 취급되느냐는 주로 주건물 소유자의 등기신청에 의하여 결정된다. 따라서 일반적으로 부속건물이 주건물에 비하여 규모 또는 가격에 있어서 떨어지나

간혹 그렇지 않은 경우가 있다. 예컨대 독립된 여러 건물로 이루어진 공장에 있어서 주건물을 그 중 1동의 사무실로 정하고 나머지 건물들을 부속건물로 정하는 경우가 그러하다.

■ 구분소유의 건물

- 특별법의 제정 : 사회가 발전함에 따라 토지의 효율적 이용을 위해 건물이 고층화·다양화되어 가고 있다. 우리나라는 1960년대 후반부터 서서히 고층아파트가 들어서기 시작하여 최근에는 신도시 개발에 따른 고층아파트와 도심의 주거지역에서 다가구주택이 건축되고 있다. 이러한 상황 속에서 기존의 민법 제215조(건물의 구분소유)의 규정으로는 구분소유 관계를 합리적·법리적으로 규율할 수 없게 되어 새로운 특별법이 제정되기에 이르렀다. 이것이 '집합건물의 소유 및 관리에 관한 법률(1984년 제정)'이며 이 법의 제정에 이어 부동산등기법도 개정되었다.

- 구분소유의 뜻 : 구분소유의 뜻을 민법 제215조와 집합건물의 소유 및 관리에 관한 법률 제1조에서 찾아 볼 수 있다. 민법 제215조에 따르면 '구분소유'란 한 채의 건물을 수인이 구분하여 각각 그 일부분을 소유하는 것을 말한다. 또한 집합건물법(앞으로 집합건물의 소유 및 관리에 관한 법률을 '집합건물법'라고 칭함) 제1조에 따르면 '구분소유'란 1동의 건물 중 구조로 구분된 수개의 부분이 독립한 건물로서 사용될 수 있을 때에 그 각 부분을 말한다고 한다. 여기서 '구분'이란 물리적으로 1동의 건물을 수직면으로 구분하는 것(예 : 단층의 구분된 수개의 주거, 점포, 사무소, 창고 등)뿐만 아니라 1동의 건물의 수평으로 구분되는 것(계층별로 구분한 건물)도 포함한다. 물론 건물을 수직면과 수평면의 쌍방을

병용하여 구분한 것도(예 : 중고층 아파트) 포함된다. 따라서 1개의 건물을 구조상 내지 이용상 독립적으로 구분한 것이 건물의 '구분소유'라고 할 수 있다(대법원 1984. 2. 14. 선고 82다카1014 판결).

- 집합건물법에서의 구분소유건물 : 독립된 구분건물부분(규약에 의하여 공용부분이 되는 것은 제외)을 목적으로 하는 소유권이 '구분소유권'이다(집합건물법 제2조제1호). 그 밖의 소유관계의 대상이 되는 것은 전유부분과 공용부분 그리고 건물의 대지사용권이 있다. '전유부분'은 구분소유권의 목적인 건물부분을 말하며 '공용부분'은 전유부분 외의 건물부분, 전유부분에 속하지 않는 건물의 부속물 및 규약에 의한 공용부분(집합건물법 제3조제2항 및 제3항)으로 된 부속의 건물을 말한다. 또한 '대지사용권'은 구분소유자가 전유부분을 소유하기 위하여 건물의 대지(전유부분이 속하는 1동의 건물이 소재하는 토지 및 규약에 의한 건물의 대지로 된 토지)에 대하여 가지는 권리를 일컫는다.

- 부동산등기법상 구분소유건물 : 구조상 또는 이용상 구분된 건물을 소유자의 의사에 의하여 1동 전체를 1개의 건물로서 등기할 수도 있고 구분된 각 부분을 각각 독립하여 1개의 건물로 등기할 수도 있다(부등법 제40조제2항 내지 제4항 참조). 구분소유 등기의 경우 등기법상으로는 통상의 1동이 1개의 건물의 경우와 동일하게 다루어진다. 그렇지만 구분건물의 동일성을 명백히 하기 위하여 그 구분건물을 포함하는 물리적 1동 전체의 동일성과 구분건물의 위치관계가 쉽게 파악될 수 있도록 등기용지의 구성과 등기기재 등에 관하여 특별한 사항을 가지고 있다. 또한 그밖에 대지사용권에 관련하여 대지권등기, 대지권인 취지의 등기와 같은 특수한 등기를 마련하고 있다.

3) 등기해야 할 권리

부동산등기법상 등기능력을 갖는 권리(등기할 수 있는 권리)는 토지 및 건물에 대한 소유권·지상권·지역권·전세권·저당권·권리질권·채권담보권·임차권 등 여덟 가지의 권리이다(부등법 제3조).

이 여덟 가지 권리 중 소유권·지상권·지역권·저당권은 부동산물권으로 등기능력 있는 물권이나 권리질권은 부동산물권은 아니지만 공시의 원칙을 관찰하기 위하여 등기능력이 인정되는 물권이다(민법 제348조 참조). 그러나 임차권은 민법상 물권은 아니지만 경제적 약자인 임차인의 보호를 위하여 일정한 경우에 등기능력이 인정되고 있다(민법 제621조 참조). 또한 매도인의 부동산환매권도 채권으로서 등기능력이 인정된다(민법 제592조 참조). 그밖에 등기능력 있는 권리(부등법 제3조에 명시한 권리)의 변동을 목적으로 하는 청구권에 대하여서도 가등기 능력이 인정되고 있다(부등법 제88조).

한편, 임차권이 등기되어 있지 않아도 임차인이 주택의 인도와 주민등록을 마친 때에 그 다음날부터 제3자에 대하여 임차권의 등기와 마찬가지로 효력이 발생한다(주택임대차보호법 제3조, 제12조 참조).

4) 등기해야 할 권리변동

등기해야 할 권리변동은 등기해야 할 권리(부등법 제3조 참조)의 득실변경이다(민법 제186조). 예컨대 권리의 설정·보존·이전·변경·처분의 제한 또는 소멸이 등기해야 할 권리변동의 내용이다(부등법 제3조). 구체적으로 그 내용을 살펴보면 '설정'이란 지상권·지역권·임차권·저당권·권리질권의 설정으로 이것은 부동산등기법 제3조에 의해 등기해야 할 권리 중 소유권 이외의 권리들이다. '보존'이란 미등기부동산의 소유권의 보존을 말하고 '이전'이란 등기해야 할 권리(부등법 제3조에 명시한 권리들)의 이전을 말하며 '변경'이란 주로 권리내용의 변경으로, 즉 지상권의 존속기간의 변경, 저당권의 이자의 변경을 말한다.

또한, '처분의 제한'이란 공유물의 분할금지(민법 제268조제1항), 유언에 의한 상속재산의 분할방법의 지정·분할금지·압류·가압류·가처분에 의한 처분행위의 금지를 일컬으며 '소멸'은 포기·혼동·목적물 멸실 등에 의한 권리의 소멸을 의미한다.

5) 등기를 요하지 않은 권리변동

등기를 요하는 권리변동에서 등기를 하지 않으면 사법상의 권리변동의 효력과 추정력이 발생하지 않는다(민법 제186조). 이를 '실체법상의 등기사항'이라고도 한다. 그러나 등기를 요하지 않는 권리변동은 등기를 하지 않아도 사법상의 권리변동의 효력에는 지장이 없다. 이를 실체법상의 등기사항이 아닌 '절차법상의 등기사항'이라고 불리 운다.

이렇게 실체법상의 등기사항은 모두 절차법상의 등기사항이지만 절차법상의 등기사항은 실체법상의 등기사항을 전부 포함하지 않는다. 등기를 요하지 않는 권리변동은 민법 제187조에서 명시한 바와 같이 상속·공용징수(公用徵收)·판결·경매, 기타 법률의 규정에 의한 부동산물권의 취득의 경우에 그러하다. 여기서 주의할 것은 법문상 물권의 취득(取得)의 경우뿐만 아니라 물권의 소멸(消滅)도 이에 해당된다고 본다.

5. 각종 권리에 관한 등기절차

권리에 따라 등기절차가 약간 다르게 규정되어 있다. 여기에서는 가장 빈번하게 그리고 가장 중요하다고 생각되는 소유권과 저당권의 등기절차에 대하여 살펴보기로 한다.

1) 소유권에 관한 등기절차

소유권에 관한 등기절차는 소유권보존과 소유권이전에 관한 등기절차로 나누어 살펴볼 수 있다. 이는 또한 목적물이 토지인가? 건물인가?에 따라 토지소유권보존과 건물소유권보존등기절차 그리고 토지소유권이전등기와 건물소유권이전등기절차로 나눈다. 여기에서는 크게 보존등기와 이전등기로 나누어 살펴보기로 한다.

(1) 소유권보존등기절차

① 신청자격자

토지대장 또는 건축물대장에 등재되어 있는 실체법상 소유권자가 단독으로 신청하며 신청 시 소유권임을 증명하는 서류의 첨부가 필요하다. 그 자는 다음과 같다.

- 토지대장, 임야대장 또는 건축물대장에 의하여 자기 또는 피상속인이 등록되어 있음을 증명하는 자
- 판결에 의하여 자기의 소유권을 증명하는 자

② 등기신청절차

보존등기신청서, 첨부정보(토지 또는 건물을 표시하는 토지등기정보

또는 건축물대장과 기타 증명서류(예 : 호적등본, 보상금지급증명서 또는 공탁증명서 등))를 첨부하여야 한다. 그러나 등기원인을 증명하는 정보, 등기의무자를 증명하는 정보 첨부할 필요가 없다. 이 정보는 소유권이전등기절차에 필요한 사항이다.

③ 등기실행에 관한 특칙

보존등기의 실행은 일반원칙에 따라 행하나 보존등기 성질상 표제부에 표시번호, 접수연월일, 소재와 지번, 면적과 등기원인을 기록한다(부등법 제34조). 등기기록의 갑구와 을구에는 순위번호, 등기목적, 접수연월일 및 접수번호, 등기원인 및 그 연월일, 권리자를 기록한다(부등법 제48조제1항).

④ 등기완료의 사실 및 과세자료의 송부

등기관은 보존등기완료 후 지체 없이 그 사실을 지적소관청에 알려야 하고, 과세자료를 부동산소재지 관할 세무서장에게 제공하되(부등법 제63조), 전산정보처리조직을 이용할 수 있다(부동산등기법규칙 제120조).

(2) 소유권이전등기절차

소유권이전등기절차는 가장 전형적인 형태로서 일반원칙에 따르므로 특이한 사항이 적다. 그러나 소유권일부이전, 수용에 의한 등기, 상속에 의한 소유권이전 및 매매 기타 원인에 의한 소유권이전에 관한 절차에 대하여 부동산등기법의 규정이 있다. 한편 가장 빈번한 소유권이전등기의 원인은 계약이다. 여기서는 계약에 의한 소유권이전만 설명하기로 한다.

① 소유권이전등기신청서 작성

소유권보존등기와 마찬가지로 소유권이전등기신청서에 해당 사항을 기록하여 등기관에게 제출한다.

② 계약서 원본제출

부동산 소재 관공서에서 검인받은 계약서 원본을 등기원인정보로 제출하여야 한다.

③ 인지세 · 등록세 등 납부

인지세법에 의하여 인지세를 납부하고 부동산취득당시의 가액(계약서상 금액)과 그 과세시가표준액을 함께 기재하여야 하며 등록세의 과세표준은 그 중 높은 금액을 기준으로 하여 등록세를 납부한다.

④ 등기원인정보의 부동산표시와 당사자표시

검인계약서의 부동산표시가 신청서의 그것과 엄격히 일치하지 않더라도 양자 사이에 동일성을 인정할 수 있으면 그 등기신청을 수리할 수 있으며 등기원인을 증명하는 정보인 계약서 등에 계약당사자의 표기가 신청서의 그것과 엄격하게 일치할 필요는 없으나 다른 제출정보에 의하여 양자 사이의 동일성이 인정되어야 한다.

⑤ 등기필정보의 통지

등기관은 소유권이전등기신청서 및 그 밖의 관련 첨부정보를 검토 한 후 하자 없다고 생각되면 등기를 수리하여 등기신청인(일반적으로 등기권리자)에게 등기필정보를 통지하여야 한다.

등기필정보의 통지는 첫째, 전자신청의 경우에는 전산정보처리조직을 이용하여 송신하고 둘째, 서면신청의 경우에는 등기필정보를 기록한 서면(등기필정보통지서)을 교부하는 방법으로 통지하며, 등기필정보통지서는 1회에 한하여 교부한다.

2) 저당권등기절차

(1) 저당권의 의의

'저당권'이란 채무자 또는 제3자(물상보증인)가 채무담보로 제공한 부동산 기타 목적물의 점유를 채권자에게 이전하지 않고 그 목적물을 서류상으로만 지배하여 채무변제가 없는 경우에 그 목적물로부터 우선변제를 받을 수 있는 담보물권이다.

(2) 저당권등기신청서의 기재사항

① 필요적 기재사항

채권액, 저당권의 목적이 소유권 이외의 권리인 경우에는 그 권리표시, 채무자표시 등

② 임의적 기재사항

변제기, 이자 및 그 발생시기와 지급시기, 원본 또는 이자의 지급장소, 채무불이행으로 인한 손해배상의 약정, 저당부동산에 부합된 물건이나 종류에 대해 저당권의 효력이 미치지 않는 약정, 채권의 조건, 위약금의 약정 등

(3) 저당권설정계약제출

저당권설정자와 저당권자 사이에 체결한 저당권설정계약이 등기신청서와 함께 제공되어야 한다.

생각할 문제

사례 1. 부동산등기필증을 분실한 경우의 부동산소유권이전등기 등기신청방법(과거 등기부전산화 이전의 사례임)

▌신축아파트에 당첨되어 입주할 예정이어서 현재의 주택을 매도하려고 하니 등기필증(등기권리증)이 있어야 한다고 한다. 저는 등기필증을 잃어버렸는데 주택을 매도할 수 있는지 그것이 가능하다면 부동산소유권이전등기 신청방법은 어떻게 되는지?

매매를 원인으로 하는 부동산소유권이전등기신청을 할 때에는 신청서 등과 함께 등기필증을 등기소에 제출하여야 하는데 '등기필증'이라 함은 등기완료 후 등기공무원이 매매 또는 교환계약서 등과 같이 등기원인을 증명하는 서면이나 신청서의 부본에 소정의 절차를 밟아 등기를 마쳤다는 뜻을 기재하고 등기소인을 찍어 등기권리자에게 교부하는 서면을 말하며 한번 교부된 등기필증은 다시 교부하지 않는다(구부동산등기법 제40조제1항, 제67조). 등기필증을 멸실(滅失)한 경우 종래에는 같은 등기소에서 소유권등기를 한 성년자 2인 이상이 등기의무자가 본인임을 보증하는 서면(통상 '인우보증'이라 함)으로 등기필증을 대신하여 등기신청을 할 수 있었으나 1991년 12월 14일 부동산등기법이 개정되어 위와 같이 등기필증을 멸실한 경우 등기의무자 또는 그 법정대리인이 등기소에 출석하여 등기공무원으로부터 등기의무자 본인임을 확인 받아 신청을 할 수 있도록 하고 있다.

그러나 변호사나 법무사에게 위임하여 대리인이 등기를 신청하는 경우 신청서상의 등기의무자나 그 법정대리인으로부터 위임받았음을 확인하는 서면 2통을 신청서에 첨부하거나 신청서(위임에 의한 대리인에 의하여 신청하는 경우에는 그 권한을 증명하는 서면) 중 등기의무자의 작성부분에 관하여 공증을 받고 그 부본 1통을 신청서에 첨부하면 본인이 출석하지 않아도 등기신청을 할 수 있을 것이다(구부동산등기법 제51조). 〈출처 : 법률구조공단 사례에서〉

사례 2. 매도인의 사망과 부동산소유권이전등기

▌甲은 乙의 부동산을 매수하여 잔금을 모두 지불하였다. 그러나 불행하게도 소유권이전등기 전에 乙이 사망하였다. 상속인은 이 사실을 모두 인정하였다. 甲의 이름으로 소유권이전등기하는 방법은?

이 경우 상속인은 신분을 증명할 수 있는 서류를 첨부하여 피상속인으로부터 바로 원인행위자인 매수인 등의 앞으로 소유권이전등기신청을 할 수 있고 그러한 경우에 상속등기를 거칠 필요가 없이 바로 매수인 앞으로 등기명의를 이전할 수 있다(대법원 1995.2.28. 선고 94다23999판결). 따라서 乙의 상속인의 협조를 얻어 상속인들에게 상속하는 상속등기 없이 甲의 이름으로 소유권이전등기를 할 수 있다.

사례 3. 중복소유권보존등기에 대한 말소등기청구

▌甲은 乙의 소유의 논 1000㎡에 관하여 매매계약체결 후 매매대금을 완납하고 소유권이전등기청구권보존을 위한 가등기를 하였다. 그런데 해당 논에 이미 丙의 이름으로 소유권보존등기가 되어 있어서 현재 해당 논은 乙과 丙 등 두 사람 이름으로 보존등기된 중복보존등기이다. 이 경우 甲은 丙을 상대로 소유권보존등기의 말소청구를 할 수 있는가?

결론적으로 甲은 丙을 상대로 소유권보존등기말소청구를 할 수 없다. 판례에 따르면 "가등기는 본등기의 순위를 보전하는 효력만 가지고 있을 뿐 가등기만으로 아무런 실체법상 효력을 가지고 있지 않기 때문에 본등기를 경료하지 않고 중복된 소유권보존등기가 무효이더라도 가등기권리자는 그 말소를 청구할 수 없다(대법원 2001.3.23. 선고 200다51285판결)"고 판시하고 있기 때문이다. 따라서 甲은 본등기를 경료한 후 丙을 상대로 말소를 구하거나 그 등기명의인인 丙을 대위하여 멸실등기에 준하는 등기를 신청하는 등의 절차에 의하여 丙명의의 각 등기를 말소할 수 있을 것이다.

생각할 문제

문제 1. 개똥이는 쇠똥이로부터 쇠똥의 소유인 아파트를 구입하기 위하여 매매 계약을 체결하고 계약금, 중도금 및 잔금을 지불하였다. 그리고 개똥이는 이미 아파트 두 채를 가지고 있어서 구입한 아파트의 소유권이전등기를 하지 않고 있다. 이 경우 개똥이는 소유권을 보존하기 위하여 어떤 등기를 해야 되는가?

문제 2. 왈자는 자신이 해외에 있는 동안 부친이 사망하였고 왈자가 모르게 부친이 남겨준 토지 5000㎡에 대하여 다른 형제들이 상속권을 행사하여 이미 상속을 원인으로 하는 소유권이전등기를 마쳤다. 이 경우 왈자는 상속권을 행사하려고 한다. 따라서 왈자는 이미 상속을 원인으로 하여 소유권이전등기를 마친 형제들을 상대로 소송을 제기하였다. 이 경우에 해당법원에서는 해당토지에 대하여 어떤 등기를 토지 소재지 등기소에 요청을 하는가?

제6강 소비자보호와 법

1. 서설
2. 소비자기본법의 의의와 체계
3. 소비자기본법의 주요내용

제6강 소비자보호와 법

1. 서 설

우리나라는 6차에 걸친 경제개발계획을 통하여 경제가 대량생산·대량판매·대량소비의 단계로 접어들면서 소비자문제가 중요한 경제·사회적 문제로 되었다. 이미 1960년대 후반부터 소비자보호운동이 전개되었고 소비자보호운동의 활동진입기인 1980년대에 들어와서부터는 소비자보호정책이 본격적으로 시행되었다.

소비자와 사업자간의 거래관계를 파괴하는 소비자문제는 직접적으로 소비자의 이익을 침해하고 간접적으로 균형 있는 국가경제의 발전을 저해하기 때문에 소비자보호에 관한 국가시책인 소비자보호정책은 국가의 본래적 의무이다. 또한 소비자보호정책이 자본주의체제의 유지와 개발을 위해서 필요하고 중요하기 때문에 우리나라의 경제체제는 소비자보호정책을 얼마나 효과적으로 추진하느냐에 따라 그 성패가 좌우된다.

소비자보호정책은 국민의 인권보장을 위한 제원칙(諸原則)을 정하는 헌법에 근거하고 있으며 종합적인 소비자보호정책을 추진하기 위한 기본법인 소비자보호법에 의해 전개된다. 1980년 1월에는 전문 8장 32개조와 부칙으로 구성된 소비자보호법이 제정되어 종합적인 소비자보호정책을 추진하기 위한 기반이 마련되었고 1980년 10월에 제정된 제5공화국 헌법 제125조(현행헌법 제124조)는 "국가는 건전한 소비생활을 계도하고 생산품의 품질향상을 촉구하기 위한 소비자보호운동을 법률이 정하는 바에 의하여 보장한다"고 규정함으로써 소비자보호운동에 대한 헌법적 근거를 마련했다.

따라서, 소비자보호법은 헌법에 보장된 국민의 기본권 조항에 근원을 두고 제정되었다. 왜냐하면 소비자는 바로 생활인으로서의 국민 전체를 의미하기 때문이다. 개정헌법(1987년 11월)에서는 국민의 기본권으로서 인간의 존엄성과 행복추구권(헌법 제10조), 인간다운 생활을 할 권리(헌법 제34조), 보건권(헌법 제35조) 등을 보장하고 있다.

또한, 1980년 10월 27일에 개정된 제5공화국 헌법에서 새로이 신설된 소비자보호 조항(헌법 제124조)에 의해서 국가는 건전한 소비행위의 계도와 생산품의 품질향상을 촉구하기 위한 소비자보호운동을 보장하고 있다. 그러나 헌법 제124조의 내용은 소비자의 건전한 소비행위를 계도하고 사업자의 생산품 품질향상을 촉구하는 소비자보호운동을 보장한다고 함으로써 소비자보호운동의 범위만을 명시적으로 규정해 놓고 있어서 실질적으로 이 조항만으로는 소비자를 권리주체로 하는 소비자보호법의 근거로 삼기에는 부족한 아쉬움이 있다. 그런 뜻에서 소비자의 권리를 주체적으로 인정하기 위해서 그 근거를 헌법 제10조·제34

조·제35조와 같은 국민기본권 조항의 전체적 맥락에서 찾아야 할 것이다. 이러한 소비자보호법은 2006년 8월 29일 소비자정책의 기본 틀의 큰 전환을 가져올 소비자보호법 전부개정법(소비자기본법)안이 국회를 통과하여 2007년 3월부터 시행되고 있고, 2008년 2월과 3월 두 번의 일부개정을 거쳐 2008년 3월 21일부터 개정되었고, 최근 2010년 3월 22일(법률 제10170호)에 일부 개정된 법률이 시행되고 있다. 그 후 2011년 5월 19일(법률 제10678호) 일부가 개정되어 시행되고 있다(시행 2011.8.20.).

2. 소비자기본법의 의의와 체계

1) 소비자기본법의 의의

'소비자기본법'이란 사업자와 소비자의 거래를 독립된 영역으로 간주하여 소비자보호를 위한 경제법 또는 사회법을 말한다. 이 법은 사업자와 소비자의 거래를 독립된 영역으로 간주한다고는 하지만 소비자와 사업자와의 거래에서 갖게 되는 불만이 거래형태에 따라서 다양하게 나타나고 또한 그 불만의 정도도 단순히 금전적인 피해에서부터 생명·신체의 위해에 이르기까지 다양하기 때문에 소비자보호법은 여러 가지 규범이 집적으로 이루어져야 한다는 점에 그 특징이 있다.

2) 소비자기본법의 체계

소비자기본법은 전문 제86조 및 부칙(최근개정 2011.05.19. 법 제10678호)과 동법시행령은 전문 제69조 및 부칙(최근개정 203.03.23.

대통령령 제24436호)으로 이루어진 소비자보호를 위한 기본법이면서도 실체법적인 조항들을 많이 포용하고 있는 복합적인 성격의 법으로서, 이 법 자체 내에서 수용되는 실체법 조항은 단행법에 우선하여 적용되고 선언적 조항들은 단행법에 의해서 그 실천이 이루어진다.

소비자기본법은 그 목적을 소비생활의 향상과 합리화에 두고 이를 실현하기 위한 수단으로서 국가·지방자치단체 및 사업자의 책무, 소비자단체의 역할 및 자유시장경제에서 소비자와 사업자 사이의 관계를 규정함과 아울러 소비자정책의 종합적 추진을 위한 기본적 사항을 규정함으로써 소비생활의 향상과 국민경제의 발전에 이바지함을 목적으로 하고 있다(동법 제1조).

소비자문제는 소비자·사업자·국가라는 3주체의 책임과 역할에 의해서 해결 될 수 있다고 보고 소비자기본법에서는 이 법이 보호하고자 하는 대상으로서 소비자의 권리와 책무를 제2장에서 열거하고 이의 실현을 위한 국가·지방자치단체 및 사업자의 책무, 소비자정책의 추진체계를 규정하고 있다. 소비자문제는 소비자 자신의 불합리한 행위에 의해서도 발생할 수 있는 것이므로 소비자보호를 위한 국가·지방자치단체와 사업자의 의무를 강조하면서 또한 소비자의 합리적인 역할을 강조하고 있는 것이다. 국가 및 지방자치단체와 사업자의 책무는 주로 제3장에서 열거된 소비자 권리를 실현하기 위하여 양 주체가 시행하여야 할 사항들로 구성되어 있다.

그 내용을 보면 국가 및 지방자치단체는 위해의 방지, 계량 및 규격의 적정화, 표시의 기준, 광고의 기준, 거래의 적정화, 소비자의 정보제공, 소비자의 능력향상, 개인정보보호, 소비자분쟁의 해결, 시험·검사시설의 설치 등의 시책을 수립하여 실시해야 하고 사업자는 이러한 국가 및 지방자치단체의 시책에 따라서 적극적으로 소비자보호에 협력함은 물론 구체적으로 국가가 정한 기준에 위반되는 물품 등을 제조·수입·판매하거나 제공금지의무, 표시기준의무, 광고기준의무, 국가의 지정·고시에 대한 준수의무 그리고 개인정보보호 기준의무를 준수해야 한다(동법 제20조). 한편 사업자는 물품 등에 대하여 위해방지의무, 합리적 소비를 위한 거래조건 및 방법제시의무, 정확하고 성실한 물품 등의 정보제공의무, 개인정보보호의무 등의 책무를 부담한다(동법 제19조). 국가는 또한 그 의무를 구체적으로 실현하는 방법으로 소비자보호 전담기구인 한국소비자원을 설립하고 동 보호원에서 국가의 소비자보호시책을 적극 수행해 나가도록 이 법에서 규정하고 있다.

3. 소비자기본법의 주요내용

1) 총 칙

소비자기본법의 목적에 관하여 "소비자기본법은 소비자의 권익을 증진하기 위하여 소비자의 권리와 책무, 국가·지방자치단체 및 사업자의 책무, 소비자단체의 역할 및 자유시장경제에서 소비자와 사업자의 사이의 관계를 규정함과 아울러 소비자 정책의 종합적 추진을 위한 기본적 사항을 규정함으로써 소비생활의 향상과 합리화를 이바지함을 목적으로 하고 있다"라고 동법 제1조에 규정하고 있다. 이는 소비자기본법에서 그 근본목적을 소비생활의 향상과 합리화에 두고 그 목적을 달성하기 위한 방향으로서 소비자의 기본권 보호를 설정한 것이다.

2) 소비자의 권리와 책무

(1) 소비자의 권리

소비자기본법 제4조에서는 소비자의 기본적 권리에 관하여 규정하고 있는데, 즉 소비자는 스스로의 안전과 권익을 위하여 다음과 같은 권리를 향유한다.

첫째, 모든 물품 및 용역으로 인한 생명 · 신체 및 재산상의 위해(危害)로부터 보호받을 권리(안전할 권리)

둘째, 물품 및 용역을 선택함에 있어서 필요한 지식 및 정보를 제공받을 권리(알 권리)

셋째, 물품 및 용역을 사용 또는 이용함에 있어서 거래의 상대방, 구입장소, 가격, 거래조건 등을 자유로이 선택할 권리(선택의 권리)

넷째, 소비생활에 영향을 주는 국가 및 지방자치단체의 정책과 사업자의 사업활동 등에 대하여 의견을 반영시킬 권리(의견을 반영할 권리)

다섯째, 물품 및 용역의 사용 또는 이용으로 인하여 입은 피해에 대하여 신속 · 공정한 절차에 의하여 적절한 보상을 받을 권리(피해보상을 받을 권리)

여섯째, 합리적인 소비생활을 영위하기 위하여 필요한 교육을 받을 권리(교육받을 권리)

일곱째, 소비자 스스로의 권익을 수호하기 위하여 단체를 조직하고 이를 통하여 활동할 수 있는 권리(단체조직 및 활동권)

여덟째, 안전하고 쾌적한 소비생활 환경에서 소비할 권리(안전, 쾌적한 소비권)

(2) 소비자의 책무

첫째, 소비자는 물품 등의 올바른 선택과 소비자의 기본적 권리의 정당한 행사를 할 책무가 있다(올바른 선택과 기본적 권리의 정당한 행사의 책무).

둘째, 스스로의 권익을 증진하기 위하여 필요한 지식과 정보를 습득하도록 노력하여야 한다(지식과 습득에 노력할 책무).

셋째, 자주적이고 합리적인 행동과 자원 절약적이고 환경친화적인 소비생활을 함으로써 소비생활의 향상과 국민경제의 발전에 적극적인 역할을 다해야 한다(소비생활의 향상과 국민경제발전의 적극적 역할책무).

3) 국가・지방자치단체의 책무 등

(1) 소비자보호시책의 추진

국가 및 지방자치단체는 소비자기본법 제4조에 명시된 소비자의 기본적 권리가 실현될 수 있도록 하기 위하여 필요한 관계법령 및 조례의 제정 및 개정・폐지와 필요한 행정조직의 정비 및 운영개선, 필요한 시책의 수립 및 실시, 소비자의 건전하고 자주적인 조직 활동의 지원 및 육성 등을 시행할 의무를 진다(동법 제6조).

국가 및 지방자치단체는 정책시행기관으로서 소비자보호를 위한 대표적인 주체이며 그 역할은 매우 중요하다. 소비자보호시책의 수립 및 실시, 소비자의 조직 활동지원과 관련된 국가 및 지방자치단체의 의무내용은 필요한 시책의 수립 및 실시라는 측면에서 살펴보면 다시 네 가지로 나누어 볼 수 있다. 그 네 가지는 중앙정부의 소비자보호, 지방자치단체의 소비자보호, 관계법령 및 조례의 제정 및 개폐, 소비자의 조직 활동의 지원과 육성이다.

(2) 위해의 방지

국가는 행정의 실행을 통하여 소비자가 물품과 용역(이하 '물품 등'이라 한다. 동법 제4조제1호)으로 인하여 신체 및 재산상의 위해를 입지 않도록 조치를 취함으로써 소비자의 안전한 권리실현을 위해 노력해야 한다. 중앙행정기관의 장은 그 주관하는 물품 및 용역으로 인한 소비자의 생명 · 신체 및 재산상의 위해를 방지하기 위해서 다음 각 호의 사항에 관하여 사업자가 지켜야 할 기준을 정하여야 한다(동법 제8조제1항).

■ 물품 등의 성분 · 함량 · 구조 등 안전에 관한 중요한 사항
■ 물품 등을 사용할 때의 지시사항이나 경고 등 표시할 내용과 방법
■ 기타 위해방지하기 위하여 필요하다고 인정되는 사항

중앙행정기관의 장은 위와 같은 사항의 기준을 사업자가 준수하는 지 여부를 정기적으로 시험 · 검사 또는 조사하여야 한다(동법 제8조제2항).

(3) 계량 및 규격의 적정화

소비자가 물품 및 용역을 합리적으로 사용 또는 이용하기 위해서는 물품과 용역의 계량 및 규격이 명확해야 한다. 이에 따라 소비자보호법에서

는 계량 및 규격의 적정화를 규정하고 있다. 즉 "국가는 소비자가 사업자와의 거래에서 계량으로 인하여 손해를 보는 일이 없도록 하기 위해서 물품 및 용역의 계량에 필요한 시책을 강구하여야 하며"(동법 제9조제1항), "물품의 품질개선 및 소비생활의 합리화를 기하기 위해서 물품 및 용역의 규격을 정하고 이를 보급하기 위한 시책을 강구하여야 한다"(동법 제9조제2항)고 규정하였다.

한편, 계량과 관련된 단행법으로는 계량법이 있는데 이 법에는 계량단위의 규정 및 제시, 원기의 보존, 비계량단위 사용금지, 계량기 제조업 및 수리업의 허가, 계량기의 형식승인, 계량업, 계량증명업의 처분, 사용의 제한, 정확한 계량의무, 계량기 검정의무 등을 규정하고 있다.

다른 한편으로 규격의 적정화에 대한 단행법으로는 공업표준화법, 공산품품질관리법, 수산물검사법 등이 있는데 이 법률에는 공업표준의 제정공고, 광공업품 및 부품의 통일 및 단일화, 시판품의 조사, 식품첨가물의 성분 또는 용기 등에 대한 기준과 규격, 검사의 대상 및 내용, 공정규격 등을 규정하고 있다.

(4) 표시의 기준

국가는 소비자가 물품 등의 사용에 있어서 표시나 포장 등으로 인하여 물품 등을 잘못 선택하거나 사용하지 아니하도록 물품 등에 대하여 다음과 같이 표시기준을 정하여야 한다(동법 제10조제1항).

국가는 소비자가 사업자와의 거래에 있어서 표시나 포장 등으로 인하여 물품 등을 잘못 선택하거나 사용하지 아니하도록 사업자가 제1항 각 호의 사항을 변경하는 경우 그 변경 전후 사항을 표시하도록 기준을 정할 수 있다(동법 제10조제2항).

한편, 표시에 관한 단행법으로는 식품위생법 · 약사법 · 수산물검사법 · 공산품품질관리법 · 농약관리법 · 전기용품안전관리법 · 종묘관리법 · 비료관리법 · 향정신성의약품관리법 · 상표법 · 물가안정 및 공정거래에 의한 법률 · 부정경쟁방지법 등이 있으며, 표시기준의 설정, 제품검사의 표시, 허위 · 과장표시금지, 용기 · 외부포장의 기재사항, 독 · 극약의 표시, 품질표시부착, 보증서의 부정사용금지, 상품등록표시, 가격의 표시 등을 규정하고 있다.

(5) 광고의 기준

국가는 물품 등의 잘못된 소비 또는 과다한 소비로 인하여 소비자의 생명 · 신체 및 재산상의 위해를 방지하기 위하여 다음과 같은 경우에는 그 주관하는 물품이나 용역의 광고에 대하여 그 내용 및 방법에 관한 기준을 정하여야 한다(동법 제11조).

- 용도 · 성분 · 성능 · 규격 · 원산지 등의 광고에 있어서 허가 또는 공인된 내용 안으로 광고를 제한할 필요가 있거나 공고함에 있어서 특정내용을 반드시 소비자에게 알려야 할 필요가 있는 경우
- 광고함에 있어서 소비자가 오인할 우려가 있는 특정용어 및 특정표현의 사용을 제한할 필요가 있는 경우
- 광고의 매체 및 시간대에 대하여 제한이 필요한 경우

한편, 광고와 관련된 단행법으로는 약사법 · 독점규제 및 공정거래에 관한 법률 · 식품위생법 · 의료법 · 농약관리법 등이 있으며 대부분이 과대광고의 금지, 허위 · 과대광고의 기준 등을 규정하고 있다.

(6) 거래의 적정화

국가는 사업자의 불공정한 거래조건이나 방법으로 인하여 소비자가 부당한 피해를 입지 아니하도록 필요한 시책을 수립·실시하여야 한다(동법 제12조제1항). 나아가 국가는 소비자의 합리적인 선택을 방해하고 소비자에게 손해를 끼칠 우려가 있다고 인정되는 사업자의 부당한 행위를 지정·고시할 수 있다(동법 제12조제2항). 뿐만 아니라 국가 및 지방자치단체는 약관에 의한 거래·방문판매·할부판매·다단계판매·통신판매·전자거래 등 특수한 형태의 거래에 대하여는 법률의 제정 등 소비자보호를 위하여 필요한 시책을 강구하여야 한다(동법 제12조제3항).

(7) 소비자에의 정보제공

국가 및 지방자치단체는 소비자의 기본적인 권리가 실현될 수 있도록 소비자의 권익과 관련되는 주요시책이나 주요결정사항 등을 소비자에게 알려야 하며(동법 제13조제1항), 소비자가 물품 등을 합리적으로 선택할 수 있도록 하기 위하여 물품 등의 거래조건·거래방법·품질·안전성 및 환경성 등에 관련되는 사업자의 정보가 소비자에게 제공될 수 있도록 필요한 시책을 강구하여야 한다(동법 제13조제2항).

아울러 국가 및 지방자치단체는 소비자의 능력을 효과적으로 향상시키기 위한 프로그램을 개발하여야 하며(동법 제14조제2항), 소비자교육과 학교교육·평생교육을 연계하여 교육적 효과를 높이기 위한 시책을 수립·시행하여야 하고(동법 제14조제3항), 소비자의 능력을 효과적으로 향상시키기 위한 방법으로 방송법에 따른 방송사업을 할 수 있다(동법 제14조제4항).

(8) 개인정보보호

국가 및 지방자치단체는 소비자가 사업자와의 거래에서 개인정보의 분실·도난·누출·변조 또는 훼손으로 인하여 부당한 피해를 입지 아니하도록 필요한 시책을 강구하여야 한다(동법 제15조제1항).

(9) 소비자분쟁의 해결

국가 및 지방자치단체는 소비자의 불만 및 피해를 신속·공정하게 처리할 수 있도록 관련기구의 설치 등 필요한 조치를 강구하여야 한다(동법 제16조제1항). 이에 따라서 시·도지사는 소비자의 불만 및 피해를 처리하기 위한 전담기구의 설치 등 필요한 행정조직을 정비하여야 한다(동법 시행령 제7조). 국가는 소비자와 사업자간의 분쟁의 원활한 해결을 위하여 다음과 같은 일반적 소비자분쟁해결기준에 따라 품목별로 소비자분쟁해결기준을 제정할 수 있고(동법 제16조제2항, 동법시행령 제8조), 품목별 소비자분쟁해결기준은 분쟁당사자 사이에 분쟁해결방법에 대한 별도의 의사표시가 없는 경우에 한하여 분쟁해결을 위한 합의 또는 권고의 기준이 된다(동법 제16조제3항).

(10) 시험 및 검사시설의 설치 등

국가 및 지방자치단체는 국민을 위한 행정의 차원에서 과학적이고 공신력 있는 검사기관을 설치하여 소비용 물품 및 용역에 대해 정확한 시험·검사 및 조사를 실시함으로써 소비자가 소비용품을 안심하고 믿고 사용할 수 있도록 최선을 다하여야 할 의무가 있는 것이다.

이에 따라 국가 및 지방자치단체는 물품 및 용역의 규격 · 품질 · 안정성 등에 관하여 시험 · 검사 또는 조사를 실시할 수 있는 기구와 시설을 갖추어야 하며 소비자보호를 위하여 필요하다고 인정될 때 또는 소비자의 요청이 있을 때에는 시험 · 검사 또는 조사를 실시하여 그 결과를 공표하고 소비자보호를 위하여 필요한 조치를 하여야 한다(동법 제17조 제1항 내지 제3항). 또한 국가 및 지방자치단체는 소비자단체가 물품 및 용역의 규격 · 품질 · 안정성 등에 관하여 시험 · 검사를 실시할 수 있는 시설을 갖출 수 있도록 지원 할 수 있다(동법 제17조제4항).

4) 사업자의 책무 등

(1) 소비자권익의 증진시책에 대한 협력 등

사업자는 국가 및 지방자치단체의 소비자권익 증진시책에 적극 협력해야 한다(동법 제18조제1항). 또한 사업자는 소비자단체 및 한국소비자원의 소비자 권익증진과 관련된 업무와 추진에 필요한 자료 및 정보제공 요청에 적극 협력하여야 한다(동법 제18조제2항). 아울러 사업자는 안전하고 쾌적한 소비생활 환경을 조성하기 위하여 물품 등을 제공함에 있어서 환경친화적인 기술의 개발과 자원의 재활용을 위하여 노력하여야 한다(동법 제18조제3항).

(2) 사업자의 책무

① 위해방지의무

사업자는 물품 등으로 인하여 소비자에게 생명 · 신체 또는 재산에 대한 위해가 발생하지 아니하도록 필요한 조치를 강구해야 한다(동법 제

19조제1항).

② 합리적 선택 및 이익보장

사업자는 물품 등을 공급함에 있어서 소비자의 합리적인 선택이나 이익을 침해할 우려가 있는 거래조건이나 거래방법을 사용하여서는 아니 된다(동법 제19조제2항).

③ 성실 · 정확한 정보제공

사업자는 소비자에게 물품 등에 대한 정보를 성실하고 정확하게 제공하여야 한다(동법 제19조제3항).

④ 개인정보보호

사업자는 소비자의 개인정보가 분실 · 도난 · 누출 · 변조 또는 훼손되지 아니하도록 그 개인정보를 성실하게 취급하여야 한다(동법 제19조제4항).

⑤ 소비자피해 치유책

사업자는 물품 등의 하자로 인한 소비자의 불만이나 피해를 해결하거나 보상하여야 하며 채무불이행 등으로 인한 소비자의 손해를 배상하여야 한다(동법 제19조제5항).

5) 소비자안전

국가 및 지방자치단체는 안전취약계층(어린이, 노약자 및 장애자)에 대하여 우선적으로 보호시책을 강구해야 하며(동법 제45조제1항), 안전취약계층에게 물품 등의 판매 · 광고 또는 제공하는 경우에 위해가 발생하지 않도록 필요한 예방조치를 취해야 한다(동법 제45조제2항). 한편 공정거래위원회는 사업자가 제공한 물품 등으로 인하여 소비자에게 위해발생이 우려되는 경우에 관계중앙행정기관의 장에게 일정한 조치를 요청할 수 있다(동법 제46조).

① 결함정보의 보고의무

사업자는 소비자에게 제공한 물품 등에 소비자의 생명·신체 또는 재산에 위해를 끼치거나 끼칠 우려가 있는 제조·설계 또는 표시 등의 중대한 결함이 있는 사실을 알게 된 때에는 그 결함의 내용을 소관 중앙행정기관의 장에게 보고하여야 한다(동법 제47조제1항). 보고받은 중앙행정기관의 장은 사업자가 보고한 결함의 내용에 관하여 시험·검사를 시험·검사기관 또는 한국소비자원에 의뢰하고 그 결과에 따라 필요한 조치를 취해야 한다(동법 제47조제2항).

결함의 내용을 보고하여야 할 사업자는 다음과 같다(동법 제47조제3항).

- 물품 등을 제조·수입 또는 제공하는 자
- 물품에 성명·상호 그 밖에 식별 가능한 기호 등을 부착함으로써 자신을 제조자로 표시한 자
- 유통산업발전법 제2조제3호의 규정에 따른 대규모점포 중 대통령령이 정하는 대규모점포를 설치하여 운영하는 자
- 그 밖에 소비자의 생명·신체 또는 재산에 위해를 끼치거나 끼칠 우려가 있는 물품 등을 제조·수입·판매 또는 제공하는 자로써 대통령령이 정하는 사업자

② 물품 등의 자진수거의무

사업자는 소비자에게 제공한 물품 등의 결함으로 인하여 소비자의 생명·신체 또는 재산에 위해를 끼치거나 끼칠 우려가 있는 경우에는 대통령령이 정하는 바에 따라 당해 물품 등의 수거·파기·교환·환급 또는 제조·수입·판매·제공의 금지 그 밖의 필요한 조치를 취하여야 한다(동법 제48조). 조치를 받은 사업자는 소관 중앙행정기관의 장에게 보고해야 한다(동법 시행령 제36조).

③ 수거 · 파기 등의 권고 등

중앙행정기관의 장은 사업자가 제공한 물품 등의 결함으로 인하여 소비자의 생명·신체 또는 재산에 위해를 끼치거나 끼칠 우려가 있다고 인정되는 경우에는 그 사업자에 대하여 당해 물품 등의 수거·파기·수리·교환·환급 또는 제조·수입·판매·제공의 금지 그 밖의 필요한 조치를 권고할 수 있다(동법 제49조제1항). 또한 권고를 받은 사업자는 그 권고의 수락 여부를 소관 중앙행정기관의 장에게 통지하여야 한다(동법 제49조제2항). 아울러 사업자는 동법 제49조제1항의 규정에 따른 권고를 수락한 경우에는 동법 제48조의 규정(물품 등의 자진수거 등)에 따른 조치를 취하여야 한다(동법 제49조제3항). 그리고 중앙행정기관의 장은 동법 제49조제1항의 규정에 따른 권고를 받은 사업자가 정당한 사유 없이 그 권고를 따르지 아니하는 때에는 사업자가 권고를 받은 사실을 공표할 수 있다(동법 제49조제4항).

④ 수거 · 파기 등의 명령 등

중앙행정기관의 장은 사업자가 제공한 물품 등의 결함으로 인하여 소비자의 생명·신체 또는 재산에 위해를 끼치거나 끼칠 우려가 있다고 인정되는 경우에는 대통령령이 정하는 절차에 따라 그 물품 등의 수거·파기·수리·교환·환급을 명하거나 제조·수입·판매 또는 제공의 금지를 명할 수 있고 그 물품 등과 관련된 시설의 개수(改修) 그 밖의 필요한 조치를 명할 수 있다. 다만 소비자의 생명·신체 또는 재산에 긴급하고 현저한 위해를 끼치거나 끼칠 우려가 있다고 인정되는 경우로서 그 위해의 발생 또는 확산을 방지하기 위하여 불가피하다고 인정되는 경우에는 그 절차를 생략할 수 있다(동법 제50조제1항). 사업자가 이 명령을 따르지 아니한 경우에는 중앙행정기관의 장은 대통령령에 따라 직접 그 물품 등의 수거·파기 또는 제공금지 등 필요한 조치를 취할 수 있다(동법 제50조제2항).

6) 소비자단체소송

(1) 단체소송의 대상 등

일정한 단체는 사업자가 동법 제20조(소비자의 권익증진 관련 준수사항)의 규정을 위반하여 소비자의 생명·신체 또는 재산에 대한 권익을 직접적으로 침해하고 그 침해가 계속되는 경우 법원에 소비자권익침해행위의 금지·중지를 구하는 소송을 제기할 수 있다(동법 제70조).

일정한 단체는 아래와 같다.

■ 동법 제29조의 규정에 따라 공정거래위원회에 등록한 소비자단체로서 다음 각 목의 요건을 모두 갖춘 단체

- 정관에 따라 상시적으로 소비자의 권익증진을 주된 목적으로 하

는 단체일 것
- 단체의 정회원수가 1천명 이상일 것
- 동법 제29조의 규정에 따른 등록 후 3년이 경과하였을 것

■ 「상공회의소법」에 따른 대한상공회의소, 「중소기업협동조합법」에 따른 중소기업협동조합중앙회 및 전국 단위의 경제단체로서 대통령령이 정하는 단체

■ 「비영리민간단체 지원법」 제2조의 규정에 따른 비영리민간단체로서 다음 각 목의 요건을 모두 갖춘 단체
- 법률상 또는 사실상 동일한 침해를 입은 50인 이상의 소비자로부터 단체소송의 제기를 요청받을 것
- 정관에 소비자의 권익증진을 단체의 목적으로 명시한 후 최근 3년 이상 이를 위한 활동실적이 있을 것
- 단체의 상시 구성원수가 5천명 이상일 것
- 중앙행정기관에 등록되어 있을 것

(2) 전속관할

단체소송의 소는 피고의 주된 사무소 또는 영업소가 있는 곳, 주된 사무소나 영업소가 없는 경우에는 주된 업무담당자의 주소가 있는 곳의 지방법원 본원 합의부의 관할에 전속한다(동법 제71조제1항). 위의 사항에서 외국사업자에 적용하는 경우 대한민국에 있는 이들의 주된 사무소・영업소 또는 업무담당자의 주소에 따라 정한다(동법 제71조제2항).

(3) 소송대리인의 선임

단체소송의 원고는 변호사를 소송대리인으로 선임하여야 한다(동법

第72조).

(4) 소송허가신청과 허가요건

① 소송허가신청

단체소송을 제기하는 단체는 소장과 함께 원고 및 그 소송대리인, 피고 그리고 금지·중지를 구하는 사업자의 소비자권익 침해행위의 범위를 기재한 소송허가신청서를 법원에 제출하여야 한다(동법 제73조제1항).

아울러 소송허가신청서에는 다음 각 호의 자료를 첨부하여야 한다.

- 소제기단체가 제70조 각 호의 어느 하나에 해당하는 요건을 갖추고 있음을 소명하는 자료
- 소제기단체가 제74조제1항제3호의 규정에 따라 요청한 서면 및 이에 대한 사업자의 의견서, 다만 동호에서 정하는 기간 내에 사업자의 응답이 없을 경우에는 사업자의 의견서를 생략할 수 있다.

② 소송허가요건

법원은 다음 각 호의 요건을 모두 갖춘 경우에 한하여 결정으로 단체소송을 허가한다(동법 제74조제1항). 그리고 단체소송을 허가하거나 불허가하는 결정에 대하여는 즉시 항고할 수 있다(동법 제74조제2항).

- 물품 등의 사용으로 인하여 소비자의 생명·신체 또는 재산에 피해가 발생하거나 발생할 우려가 있는 등 다수 소비자의 권익보호 및 피해예방을 위한 공익상의 필요가 있을 것
- 동법 제73조의 규정에 따른 소송허가신청서의 기재사항에 흠결이 없을 것

■ 소제기단체가 사업자에게 소비자권익 침해행위를 금지・중지할 것을 서면으로 요청한 후 14일이 경과하였을 것

(5) 확정판결의 효력

원고의 청구를 기각하는 판결이 확정된 경우에 이와 동일한 사안에 관하여는 동법 제70조의 규정에 따른 다른 단체는 단체소송을 제기할 수 없다. 다만 다음 각 호의 어느 하나에 해당하는 경우에는 그러하지 아니하다(동법 제75조).

■ 판결이 확정된 후 그 사안과 관련하여 국가 또는 지방자치단체가 설립한 기관에 의하여 새로운 연구결과나 증거가 나타난 경우
■ 기각판결이 원고의 고의로 인한 것임이 밝혀진 경우

(6) 민시소송법의 적용

단체소송에 관하여 이 법에 특별한 규정이 없는 경우에는 민사소송법을 적용한다(동법 제76조제1항). 또한 동법 제74조의 규정에 따른 단체소송의 허가결정이 있는 경우에는 민사집행법 제4편의 규정에 따른 보전처분을 할 수 있다(동법 제76조제2항). 그리고 단체소송의 절차에 관하여 필요한 사항은 대법원규칙으로 정한다(동법 제76조제3항).

사례문제

사례 1. 전자제품 품질보증기간 내 동일 하자가 재발한 경우 구제방법

■ 甲전자회사 대리점에서 비디오 1대를 구입하여 2개월 정도 사용하였는데 테이프의 되감기 작동이 잘되지 않아서 2회의 수리를 하였음에도 계속 작동이 불량이다. 그래서 제품을 판매한 대리점에 대하여 제품의 교환 또는 대금환불을 요구하였으나 대리점 측은 수리를 해보고 또 다시 고장이 발생하면 그 때에 제품을 교환해주겠다고 하는 바, 곧바로 제품의 교환 또는 대금환불을 받고 싶은데 그것이 가능한지?

소비자피해의 구제에 관하여 소비자기본법 제16조제2항에 의하면 "국가는 소비자와 사업자 사이에 발생하는 분쟁을 원활하게 해결하기 위하여 대통령령이 정하는 바에 따라 소비자분쟁해결기준을 제정할 수 있다"라고 규정하고 있으며 소비자피해 보상규정 동법 제3조에 의한 별표2 품목별 보상기준을 보면 가전제품의 경우 ① 구입 후 10일 이내에 정상적인 사용상태에서 발생한 성능 · 기능상의 하자로 중요한 수리를 요할 때에는 제품교환 또는 구입가환급 ② 구입 후 1개월 이내에 정상적인 사용상태에서 발생한 성능 · 기능상의 하자로 중요한 수리를 요할 때에는 제품교환 또는 무상수리 ③ 품질보증기간 이내에 정상적인 사용상태에서 발생한 성능 · 기능상의 하자 중 하자발생시는 무상수리, 수리불가능시는 제품교환 또는 구입가환급, 교환불가능시는 구입가환급, 동일하자에 대하여 3회까지 수리하였으나 고장이 재발한 경우(4회째) 및 여러 부위의 고장으로 총 4회 수리를 받았으나 고장이 재발한 경우(5회째)에는 제품교환 또는 구입가환급, 교환된 제품이 1개월 이내에 중요한 수리를 요하는 고장발생시는 구입가환급을 받을 수 있도록 규정되어 있다.

따라서 소비자의 경우 품질보증기간 내에 동일 하자로 인하여 2회의 수리를 받고 고장이 재발한 상태이므로 즉시 제품의 교환 또는 구입가 환불을 받을 수는 없을 것으로 보인다. 1회 더 수리를 받고 고장이 재발하면 제품의 교환을 받아야 할 것으로 보인다. 〈출처 : 법률구조공단 사례에서〉

사례 2. 비료 불량으로 손해 발생시 제조자에게 손해배상청구 가능한지

▌800평 규모의 비닐하우스에서 오이를 재배하는 농민으로 甲이 운영하는 비료가게에서 유기질비료 500포를 구입하여 사용하였다. 그런데 위 비료를 사용한 후 오이가 구부러지고 잎과 뿌리가 말라비틀어지는 고사현상이 나타나 오이수확을 거의 하지 못하여 2,000만 원 상당의 피해를 보았다. 甲은 乙운영의 비료대리점에서 위 비료를 구입하였다고 하고 乙은 위 비료의 제조회사인 丙회사의 전문대리점이라고 한다. 누구에게 위 피해를 배상 받을 수 있는지?

제조물의 결함으로 말미암아 소비자에게 손해가 발생한 경우 제조자나 판매자에게 계약책임이나 불법행위책임을 물을 수 있다. 그런데 계약책임의 경우 직접 계약관계가 없는 제조자와 중간판매상 등에게 책임을 물을 수 없는 단점이 있으며 불법행위책임의 경우 제조자 등의 고의·과실 및 가해행위와 손해발생 사이의 인과관계 등을 입증하기 힘든 단점이 있다. 선진국에서는 이러한 소비자들의 피해를 구제하기 위하여 이른바 제조물책임이론을 개발하여 입법화하고 있다. 이는 제조물의 결함으로 인하여 그 물건의 사용자나 제3자에게 인적 물적인 손해가 발생한 경우에 그 제조자나 유통관여자에게 손해배상의 책임을 지우는 것을 말한다.

우리나라의 경우에는 제조물의 결함으로 인하여 발생한 손해에 대한 제조업자 등의 손해배상책임을 규정함으로써 피해자의 보호를 도모하고 국민생활의 안전향상과 국민경제의 건전한 발전에 기여함을 목적으로 하는 제조물책임법이 제정되어 2002년 7월 1일부터 시행되고 있으며 법원도 입증책임을 완화하는 몇몇 판례들을 내놓고 있다(대법원 2000. 2. 25. 선고 98다15934 판결, 2004. 3. 12. 선고 2003다16671 판결 등).

따라서, 소비자는 甲, 乙, 丙의 과실과 제품의 하자 등을 입증할 수 있는 자료를 준비하여 甲, 乙, 丙을 상대로 손해배상을 청구할 수도 있을 것이지만 배상능력이 있는 자에 의한 실질적인 배상과 입증의 완화를 위하여 결함있는 유기비료를 제조한 제조회사 丙에 대하여 제조물책임법상의 제조물 책임을 물어 손해배상을 청구하는 것이 좋을 것 같다.

한편, 위와 같은 소송 이전에 소비자는 소비자기본법에 따라 물품의 사용 및 용역의 이용으로 인한 피해의 구제를 한국소비자원에 청구할 수도 있다(소비자기본법 제55조). 한국소비자원에서는 소비자피해보상기준에 따라 당사자에 대하여 합의를 권고하고 분쟁을 조정을 할 수 있으며 이에 승복하지 않으면 위와 같이 법원에 소송을 제기할 수도 있다. 〈출처 : 법률구조공단 사례에서〉

생각할 문제

문제 1. 소비자의 권리

소비자기본법에 따르면 소비자는 어떤 권리를 갖는가?

문제 2. 국가와 지방자치단체의 책무

소비자의 건전한 소비와 기본적 권리를 실현하기 위하여 어떤 노력을 법적으로 하여야 하는가?

문제 3. 사업자의 책무

사업자는 소비의 3주체의 하나로서 소비자를 위하여 어떠한 책무를 부담하는가?

제7강 할부거래와 법

1. 할부계약의 종류와 할부거래법의 적용범위
2. 할부거래법의 주요내용

제7강 할부거래와 법

1. 할부계약의 종류와 할부거래법의 적용범위

1) 할부계약의 종류

할부계약은 소비자와 사업자 사이의 할부계약인 "직접할부계약", 소비자, 사업자, 신용제공자 사이에 할부계약인 "간접할부계약"으로 구분할 수 있다. 이 할부계약은 대금완납이전에 재화 또는 용역(일정한 시설을 이용하거나 용역을 제공받을 수 있는 권리를 포함)(이하 "재화 등"이라 함)의 공급이 소비자에게 이루어지는 계약이다. 반면에 "선불식 할부계약"은 할부대금지급과 동시에 또는 지급한 후에 재화 등의 공급이 이루어지는 계약을 말한다. 양 할부계약은 목적물과 재화 등의 공급시기에서 차이가 존재하고 대금완납이전에 재화 등이 공급되는 점에서는 차이가 없다.

"직접할부계약"이란 소비자가 사업자에게 재화의 대금이나 용역의 대가를 2개월 이상에 걸쳐 3회 이상 나누어 지급하고, 재화 등의 대금을 완납하기 전에 재화의 공급이나 용역의 제공(이하 "재화 등의 공급"이라 함)을 받기로 하는 계약을 말한다.

"간접할부계약"이란 소비자가 신용제공자에게 재화 등의 대금을 2개월 이상의 기간에 걸쳐 3회 이상 나누어 지급하고, 재화 등의 대금을 완납하기 전에 사업자로부터 재화 등의 공급을 받기로 하는 계약을 말한다.

"선불식 할부계약"이란 계약의 명칭 · 형식이 어떠하든 소비자가 사업자로부터 장례 또는 혼례를 위한 용역(제공시기가 확정된 경우에는 제외) 및 이에 부수하는 재화(동법 제2조제2호 항제), 항제에 준하는 소비자피해가 발생하는 재화 등으로서 소비자의 피해를 방지하기 위하여 대통령령(동법시행령 제2조)으로 정하는 재화 등 중에서 어느 하나에 해당하는 재화 등의 대금을 2개월 이상의 기간에 걸쳐 2회 이상 나누어 지급함과 동시에 또는 지급한 후에 재화 등의 공급을 받기로 하는 계약(동법 제2조 제2호)을 말한다.

2) 할부거래법의 적용범위

할부거래의 목적물에 대하여 할부거래에 관한 법률(이하 "할부거래법"이라 한다)은 한정적으로 규정하여 동산과 용역으로 제한하고 있으며 더 나아가서 성질상 할부거래법을 적용하는 것이 적합하지 아니한 것으로서 대통령령으로 정한 재화 등(동법 제3조제2호)을 동법시행령 제4조에 명시하여 할부거래의 거래대상이 되지 못하게 하고 있다.

예를 들면,

■ 농산물・수산물・축산물・임산물・광산물로서 통계법 제22조의 규정에 의하여 작성한 한국표준산업분류표상의 조업에 의하여 생산되지 아니한 것
■ 약사법 제2조제4항의 규정에 의한 의약품
■ 보험업법에 따른 보험
■ 자본시장과 금융투자업에 관한 법률 제4조에 따른 증권 및 같은 법 제336조제1호에 따른 어음
■ 부동산

한편, 사업자가 상행위를 위하여 재화 등의 공급을 받는 거래(다만 사업자가 사실상 소비자와 같은 지위에서 다른 소비자와 같은 거래조건으로 거래한 경우에는 적용)는 할부거래법의 적용을 받지 않는다(동법 제3조제1호). 왜냐하면 할부거래법의 목적은 경제적 약자인 소비자(매수인)를 보호하는 데 있어 영리를 목적으로 하는 할부매매를 하는 당사자인 상인을 보호하는 데 있지 않기 때문이다.

2. 할부거래법의 주요내용

1) 계약내용의 표시와 서면주의

할부거래 시 할부판매자가 의도적으로 할부계약의 조건을 알려주지 않거나 계약 후에도 계약서를 주지 않아 소비자가 자세한 계약의 내용을 알지 못한 상태에서 계약위반 등으로 불이익을 보는 경우가 있다. 따라서 할부매매를 체결하기 전에 매수인이 그 내용을 이해할 수 있도록 총리령이 정하는 바에 의하여 일정한 사항을 표시하여 고지하도록 하였

다. 다만 여신전문금융업법에 의한 신용카드가맹점과 신용카드회원간의 할부계약의 경우에는 제3호, 제6호 및 제7호의 사항을 표시하지 아니할 수 있다. 여기서 '일정한 사항'이란 재화 등의 종류와 내용(동법 제5조제1호), 현금가격(할부계약에 의하지 아니하고 소비자가 재화 등의 공급을 받은 때에 할부거래업자에게 지급하여야 할 대금 전액을 말함)(제2호), 할부가격(소비자가 할부거래업자나 신용제공자에게 지급하여야 할 계약금과 할부금의 총 합계액을 말함)(제3호), 각 할부금의 금액·지급횟수 및 시기(제4호), 각 할부금의 금액·지급횟수 및 지급시기(제5호) 계약금(최초지급금·선수금 등 명칭이 무엇이든 할부계약을 체결할 때에 소비자가 할부거래업자에게 지급하는 금액)(제6호), 제12조제1항에 따른 지연손해금 산정시 적용하는 비율(제7호) 등을 말한다.

한편, 할부계약의 내용 동법 제6조제1항에 따라 총리령이 정하는 바에 따라 일정한 사항을 적은 서면(전자문서 및 전자거래 기본법 제2조제1호에 따른 전자문서를 포함)으로 할부계약을 체결한다. 다만 여신전문금융업법에 따른 신용카드가맹점과 신용카드회원 간의 간접할부계약의 경우에는 제4호와 제5호 중 지급시기 및 제11호의 사항을 적지 아니할 수 있다(동법 제6조제1항). 여기서 '일정한 사항'이란 할부거래업자·소비자 및 신용제공자의 성명과 주소(제1호), 재화 등의 종류·내용 및 재화 등의 공급시기(제2호), 현금가격(제3호), 할부가격(제4호), 각 할부금의 금액·지급횟수·지급기간 및 시기(제5호), 할부수수료의 실제연간요율(제6호), 계약금(제7호), 재화의 소유권 유보에 관한 사항(제8호), 제8조에 따른 청약철회의 기한·행사방법·효과에 관한 사항(제9호), 제11조제1항에 따른 할부거래업자의 할부계약의 해제에 관한 사항(제10호), 제11조제1항에 따른 지연손해금 산정시 적용하는 비율

(제11호), 제13조에 따른 소비자의 기한의 이익상실에 관한 사항(제12호), 제16조에 따른 소비자의 항변권과 행사방법에 관한 사항(제13호) 등이다. 위 사항 중 할부수수료의 실제연간요율의 계산방법과 최고한도는 이자제한법에서 정한 이자의 최고한도의 범위에서 대통령령(연100분의 30, 동법시행령 제5조제2항)으로 정한다.

그리고 할부거래업자는 할부계약을 체결할 경우에는 위에 언급한 할부거래법 제6조제1항에 따른 계약서를 소비자에게 발급하여야 한다. 다만 여신전문금융업법에 따른 신용카드회원과 신용카드가맹점 간의 간접할부계약의 경우 소비자의 동의를 받아 해당 계약의 내용을 팩스나 전자거래기본법 제2조제1호에 따른 전자문서를 보내는 것으로 대신할 수 있으며, 팩스나 전자문서로 보낸 계약서의 내용이나 도달에 다툼이 있으면 할부거래업자가 이를 증명하여야 한다(동법 제6조제2항). 아울러 신용제공자는 제1항제4호부터 제6호까지, 제9호, 제11호부터 제13호까지의 사항을 적은 서면을 소비자에게 발급하여야 한다.

또한 할부계약이 위의 일정한 사항(동법 제1항 각호)의 요건을 갖추지 못하거나 그 내용이 불확실한 경우에는 소비자와 할부거래업자 간의 특약이 없으면 그 계약내용은 어떠한 경우에도 소비자에게 불리하게 해석되지 않는다(동법 제6조제4항).

2) 소비자의 철회권

'철회권(Cooling off)'이란 소비자가 할부계약을 체결한 후 일정한 기간 동안에는 불이익을 받지 아니하고 청약 또는 계약의 철회를 할 수 있는 권리를 말한다. 이와 같은 철회권이 소비자에게 인정되는 것은 충동구매 또는 비합리적인 구매결정으로부터 소비자를 보호하기 위함이다. 따라서 소비자는 할부계약서를 교부받은 날로부터 7일 이내 다만, 계약서를 받은 때보다 재화 등의 공급이 늦게 이루어진 경우에는 재화 등을 공급받은 날로부터 7일 이내에 할부계약의 청약을 철회할 수 있다(동법 제8조제1항제1호). 또한 계약서를 교부받지 아니한 경우, 할부거래업자의 주소 등이 적혀있지 아니한 계약서를 받은 경우 또는 할부거래업자의 주소변경 등의 사유로 제1호의 기간 이내에 할부계약의 청약을 철회할 수 없는 경우에는 그 주소를 안 날 또는 알 수 있었던 날 등 청약을 철회할 수 있는 날로부터 7일 이내에 행사한다(동법 제8조제1항제2호).

그리고 철회의 의사표시는 동법 제8조제1항에 따라 청약을 철회할 경우에 제1항에 따른 기간 내에 할부거래업자에게 청약을 철회하는 의사표시가 적힌 서면을 발송하여야 하고(동법 제8조제3항), 청약의 철회는 서면을 발송한 날로부터 효력이 발생하게 된다(동법 제8조제4항). 이는 매수인을 보호하기 위하여 의사표시에 있어서 도달주의를 취하지 아니하고 발신주의를 취하기 때문이다. 또한 할부거래업자는 같은 법 제8조제2항제2호부터 제4호까지의 규정에 따라 청약을 철회할 수 없는 재화 등에 대하여는 그 사실을 재화 등의 포장이나 그 밖에 소비자가 쉽게 알 수 있는 곳에 분명하게 표시하거나 시용(試用)상품을 제공하는 등의 방법으로 소비자가 청약을 철회하는 것이 방해받지 아니하도록 조치하여야 한다(동법 제8조제6항).

한편, 소비자가 할부거래업자에게 간접할부계약에 관한 청약을 철회한 경우 같은 법 제8조제1항에 따른 기간 이내에 신용제공자에게 청약을 철회하는 의사표시가 적힌 서면을 발송하여야 한다(동법 제9조제1항). 만약 소비자가 신용제공자에게 제1항에 따른 서면을 발송하지 아니한 경우에는 신용제공자의 할부금지급청구를 거절할 수 없다. 다만 첫째, 신용제공자가 제8조제1항의 기간 이내에 할부거래업자에게 재화 등의 대금을 지급한 경우 둘째, 신용제공자가 할부거래업자로부터 제10조제4항에 따른 할부금청구의 중지 또는 취소를 요청받은 경우 중 어느 하나에 해당하는 때에는 소비자가 그 서면을 발송하지 아니한 경우라도 신용제공자의 할부금지급청구를 거절할 수 있다.

그러나 소비자가 아래의 사항에 해당하는 경우에는 같은 법 제8조제1항에 따른 청약의 철회를 할 수 없다. 다만 할부거래업자가 청약의 철회를 승낙하거나 제8조제6항에 따른 조치를 하지 아니한 경우에는 제2호부터 제4호까지에 해당하는 경우에도 청약을 철회할 수 있다.

- ■ 소비자에게 책임 있는 사유로 재화 등이 멸실되거나 훼손된 경우, 다만 재화 등의 내용을 확인하기 위하여 포장 등을 훼손한 경우에는 제외
- ■ 사용 또는 소비에 의하여 그 가치가 현저히 낮아질 우려가 있는 것으로서 대통령령으로 정하는 재화 등을 사용 또는 소비한 경우
- ■ 시간이 지남으로써 다시 판매하기 어려울 정도로 재화 등의 가치가 현저히 낮아진 경우
- ■ 복제할 수 있는 재화 등의 포장을 훼손할 경우
- ■ 그 밖에 거래안전을 위하여 대통령령으로 정하는 경우

3) 할부거래업자의 계약해제 제한

소비자가 할부금 지급의무를 이행하지 아니한 경우에는 할부거래업자는 그 할부계약을 해제할 수 있다. 그런데 매수인의 할부금 지급지체를 이유로 할부거래업자가 즉시 할부계약을 해제하게 되면 소비자에게

지나치게 가혹하게 될 우려가 있기 때문에 할부거래법은 할부거래업자의 계약해제권의 행사를 제한하고 있다.

즉, 할부거래업자는 소비자의 할부금 지급지체를 이유로 그 계약을 해제하려면 해제권을 행사하기 전에 14일 이상의 기간을 정하여 소비자에게 그 이행을 서면으로 최고(催告)하여야 한다(동법 제11조제1항). 그리고 할부계약이 해제되면 각 당사자는 그 상대방에 대하여 원상회복의 의무를 부담 하게 되는데 이때에 목적물의 반환의무와 지급받은 할부금의 반환의무는 동시이행의 관계에 서게 된다. 따라서 소비자는 할부거래업자가 그 대금을 반환할 때까지 목적물의 반환을 거절 할 수 있다(동법 제11조제2항).

한편 매수인에게 할부금의 지급지체와 같은 채무불이행이 있는 경우에 매도인이 매매계약을 해제하지 않고 바로 목적물의 반환을 청구할 수 있는지에 관하여 종래에는 견해가 대립하고 있었다. 그런데 할부거래법은 소비자를 보호하기 위하여 할부거래업자는 할부계약을 해제하지 않고는 그 목적물의 반환을 청구할 수 없다고 규정하고 있다(동법 제11조제3항).

4) 할부거래업자의 손해배상청구금액의 제한

할부거래법 제12조는 민법 제398조(배상액의 예정)에 대한 특별규정으로 동조제1항에서는 할부거래업자 또는 신용제공자가 할부금 지급의무의 불이행을 이유로 소비자에게 청구하는 손해배상액은 지연된 할부금에 이자제한법에서 정한 이자의 최고한도(이자제한법 제2조제1항, 연 100분의 30이내)의 범위 내에서 대통령령으로 정한 율을 곱하여 산정한 금액에 상당하는 지연손해금의 합계액을 초과하지 못하도록 하였다.

또한 동조제2항에서는 소비자가 할부금 지급의무를 이행하지 아니하여 계약해제(동법 제11조제1항)의 경우 소비자에게 청구하는 손해배상액은 각 경우 첫째, 재화 등의 반환 등 원상회복이 된 경우에는 통상적인 사용료와 계약 체결 및 그 이행을 위하여 통상 필요한 비용의 합계액. 다만, 할부가격에서 재화 등이 반환된 당시의 가액을 공제한 금액이 그 사용료와 비용의 합계액을 초과하는 경우에는 그 공제한 금액 둘째, 재화등의 반환 등 원상회복이 되지 아니한 경우에는 할부가격에 상당한 금액. 다만, 용역이 제공된 경우에는 이미 제공된 용역의 대가 또는 그 용역에 의하여 얻어진 이익에 상당하는 금액 셋째, 재화 등의 공급이 되기 전인 경우에는 계약체결 및 그 이행을 위하여 통상 필요한 금액을 초과하지 못하도록 하였다(동법 제12조제2항). 그러므로 할부거래법 제12조제3항에서는 손해배상청구금액의 제한근거로서 "할부거래업자 또는 신용제공업자는 손해배상액의 예정, 위약금 그 밖에 명칭·형식이 어떠하든 동조제1항 또는 제2항에 규정된 금액을 초과하여 손해배상을 청구할 수 없다"고 규정하게 된 것이다. 위약금에 관하여도 동조제4항에서는 "할부거래업자 또는 신용제공자는 손해배상을 청구하는 경우 소비자의 손해가 최소화하도록 신의에 따라 성실히 하여야 한다"고 하였다.

5) 기한이익상실

민법에 의하면 첫째, 채무자가 담보를 손상·감소 또는 멸실하게 한 경우 둘째, 채무자가 담보제공의 의무를 이행하지 않은 경우에 기한이익이 상실 된다(민법 제388조). 그러나 할부거래에 있어서 할부금의 지급지체가 있을 때에 기한이익을 상실하여 매수인에게 불이익을 주는 경우가 많다. 그렇지만 매수인에게 부여된 기한이익을 상당한 이유 없이 박탈하는 것은 무효이다(약관규제법 제11조 제2호).

한편 할부거래법에 의하면 첫째, 매수인이 할부금을 다음 지급기일까지 연속하여 2회 이상 지급하지 아니하고 그 지급하지 아니한 금액이 할부가격의 100분의 10을 초과하는 경우 둘째, 국내에서 할부금 채무이행보증이 어려운 경우로서 대통령령으로 정한 경우(소비자가 생업에 종사하기 위하여 외국에 이주하는 경우와 외국인과의 결혼 및 연고관계로 인하여 이주하는 경우)에는 할부금의 지급에 대한 기한이익을 주장할 수 없다(동법 제13조제1항). 그리고 할부거래업자 또는 신용제공자가 제1항에 따라 소비자로부터 한꺼번에 지급받을 금액은 나머지 할부금에서 나머지 기간에 대한 할부수수료를 공제한 금액으로 한다. 이 경우 할부수수료는 일단위로 계산한다(동법 제13조제2항).

6) 매수인의 기한 전 지급

할부거래에 있어서 기한이익은 당연히 소비자에게 있다. 따라서 소비자는 할부거래로 목적물을 구입할 당시에 현금구입가격보다 더 많은 가격을 지불하여 구입하였으나 현금이 마련되어 나머지 할부금을 기간 전에 지불하려고 할 경우(동법 제14조제1항)에 나머지 할부금은 합계에서 나머지 기간에 대한 할부수수료(할부수수료는 일단위로 계산)를 공제한 금액을 지급하면 된다(동법 제14조제2항).

7) 소비자의 항변권

소비자는 할부계약을 체결하면 판매자로부터 상품이나 서비스를 받게 되며 그 대가로 할부금을 지불하면 된다. 그러나 할부계약이 불성립 · 무효인 경우, 할부계약이 취소 · 해제 또는 해지된 경우, 재화 등의 전부 또는 일부가 제6조제1항제2호에 따른 재화 등의 공급 시기까지 소비자에게 공급되지 아니한 경우, 할부거래업자가 하자담보책임을 이행하지 아니한 경우, 그 밖에 할부거래업자의 채무불이행으로 인하여 할부계약의 목적을 달성할 수 없는 경우, 다른 법률에 따라 정당하게 청약을 철회한 경우에는 할부거래업자에게 그 할부금의 지급을 거절할 수 있다(동법 제16조제1항). 또한 소비자는 간접할부계약인 경우 같은 법 제16조제1항에 열거한 사항에 해당하는 사유가 있으면 할부가격이 할부거래에 관한 법률시행령 제11조에 정한 금액(10만원 다만 신용카드사용시 20만원) 이상인 경우에만 신용제공자에게 할부금의 지급을 거절하는 의사를 통지한 후 할부금의 지급을 거절할 수 있다(동법 제16조제2항). 이 경우, 소비자가 제2항에 따라 신용제공자에게 지급을 거절할 수 있는 금액은 할부금의 지급을 거절한 당시에 소비자가 신용제공자에게 지급하지 아니한 나머지 할부금으로 한다(동법 제16조제3항).

항변권의 행사는 서면을 발송한 때 효력이 발생하고(동법 제16조제4항), 할부거래업자 또는 신용제공자는 소비자의 항변을 서면으로 수령한 경우 지체 없이 그 항변권의 행사가 같은 법 제16조제1항에 해당하는지를 확인하여야 한다. 제1항에 해당하지 아니하는 경우 소비자의 항변을 수령한 날부터 할부거래업자는 5영업일 또는 신용제공자는 7영업일에 해당하는 영업일 이내에 서면으로 소비자의 항변을 수용할 수 없다는 의사(意思)와 항변권의 행사가 같은 법 제16조제1항 각 호의 어느 하나에 해당하지 아니한다는 사실을 소비자에게 서면으로 통지하여야 한다(동법 제16조제5항).

한편 할부거래업자 또는 신용제공자가 제5항에 따른 통지를 하지 아니한 경우에는 소비자의 할부금 지급 거절의사를 수용한 것으로 본다(동법 제16조제6항). 할부거래업자 또는 신용제공자는 제1항부터 제6항까지의 규정에 따라 소비자가 할부금의 지급을 거절한 경우 소비자와 분쟁이 발생하면 분쟁이 해결될 때까지 할부금 지급 거절을 이유로 해당 소비자를 약정한 기일 이내에 채무를 변제하지 아니한 자로 처리하는 등 소비자에게 불이익을 주는 행위를 하여서는 아니 된다(동법 제16조제7항).

8) 전속관할

민사소송법 제26조제1항에 "당사자는 합의에 의하여 제1심 관할법원을 정할 수 있다"고 관할합의에 대하여 당사자의 합의를 인정하고 있고 또한 일반적으로 할부거래에 있어서 할부매매의 약관에 당해거래에 관한 일체의 분쟁을 관할하는 지방법원을 정하는 경향이 많다. 그러나 이와 같은 민사소송법의 규정을 근거로 매도인의 일방적인 편의의 도모를 위하여 매수인에게 부당하게 불리한 경우가 많다. 이런 경우에는 약관규제법 제14조에 의하여 무효로 하고 있다.

또한 할부거래법 제44조에서는 "할부거래 및 선불식 할부거래와 관련된 소는 제소 당시 매수인의 주소를, 주소가 없는 경우에는 거소를 관할하는 지방법원을 전속관할(專屬管轄)로 한다. 다만 제소 당시 소비자의 주소 또는 거소가 분명하지 아니한 때에는 민사소송법의 관련규정을 준용한다"고 규정하여 소비자에게 불리한 관할합의를 하지 못하도록 하였다.

사례문제

사례 1. 할부구매한 물품을 처분한 경우 횡령죄 성립여부

▌5개월 전 컴퓨터 1대를 대리점에서 10개월 할부로 구입하였으나 한 달 이전 사정이 생겨 이를 중고시장에 팔았다. 그런데 할부대금을 2회 연체하자 대리점에서는 컴퓨터의 반환을 요구하다가 컴퓨터를 팔아버린 것을 알고는 횡령죄로 고소하겠다고 한다. 이 경우 할부대금의 변제 이외에 형사책임까지도 성립하는지?

횡령죄는 타인의 재물을 보관하는 자가 그 재물을 횡령하거나 그 반환을 거부한 때에 성립된다(형법 제355조제1항). 여기에서 할부구매 한 물품을 사용하는 자를 타인의 재물을 보관하는 자로 볼 수 있느냐가 문제되는데 일반적으로 할부판매의 경우 할부대금을 완납하기 전까지는 그 물품의 소유권이 판매자에게 유보되어 있다고 보고 있다. 즉 할부구매물품을 점유·사용하고 있는 자는 그 대금완납 전까지는 물품보관자의 지위에 있다고 할 것이다. 다만 할부구매계약상 소유권까지도 매수인에게 이전하는 것으로 되어 있을 경우에는 그 소유권은 매수인에게 있고 매수인은 할부대금의 지급의무만 있는 것이다. 따라서 이러한 반대의 약정이 없는 한 귀하가 할부대금을 완납하기 전에 위 물품을 처분하였다면 귀하의 컴퓨터 판매행위는 횡령죄에 해당될 수도 있는 것이다. 이 경우 사후에 할부대금잔액을 완납하더라도 이미 성립한 횡령죄에는 영향을 주지 못한다.

〈출처 : 법률구조공단 사례에서〉

사례 2. 할부매매해약과 계약금환급

▌甲은 가전제품 전문상가에서 40인치 프로젝션 TV를 1,200,000원에 구입 계약을 하고 계약금으로 100,000원을 지급한 후 1,100,000원은 신용카드 11개월 할부로 결제하였다. TV를 7일 후 배달받기로 하였으나 집안사정으로 5일 후 해약을 통보하고 계약금을 환급받고자 한다. 이 경우에 계약금을 환급받을 수 있는가?

할부거래시 계약 후 7일 이내 내용증명 우편으로 통보하면 위약금 없는 청약철회를 할 수 있다. 할부거래에 관한 법률 제5조(매수인의 철회권)를 보면 "매수인은 계약서를 교부 받은 날 또는 계약서를 교부받지 아니한 경우에는 목적물의 인도 등을 받은 날부터 7일 이내에 할부계약에 관한 청약을 철회할 수 있다"라고 되어 있으며 매수인이 철회권을 행사하려면 위에서 말한 7일 이내에 판매자에게 청약을 철회하겠다는 내용을 담은 서면을 발송하여야 하고 서면을 발생한 날부터 효력이 발생한다. 또한 동법 제6조(매수인의 철회권 행사의 효과)에 의하면 "위 기간에 청약을 철회한 경우에는 매수인은 이미 인도 받은 동산 또는 제공 받은 용역을 반환하여야 하며 매도인은 이미 지급 받은 할부금이 있다면 동시에 반환하여야 한다"라고 되어 있다. 즉 소비자가 철회권을 행사하게 되면 계약은 처음부터 성립되지 않았던 것과 같이 되므로 계약금 등 철회권을 행사하기 전에 소비자가 이미 지급한 것이 있으면 이를 돌려받을 수 있게 된다. 소비자는 판매점과 신용카드회사에 청약을 철회한다는 의사를 7일 이내에 서면으로 발송한다면 위 계약을 취소하고 이미 지급한 계약금도 돌려받을 수 있다.

〈출처 : 법률구조공단 사례에서〉

생각할 문제

문제 1. 왈패는 화장품가게에서 한국화장품에서 만든 15만 원짜리 로션을 사고 3개월 할부로 하여 신용카드로 결재를 하였다. 그러나 사용 후 피부에 심한 알레르기가 발생하여 물품을 반환하려고 한다. 반환이 가능한가? 반환이 가능하다면 15만원을 모두 반환받을 수 있는가?

문제 2. 말똥이는 용산전자상가에서 최신형 스타크래프트 프로그램을 20만원 현찰로 구입하여 자신의 컴퓨터에 깔아 시행하여 보았으나 제대로 실행되지 않아 반환하려고 한다. 어떻게 하여야 하는가?

문제 3. 쇠똥이는 전자랜드에서 신용카드로 2개월 할부로 하여 200만원을 주고 노트북을 구입하였다. 그러나 컴퓨터의 최신형모델로 교환하려고 하였으나 해당 판매점에는 없어서 반환을 요청하려고 한다. 이 경우에 할부판매법이 적용되는가?

제8강 방문판매와 법

Ⅰ. 서론

1. 법의 목적
2. 여러 용의의 정의
3. 적용제외
4. 다른 법률과의 관계

Ⅱ. 방문판매

1. 의의
2. 방문판매업자 등의 신고 등
3. 방문판매원 등의 명부의 비치 등
4. 계약체결전의 정보제공 및 계약체결에 따른 계약서 교부의무(동법 제7조)
5. 청약철회 등
6. 청약철회 등의 효과
7. 금지행위(동법 제11조)
8. 휴업기간 등에서의 청약철회 등의 업무처리 등

제8강 방문판매와 법

Ⅰ. 서 론

1. 법의 목적

방문판매 등에 관한 법률(해당 절에서는 이하에 '동법'이라고 함)은 방문판매 · 전화권유판매 · 다단계판매 · 후원방문판매 · 계속거래 및 사업자의 권유거래 등에 의한 재화 및 용역의 공정한 거래에 관한 사항을 규정함으로써 소비자의 권익을 보호하고 시장의 신뢰도 재고를 통하여 국민경제의 건전한 발전에 이바지함을 목적으로 한다(동법 제1조). 여기에선 방문판매를 중심으로 설명하기로 한다. 한편 매수인이 상행위를 목적으로 하는 할부매매는 할부거래법의 적용을 받지 않는다(동법 제3조제1호). 왜냐하면 할부거래법의 목적은 경제적 약자인 소비자(매수인)를 보호하는 데 있기에 영리를 목적으로 하는 할부매매를 하는 당사자인 상인을 보호하는 데 있지 않기 때문이다. 그러나 사업자가 사실상 소비자와 같은 지위에서 다른 소비자와 같은 거래조건으로 거래한 경우에는 방문판매법이 적용된다(동법 제3조제1항 단서).

2. 여러 용어의 정의

방문판매 등에 관해 법률에서 정하고 있는 용어의 정의는 다음과 같다.

1) 방문판매

'방문판매'란 재화 또는 용역(일정한 시설을 이용하거나 용역의 제공을 받을 수 있는 권리를 포함)의 판매(위탁 및 중개를 포함)를 업으로 하는 자(이하 '판매업자'라 함)가 방문의 방법으로 그의 영업소·대리점 기타 총리령이 정하는 영업장소(이하 '사업장'이라 함) 외의 장소에서 소비자에게 권유하여 계약의 청약을 받거나 계약을 체결(사업장 외의 장소에서 권유 등 총리령이 정하는 방법에 의하여 소비자를 유인하여 사업장에서 계약의 청약을 받거나 계약을 체결하는 경우를 포함한다)하여 재화 또는 용역(이하 '재화 등'이라 함)을 판매하는 것을 말한다(동법 제2조제1호).

2) 방문판매자

'방문판매자'라 함은 방문판매를 업으로 하기 위하여 방문판매조직을 개설하거나 관리·운영하는 자와 방문판매업자를 대신하여 방문판매업무를 수행하는 자를 말한다(동법 제1조제2호).

3) 전화권유판매

'전화권유판매'란 전화를 이용하여 소비자에게 권유를 하거나 전화회신을 유도하는 방법으로 재화 등을 판매하는 것을 말한다(동법 제2조제3호).

4) 전화권유판매자

'전화권유판매자'라 함은 전화권유판매를 업으로 하기 위하여 전화권유판매조직을 개설하거나 관리·운영하는 자와 전화권유판매업자를 대신하여 전화권유판매업무를 수행하는 자를 말한다(동법 제1조제4호).

5) 다단계판매

'다단계판매'란 다음 각 목의 요건을 모두 충족하는 판매조직을 통하여 재화 등을 판매하는 것을 말한다(동법 제2조제5호).

- 판매업자에 속한 판매원이 특정인을 해당 판매원의 하위 판매원으로 가입하도록 권유하는 모집방식이 있을 것
- 위 항목(가목)에 따른 판매원의 가입이 3단계(다른 판매원의 권유를 통하지 아니하고 가입한 판매원을 1단계 판매원으로 한다. 이하 같다) 이상 단계적으로 이루어질 것. 다만, 판매원의 단계가 2단계 이하라고 하더라도 사실상 3단계 이상으로 관리·운영되는 경우로서 대통령령(동법시행령 제2조)으로 정하는 경우를 포함

한다.

■ 판매업자가 판매원에게 제9호나목(판매원의 수당에 영향을 미치는 다른 판매원들의 재화 등의 거래실적) 또는 다목(판매원의 수당에 영향을 미치는 다른 판매원들의 조직관리 및 교육훈련 실적)에 해당하는 후원수당을 지급하는 방식을 가지고 있을 것

6) 다단계판매자

'다단계판매자'라 함은 다단계판매를 업으로 하기 위하여 다단계판매조직을 개설하거나 관리 · 운영하는 자(이하 '다단계판매업자'라 함)와 다단계판매조직에 판매원으로 가입한 자를 말한다(동법 제1조제6호).

7) 후원방문판매

'후원방문판매'란 방문판매법 제2조제1호 및 제5호의 요건에 해당하되, 대통령령(동법시행령 제2조)으로 정하는 바에 따라 특정 판매원의 구매 · 판매 등의 실적이 그 직근 상위판매원 1인의 후원수당에만 영향을 미치는 후원수당 지급방식을 가진 경우를 말한다. 이 경우 제1호의 방문판매 및 제5호의 다단계판매에는 해당하지 아니하는 것으로 한다(동법 제2조제7호).

8) 후원방문판매자

'후원방문판매자'란 후원방문판매를 업으로 하기 위한 조직(이하 "후원방문판매조직"이라 한다)을 개설하거나 관리 · 운영하는 자(이하 "후원방문판매업자"라 한다)와 후원방문판매조직에 판매원으로 가입한

자(이하 "후원방문판매원"이라 한다)를 말한다(제2조제8호).

9) 후원수당

'후원수당'이란 판매수당, 알선 수수료, 장려금, 후원금 등 그 명칭 및 지급 형태와 상관없이 판매업자가 다음 각 목의 사항과 관련하여 소속 판매원에게 지급하는 경제적 이익을 말한다(동법 제2조제9호).

- 판매원 자신의 재화 등의 거래실적
- 판매원의 수당에 영향을 미치는 다른 판매원들의 재화 등의 거래 실적
- 판매원의 수당에 영향을 미치는 다른 판매원들의 조직관리 및 교육훈련 실적
- 그 밖에 가목부터 다목(위 3가지)까지의 규정 외에 판매원들의 판매활동을 장려하거나 보상하기 위하여 지급되는 일체의 경제적 이익

10) 계속거래

'계속거래'란 1개월 이상에 걸쳐 계속적으로 또는 부정기적으로 재화 등을 공급하는 계약으로서 중도에 해지할 경우 대금 환급의 제한 또는 위약금에 관한 약정이 있는 거래를 말한다(동법 제2조제10호).

11) 사업권유거래

'사업권유거래'라 함은 사업자가 소득기회를 알선·제공하는 방법으로 거래 상대방을 유인하여 금품을 수수하거나 재화 등을 구입하게 하

는 거래를 말한다(동법 제1조제9호).

12) 소비자

'소비자'라 함은 사업자에게 제공하는 재화 등을 소비생활을 위하여 사용하거나 이용하는 자 또는 대통령령(동법시행령 제2조)이 정하는 자를 말한다(동법 제1조제10호).

13) 지배주주

'지배주주' 다음 각 목의 어느 하나에 해당하는 자를 말한다(제2조제13호).

- 대통령령(동법시행령 제2조)으로 정하는 특수관계인과 함께 소유하고 있는 주식 또는 출사액의 합계가 해딩 법인의 발행주식 총수 또는 출자총액의 100분의 30 이상인 경우로서 그 합계가 가장 많은 주주 또는 출자자
- 해당 법인의 경영을 사실상 지배하는 자. 이 경우 사실상 지배의 구체적인 내용은 대통령령(동법시행령 제2조)으로 정한다.

3. 적용제외

방문판매법은 다음 각 호의 거래에는 적용하지 아니한다(동법 제3조).

- 사업자(다단계판매원, 후원방문판매원 또는 사업권유거래의 상대방은 제외한다. 이하 이 호에서 같다)가 상행위를 목적으로 재화 등을 구입하는 거래. 다만, 사업자가 사실상 소비자와 같은 지

위에서 다른 소비자와 같은 거래조건으로 거래하는 경우는 제외한다.

- 「보험업법」 제2조제6호(허가를 받아 보험업을 경영하는 자)에 따른 보험회사와 보험계약을 체결하기 위한 거래
- 개인이 독립된 자격으로 공급하는 재화 등의 거래로서 대통령령으로 정하는 거래

4. 다른 법률과의 관계

방문판매, 전화권유판매, 다단계판매, 후원방문판매, 계속거래 및 사업권유거래(이하 "특수판매"라 한다)에서의 소비자보호와 관련하여 이 법과 다른 법률이 경합하여 적용되는 경우에는 이 법을 우선 적용한다. 다만, 다른 법률을 적용하는 것이 소비자에게 유리한 경우에는 그 법률을 적용한다(동법 제4조제1항).

하지만 다른 법률에 이 법과는 다른 방법에 따른 계약서 발급의무 등이 규정되어 있는 거래에 대하여는 제7조·제16조 및 제30조에 따른 계약서 발급 의무에 관한 규정을 적용하지 아니한다(동법 제4조제2항). 또한 「할부거래에 관한 법률」 제2조제4호에 따른 선불식 할부거래 및 선불식 할부거래업자에 대하여는 제8조, 제9조, 제17조, 제18조 및 제37조를 적용하지 아니한다(동법 제4조제4항). 그러나 계속거래에 관하여 이 법에서 규정하고 있는 사항을 다른 법률에서 따로 정하고 있는 경우에는 그 법률을 적용한다(동법 제4조제3항).

Ⅱ. 방문판매

1. 의 의

'방문판매'란 재화 또는 용역(일정한 시설을 이용하거나 용역의 제공을 받을 수 있는 권리를 포함)의 판매(위탁 및 중개를 포함)를 업으로 하는 자(이하 '판매업자'라 함)가 방문의 방법으로 그의 영업소·대리점 기타 총리령이 정하는 영업장소(이하 '사업장'이라 함) 외의 장소에서 소비자에게 권유하여 계약의 청약을 받거나 계약을 체결(사업장 외의 장소에서 권유 등 총리령이 정하는 방법에 의하여 소비자를 유인하여 사업장에서 계약의 청약을 받거나 계약을 체결하는 경우를 포함한다)하여 재화 또는 용역(이하 '재화 등'이라 함)을 판매하는 것을 말한다(동법 제2조제1호).

'기타 총리령이 정하는 영업장소'라 함은 영업소·대리점·지점·출장소 등 명칭여하에 불구하고 소유 또는 임차하거나 점용허가를 받은 장소에서 일정한 시설을 갖추고 3개월 이상 계속적으로 영업하는 고정된 장소를 말한다. 다만 천재·지변 등 불가피한 사유로 영업을 계속할 수 없는 기간은 이를 산입하지 아니한다(동법시행규칙 제2조).

2. 방문판매업자 등의 신고 등

방문판매업자 또는 전화권유판매업자(이하 '방문판매업자'라 함)는 상호 · 주소 · 전화번호 · 전자우편번호(법인인 경우에는 대표자의 성명, 주민등록번호 및 주소를 포함) 그 밖의 대통령령이 정하는 사항을 대통령령이 정하는 바에 따라 공정거래위원회 또는 특별자치시장 · 특별자치도지사 · 시장 · 군수 · 구청장(자치구의 구청장을 말함)에게 신고하여야 한다. 다만 방문판매원 또는 전화권유판매원(이하 '방문판매원등'이라 함)을 두지 아니하는 소규모 방문판매업자 등 대통령령이 정하는 방문판매업자 등과 동법 제13조의 규정에 의하여 등록한 다단계판매업자, 동법 제29조제3항에 따라 등록한 후원방문판매업자는 그러하지 아니한다.

방문판매법 제5조제1항에 따라 신고사항의 변경(동법 제5조제2항), 신고한 방문판매업자등은 휴업 또는 폐업을 하거나 휴업한 후 영업을 다시 시작할 때에는 대통령령이 정하는 바에 따라 신고하여야 한다(제5조제3항). 공정거래위원회는 동법 제5조제1항에 따라 방문판매업자 등이 신고한 사항을 대통령령이 정하는 바에 따라 공개할 수 있다(동법 제5조제4항).

3. 방문판매원 등의 명부의 비치 등

방문판매업자 등은 총리령이 전하는 바에 따라 방문판매원 등의 명부를 작성하여 사업장에 비치하여야 한다(동법 제6조제1항). 방문판매업자 등은 소비자 피해의 방지 또는 구제를 위하여 필요한 경우 소비자로 하여금 방문판매원 등의 신원을 확인할 수 있도록 하여야 한다(동법 제6조제2항). 또한 방문판매자 또는 전화권유판매자(이하 '방문판매자 등'

이라 한다)가 재화 등을 판매하고자 하는 경우에는 소비자에게 미리 해당 방문 또는 전화가 판매의 권유를 위한 것임과 방문판매자 등의 성명 또는 명칭, 판매하는 재화 등의 종류 및 내용을 밝혀야 한다(동법 제6조 제3항).

4. 계약체결전의 정보제공 및 계약체결에 따른 계약서 교부의무(동법 제7조)

방문판매자 등은 재화 등의 판매에 관한 계약을 체결하기 전에 소비자가 계약의 내용을 이해할 수 있도록 다음 각 호의 사항을 설명하여야 한다.

- 방문판매업자 등의 성명(법인인 경우에는 대표자의 성명을 말한다)・상호・주소・전화번 및 전자우편주소
- 방문판매원 등의 성명・주소・전화번호 및 전자우편주소, 다만 방문판매업자 등이 소비자와 직접 계약을 체결하는 경우는 제외한다.
- 재화 등의 명칭・종류 및 내용
- 재화 등의 가격과 그 지급 방법 및 시기
- 재화 등의 공급 방법 및 시기
- 청약의 철회 및 계약의 해제(이하 '청약철회 등'이라 한다)의 기한・행사방법・효과에 관한 사항 및 청약철회 등의 권리 행사에 필요한 서식으로서 총리령(동법시행규칙 제10조)이 정하는 것
- 재화 등의 교환・반품・수리보증 및 그 대금 환불의 조건과 절차
- 전자매체로 공급이 가능한 재화 등의 설치・전송 등과 관련하여 요구되는 기술적 사항
- 소비자피해보상・재화 등에 대한 불만 및 소비자와 사업자 사이의

분쟁처리에 관한 사항

- 거래에 관한 약관
- 그 밖에 소비자의 구매 여부 판단에 영향을 주는 거래조건 또는 소비자의 피해구제에 필요한 사항으로서 대통령령이 정하는 사항

방문판매자 등은 재화 등의 판매에 관한 계약을 체결할 때에는 동법 제7조제1항 각호의 사항을 기재한 계약서를 소비자에게 교부하여야 한다(동법 제7조제2항). 또한 전화권유판매에 관한 계약서의 경우에는 소비자의 동의를 받아 그 계약의 내용을 모사전송이나 전자문서(전자거래기본법 제2조제1호의 규정에 의한 전자문서를 말한다. 이하 같다)로 송부하는 것으로 갈음 할 수 있으며 모사전송 또는 전자문서에 의하여 송부한 계약의 내용이나 도달에 관하여 다툼이 있는 경우에는 전화권유판매자가 이를 입증하여야 한다(동법 제7조제4항). 방문판매업자 등은 동법 제7조제1항과 제2항에 따라 소비자에게 설명하거나 표시한 거래조건을 신의에 좇아 성실하게 이행하여야 한다(동법 제7조제5항).

5. 청약철회 등

방문판매 또는 전화권유판매(이하 '방문판매 등'이라 한다)의 방법으로 재화 등의 구매에 관한 계약을 체결한 소비자는 다음 각 호의 기간(거래 당사자 사이에 다음 각 호의 기간보다 긴 기간으로 약정한 경우에는 그 기간) 이내에 당해 계약에 관한 청약철회 등을 할 수 있다(동법 제8조제1항).

- 동법 제7조제2항의 규정에 의한 계약서를 교부 받은 날부터 14일, 다만 그 계약서를 교부 받은 때보다 재화 등의 공급이 늦게 이루어진 경우에는 재화 등을 공급받거나 공급이 개시된 날부터 14일
- 동법 제7조제2항의 규정에 의한 계약서를 교부받지 아니한 경우, 방문판매자 등의 주소 등이 기재되지 아니한 계약서를 교부받은 경우 또는 방문판매자 등의 주소 변경 등의 사유로 제1호의 기간 이내에 청약철회 등을 할 수 없는 경우에는 방문판매자등의 주소를 안 날 또는 알 수 있었던 날부터 14일

그러나 소비자는 다음 각 호의 1에 해당하는 경우에는 방문판매자 등의 의사에 반하여 제1항의 규정에 의한 청약철회 등을 할 수 없다. 다만 방문판매자 등이 제5항의 규정에 따른 조치를 하지 아니하는 때에는 제2호 내지 제4호에 해당하는 경우에도 청약철회를 할 수 있다(동법 제8조제2항).

- 소비자에게 책임 있는 사유로 재화 등이 멸실 또는 훼손된 경우 다만, 재화 등의 내용을 확인하기 위하여 포장 등을 훼손한 경우를 제외한다.
- 소비자의 재화 등의 사용 또는 일부 소비에 의하여 그 가치가 현저히 감소한 경우
- 시간의 경과에 의하여 재판매가 곤란할 정도로 재화 등의 가치가 현저히 감소한 경우
- 복제가 가능한 재화 등의 포장을 훼손한 경우
- 그 밖에 거래의 안전을 위하여 대통령령(동법시행령 제12조)이 정

하는 경우

한편, 소비자는 동법 제8조제1항 또는 제2항의 규정에도 불구하고 재화 등의 내용이 표시・광고의 내용과 다르거나 계약내용과 다르게 이행된 경우에는 당해 재화 등을 공급 받은 날부터 3월 이내에, 그 사실을 안 날 또는 알 수 있었던 날부터 30일 이내에 청약철회 등을 할 수 있다(동법 제8조제3항). 또한 동법 제8조제1항 또는 제3항에 따른 청약철회 등을 서면으로 하는 경우에는 청약철회 등의 의사를 표시한 서면을 발송한 날에 그 효력이 발생한다(동법 제8조제4항). 그리고 방문판매자 등은 동법 제8조제2항제2호부터 제4호까지의 규정에 따라 청약철회 등을 할 수 없는 재화 등의 경우에는 그 사실을 재화 등의 포장이나 그 밖에 소비자가 쉽게 알 수 있는 곳에 분명하게 표시하거나 시용(試用) 상품을 제공하는 등의 방법으로 청약철회 등의 권리행사가 방해받지 아니하도록 조치하여야 한다(동법 제8조제5항).

6. 청약철회 등의 효과

1) 청약철회의 효과(동법 제9조)

소비자는 동법 제8조제1항 또는 제3항의 규정에 의하여 청약철회 등을 한 경우에는 이미 공급받은 재화 등을 반환하여야 한다(동법 제9조제1항). 방문판매자 등(소비자로부터 재화 등의 대금을 지급 받은 자 또는 소비자와 방문판매 등에 관한 계약을 체결한 자를 포함한다. 이하 동법 제2항 내지 제8항에서 같다)은 재화 등을 반환 받은 날부터 3영업일 이내에 이미 지급받은 재화 등의 대금을 환급하여야 한다. 이 경우 방문판매자 등이 소비자에게 재화 등의 대금의 환급을 지연한 때에는 그 지연기간에 따라 공정거래위원회가 고시하는 지연이자율을 곱하여 산정한 지연이자(이하 '지연배상금'이라 한다)를 지급하여야 한다(동법 제9조제2항).

또한 방문판매자 등은 동조제1항 및 제2항의 규정에 의하여 재화 등의 대금을 환급함에 있어 소비자가 여신전문금융업법 제2조제3호의 규정에 의한 신용카드 그 밖에 대통령령이 정하는 결제수단(이하 '신용카드 등'이라 한다)으로 재화 등의 대금을 지급한 때에는 지체 없이 당해 신용카드 등 대금결제수단을 제공한 사업자(이하 '결제업자'라 한다)로 하여금 재화 등의 대금의 청구를 정지 또는 취소하도록 요청하여야 한다. 다만 방문판매자 등이 결제업자로부터 당해 재화 등의 대금을 이미 지급 받은 때에는 지체 없이 이를 결제업자에게 환급하고 그 사실을 소비자에게 알려야 한다(동법 제9조제3항).

한편 동법 제3항 단서에 따라 방문판매자 등으로부터 재화 등의 대금을 환급 받은 결제업자는 지체 없이 소비자에게 이를 환급하거나 환급에 필요한 조치를 취하여야 한다(동법 제9조제4항). 그리고 동조제3항 단서의 규정에 해당하는 방문판매자 등 중 환급의 지연으로 소비자로 하여금 대금을 결제하게 한 방문판매자 등은 그 지연기간에 대한 지연배상금을 소비자에게 지급하여야 한다(동법 제9조제5항).

2) 청약철회 시 비용, 위약금, 손해배상, 환급금 등

동법 제9조제1항의 경우 방문판매자 등은 이미 재화 등이 사용 또는 일부 소비된 경우에는 그 재화 등의 사용 또는 일부 소비에 의하여 소비자가 얻은 이익 또는 그 재화 등의 공급에 소요된 비용에 상당하는 금액으로써 대통령령이 정하는 범위의 금액의 지급을 소비자에게 청구할 수 있다(동법 제9조제8항). 동법 제8조제1항 및 동조제3항의 규정에 의한 청약철회 등의 경우 공급받은 재화 등의 반환에 필요한 비용은 방문판매자 등이 부담하며 방문판매자 등은 소비자에게 청약철회 등을 이유로 위약금 또는 손해배상을 청구할 수 없다(동법 제9조제9항).

방문판매자 등 재화 등의 대금을 지급 받은 자 또는 소비자와 방문판매 등에 관한 계약을 체결한 자가 동일인이 아닌 경우 각자는 동법 제8조제1항 및 동조제3항의 규정에 의한 청약철회 등에 따른 제1항 내지 제9항의 규정에 의한 재화 등의 대금 환급과 관련한 의무의 이행에 있어서 연대하여 책임을 진다(동법 제9조제10항).

3) 손해배상청구금액의 제한(동법 제10조)

소비자에게 책임 있는 사유로 인하여 재화 등의 판매에 관한 계약이 해제된 경우 방문판매자 등이 소비자에게 청구하는 손해배상액은 다음 각 호에서 정한 금액에 대금미납에 따른 지연배상금을 더한 금액을 초과할 수 없다(동법 제10조제1항). 그리고 공정거래위원회는 방문판매자등과 소비자 간의 손해배상청구에 따른 분쟁을 원활하게 해결하기 위하여 필요한 경우 제1항에 따른 손해배상액의 산정기준을 정하여 고시할 수 있다(제10조제2항).

■ 공급받은 재화 등이 반환된 경우에는 다음 각목의 1에 해당하는 금액 중 큰 금액

- 반환된 재화 등의 통상 사용료액 또는 그 사용에 의하여 통상 얻을 수 있는 이익에 상당하는 금액

- 반환된 재화 등의 판매가액에서 그 재화 등이 반환된 당시의 가액을 뺀 금액

■ 공급받은 재화 등이 반환되지 아니한 경우에는 그 재화 등의 판매가액에 상당하는 금액

7. 금지행위(동법 제11조)

방문판매자 등은 다음 각 호의 1에 해당하는 행위를 하여서는 아니 된다(동법 제11조제1항).

■ 재화 등의 판매에 관한 계약의 체결을 강요하거나 청약철회 등 또는 계약의 해지를 방해할 목적으로 소비자에게 위협하는 행위

■ 허위 또는 과장된 사실을 알리거나 기만적 방법을 사용하여 소비자를 유인 또는 거래하거나 청약철회 등 또는 계약의 해지를 방해하는 행위

■ 방문판매원 등이 되기 위한 조건 또는 방문판매원 등의 자격을 유지하기 위한 조건으로서 방문판매원등 또는 방문판매원등이 되려는 자에게 가입비・판매보조물품・개인할당 판매액・교육비 등 그 명칭이나 형태와 상관없이 대통령령으로 정하는 수준 이상의 비용 그 밖의 금품을 징수하거나 재화 등을 구매하게 하는 등 의무를 지게 하는 행위

■ 방문판매원 등에게 다른 방문판매원 등을 모집할 의무를 지게 하는 행위

■ 청약철회 등이나 계약의 해지를 방해할 목적으로 주소・전화번호

등을 변경하는 행위

■ 분쟁이나 불만처리에 필요한 인력 또는 설비의 부족을 상당기간 방치하여 소비자에게 피해를 주는 행위

■ 소비자의 청약 없이 일방적으로 재화 등을 공급하고 재화 등의 대금을 청구하는 행위

■ 소비자가 재화를 구매하거나 용역을 제공받을 의사가 없음을 밝혔음에도 불구하고 전화, 모사전송, 컴퓨터통신 등을 통하여 재화를 구매하거나 용역을 제공받도록 강요하는 행위

■ 본인의 허락을 받지 아니하거나 허락 받은 범위를 넘어 소비자에 관한 정보를 이용(제3자에게 제공하는 경우를 포함한다. 이하 같다)하는 행위, 다만 다음 각목의 1에 해당하는 경우를 제외한다.

- 재화 등의 배송 등 소비자와의 계약의 이행에 불가피한 경우로서 대통령령으로 정하는 경우
- 재화 등의 거래에 따른 대금정산을 위하여 필요한 경우
- 도용방지를 위하여 본인확인에 필요한 경우로서 대통령령으로 정하는 경우
- 법률의 규정 또는 법률에 의하여 필요한 불가피한 사유가 있는 경우

그리고 공정거래위원회는 이 법 위반행위의 방지 및 소비자피해의 예방을 위하여 방문판매자 등이 준수해야 할 기준을 정하여 고시할 수 있다(동법 제11조제2항).

8. 휴업기간 등에서의 청약철회 등의 업무처리 등

방문판매자 등은 그 휴업기간 또는 영업정지 기간 중에도 동법 제8조제1항 및 제3항의 규정에 의한 청약철회 등의 업무와 동법 제9조제1항 내지 제9항의 규정에 의한 청약철회 등에 따른 업무를 계속하여야 한다(동법 제12조제1항). 방문판매업자 등이 폐업신고를 하지 아니한 상태에서 파산선고를 받는 등 실질적으로 영업을 할 수 없는 것으로 판단되는 경우에는 공정거래위원회 또는 특별자치시장・특별자치도지사・시장・군수・구청장은 직권으로 방문판매법 등의 신고사항을 말소할 수 있다(동법 제12조제2항).

사례문제

사례 1. 미성년자 단독으로 책을 구입한 때 이를 취소 할 수 있는지

▌딸은 16세의 고등학생으로서 미성년자인데 3개월 전 학교 앞에서 책을 파는 사람에게 현혹되어 문화서적 1세트를 월 15,000원씩 10개월간 납입하기로 하고 구입하였다. 저는 그 책을 즉시 반환하려고 하였으나 상대방 회사를 쉽게 찾을 수 없었고 며칠 만에 겨우 알아낸 주소지로 계약을 취소하니 물건을 찾아가라고 통지하였으나 주소불명으로 반송되었다. 그런데 3개월이 지난 지금에 와서 상대방 회사로부터 대금청구서를 받았는 바 이 경우 위 서적대금을 지급해야 하는지?

20세 미만의 미성년자는 민법상 행위제한능력자로서 책을 구입하는 등의 법률행위를 함에는 법정대리인의 동의를 얻어야 함이 원칙이며 이를 위반한 행위는 취소할 수 있다. 그리고 취소할 수 있는 법률행위에 대하여는 제한능력자, 하자있는 의사표시를 한 자, 그 대리인 또는 승계인에 한하여 취소할 수 있으며 이는 추인(追認)할 수 있는 날로부터 3년 내에 법률행위를 한 날로부터 10년 내에 행사할 수 있다(민법 제5조, 제140조, 제146조). 그러므로 법정대리인인 부모가 상대방에게 취소하겠다는 의사표시를 함으로써 위 서적대금을 지급할 의무를 면할 수 있을 것이다.

또한, 위 사안은 방문판매임과 동시에 할부판매가 될 것이므로 방문판매 등에 관한 법률과 할부거래에 관한 법률의 적용을 받을 수 있는 바 이 경우 어느 법을 적용할 것인지에 대하여 방문판매 등에 관한 법률 제4조에 의하면 "방문판매 · 전화권유판매 · 다단계판매 · 계속거래 및 사업권유거래에서의 소비자보호와 관련하여 이 법과 다른 법률의 적용이 경합하는 경우에는 이 법을 우선 적용하되 다른 법률을 적용하는 것이 소비자에게 유리한 경우에는 그 법을 적용한다"라고 규정하고 있다. 따라서 방문판매 등에 관한 법률에 의하면 소비자는 계약서를 교부받은 날로부터 14일 이내에 계약서를 교부받은 때보다 재화 등의 공급이 늦게 이루어진 경우에는 재화 등을 공급받거나 공급이 개시된 날부터 14일 계약서를 교부받지 아니하였거나 주소 등이 기재되지 아니한 계약서를 교부받은 경우 또는 방문판매자의 주소변경 등의 사유로 위 기간 내에 청약의 철회를 할 수 없는 경우에는 그 주소를 안 날 또는 알 수 있었던 날로부터 14일 이내에 계약에 관한 청약을 철회할 수 있다(동법 제8조제1항).

다만, 매수인의 책임 있는 사유로 목적물이 멸실 · 훼손된 경우 등에는 청약을 철회하지 못한다(동법 제8조제2항). 그러나 재화 등의 내용이 표시 · 광고의 내용과 다르거나 계약내용과 다르게 이행된 경우에는 당해 재화 등을 공급받은 날부터 3월 이내 그 사실을 안 날 또는 알 수 있었던 날부터 30일 이내에 청약철회 등을 할 수 있다(동법 제8조제3항). 그리고 재화 등의 훼손에 대하여 소비자의 책임이 있는지의 여부, 계약이 체결된 사실 및 그 시기, 재화 등의 공급사실 및 그 시기 또는 계약서의 교부사실 및 그 시기 등에 관하여 다툼이 있는 경우에는 방문판매자 등이 이를 입증하여야 한다(동법 제8조제5항). 청약의 철회 등을 서면으로 하는 경우에는 청약철회 등의 의사표시가 기재된 서면을 발송한 날에 그 효력이 발생하고(동법 제8조제4항), 청약철회권 행사의 효과로는 이미 인도 받은 상품을 반환하여야 하며 이미 지급한 상품대금도 반환 받아야 하고 이 경우 방문판매자가 상품반환에 필요한 비용을 부담하여야 하며 소비자에게 위약금 또는 손해배상을 청구할 수 없다고 규정하고 있다(동법 제9조).

따라서 위 사안의 경우 서적대금청구에 대하여 민법상 미성년자법률행위의 취소 또는 방문판매 등에 관한 법률상의 청약의 철회를 주장하여 대금지급의무를 면할 수 있을 것이다. 참고로 현행 방문판매 등에 관한 법률은 2002년 3월 30일 법률 제6688호로 전면 개정되어 2002년 7월 1일부터 시행되었는 바 현행 방문판매 에 관한 법률 시행 당시 종전의 방문판매 등에 관한 법률의 규정에 의하여 이루어진 거래에 대한 청약의 철회 및 그 효과에 대하여는 종전의 규정에 의하게 된다(방문판매 등에 관한 법률 부칙 제3조). 〈출처 : 법률구조공단 사례에서〉

사례 2. 출판사영업사원이 방문판매 한 책을 반품할 수 있는지

▌6살 아이를 둔 가정주부인데 집으로 甲회사의 영업사원이라는 乙이 찾아와 24만원만 내면 매주 2시간씩 가정방문을 하여 아이의 영재교육을 시켜주겠다며 장시간 영재교육의 필요성을 강조하였다. 이에 영재교육을 시키지 않으면 저의 아이만 뒤떨어질 것 같은 불안감을 느껴 6개월 할부로 구매키로 하고 신용카드로 결재했다. 그런데 5일 후 집으로 배달된 도서를 보니 책의 내용이 너무 조잡하여 청약을 철회하려고 마음먹고 계약서에 적힌 甲회사의 전화번호와 주소로 연락을 시도하였지만 연락이 되지 않았다. 청약을 철회할 방법이 없는지?

방문판매 등에 관한 법률 제8조제1항에 의하면 “방문판매 또는 전화권유판매의 방법으로 재화 등의 구매에 관한 계약을 체결한 소비자는 다음 각 호의 기간(거래 당사자 사이에 다음 각 호의 기간보다 긴 기간으로 약정한 경우에는 그 기간) 이내에 당해 계약에 관한 청약철회 등을 할 수 있다.

1. 제7조제2항의 규정에 의한 계약서를 교부받은 날부터 14일, 다만 그 계약서를 교부받은 때보다 재화 등의 공급이 늦게 이루어진 경우에는 재화 등을 공급받거나 공급이 개시된 날부터 14일

2. 제7조제2항의 규정에 의한 계약서를 교부받지 아니한 경우 방문판매자 등의 주소 등이 기재되지 아니한 계약서를 교부받은 경우 또는 방문판매자 등의 주소변경 등의 사유로 제1호의 기간 이내에 청약철회 등을 할 수 없는 경우에는 그 주소를 안 날 또는 알 수 있었던 날부터 14일이라고 규정되어 있으므로 귀하는 甲회사의 주소를 안 날 또는 알 수 있었던 날부터 14일 내에 위약금 없이 청약을 철회할 수 있을 것이다. 이 경우에도 청약철회를 요구하는 내용의 서신을

3통 작성한 후 우체국에 가셔서 이를 내용증명우편으로 발송해 두면 후일의 법적 분쟁 시 유력한 증거로 사용할 수 있을 것이며 청약철회 등의 의사표시가 기재된 서면을 발송한 날에 청약철회의 효과가 발생하게 된다(동법 제8조제4항).

다만, 소비자에게 책임 있는 사유로 재화 등이 멸실 또는 훼손된 경우(다만, 재화 등의 내용을 확인하기 위하여 포장 등을 훼손한 경우를 제외), 소비자의 재화 등의 사용 또는 일부 소비에 의하여 그 가치가 현저히 감소한 경우와 시간의 경과에 의하여 재판매가 곤란할 정도로 재화 등의 가치가 현저히 감소한 경우 및 복제가 가능한 재화 등의 포장을 훼손한 경우(방문판매자 등이 청약철회 등이 불가능한 재화 등의 경우 그 사실을 재화 등의 포장 기타 소비자가 쉽게 알 수 있는 곳에 명기하거나 시용(試用)상품을 제공하는 등의 방법으로 재화 등의 사용이나 일부 소비에 의하여 청약철회 등의 권리의 행사가 방해받지 아니하도록 조치를 취한 경우에 한함), 그밖에 거래의 안전을 위하여 대통령령이 정하는 경우에는 청약철회 등을 할 수 없다(동법 제8조제2항).

그러나 위와 같은 청약철회 등을 할 수 없는 사유가 있는 경우에도 재화 등의 내용이 표시 · 광고의 내용과 다르거나 계약내용과 다르게 이행된 경우에는 당해 재화 등을 공급받은 날부터 3월 이내, 그 사실을 안 날 또는 알 수 있었던 날부터 30일 이내에 청약철회 등을 할 수 있다(동법 제8조제3항). 한편 청약철회의 효과를 보면 소비자는 이미 공급받은 재화 등을 반환하여야 하고 방문판매자 등(소비자로부터 재화 등의 대금을 지급받은 자 또는 소비자와 방문판매자 등에 관한 계약을 체결한 자를 포함)은 재화 등을 반환받은 날부터 3영업일 이내에 이미 지급받은 재화 등의 대금을 환급하여야 하고 대금의 환급을 지연한 때에는 그 지연기간에 따라 공정거래위원회가 고시하는 지연이자율을 곱하여 산정한 지연이자(지연손해금)를 지급하여야 한(동법 제9조제1항, 제2항).

그리고 방문판매자 등은 소비자가 신용카드 등으로 대금을 지급한 때에는 지체 없이 당해 신용카드 등 대금결재수단을 제공한 사업자(결재업자)로 하여금 재화 등의 대금의 청구를 정지 또는 취소하도록 요청하여야 하고 방문판매자 등이 결재업자로부터 당해 재화 등의 대금을 이미 지급 받은 때에는 지체 없이 이를 결재업자에게 환급하고 그 사실을 소비자에게 통지하여야 하며(동법 제9조

제3항) 방문판매자 등으로부터 재화 등의 대금을 환급받은 결재업자는 지체 없이 소비자에게 이를 환급하거나 환급에 필요한 조치를 취하여야 한다(동법 제9조제4항). 이에 위반하면 1천만 원 이하의 과태료에 처해진다(동법 제66조제1항제1호). 〈출처 : 법률구조공단 사례에서〉

생각할 문제

문제 1. 방문판매에서 소비자보호

방문판매를 통하여 손해를 입은 소비자는 어떤 절차를 밟아서 어떠한 구제를 받을 수 있는가?

문제 2. 다단계판매와 피라미드판매와의 차이

다단계판매와 유사한 피라미드식 판매가 시중에 존재하고 있다. 다단계판매와 피라미드판매는 어떤 점에서 차이가 있는가?

문제 3. 방문판매 등에 관한 법률에서 적용되는 판매방법은

방문판매법은 방문판매 이외의 다른 판매도 적용되고 있다. 어떤 판매들이 해당법률에 적용되는가?

문제 4. 방문판매업

말똥의 부인은 방문판매업을 하려고 한다. 어떤 절차를 통하여 방문판매업을 할 수 있는가?

제9강 친족관계와 법

제9강 친족관계와 법

Ⅰ. 가족범위와 자(子)의 성(姓)과 본(本)

민법 중 개정법률(2005. 3. 31 법률 제7427호)에 따라 호주제도가 2008년 1월 1일부터 폐지되었다. 그리고 2013년도 제한능력자 도입에 따른 관련규정을 대폭 개정하였다. 따라서 종전의 민법 제4편 친족 제2장의 제목도 종전의 '호주와 가족'에서 '가족의 범위와 자의 성과 본'으로 변경되고, 제한능력자의 관련규정이 개정되었다. 아래의 내용은 개정민법을 중심으로 구성되어 있다.

1. 가 족

1) 가족의 의미

가족은 한 집안의 구성원으로서 배우자, 직계혈족 및 형제자매(민법 제799조제1항제1호), 생계를 같이 하는 인척 중 직계혈족의 배우자, 배우자의 직계혈족 및 배우자의 형제자매(민법 제779조제2항)에 한한다. 따라서 인척 중 동거하는 위 해당하는 인척의 경우에만 가족에 속한다.

2) 가족의 효과

가족은 법률상 권리와 의무가 없다. 왜냐하면 부양의무나 상속권 등에 관한 별도규정이 존재하기 때문이다.

3) 가족신분의 발생과 소멸

(1) 가족신분의 발생

자녀는 출생으로서 가족신분이 발생한다. 따라서 혼인 중의 아버지의 성과 본을 따르는 것이 원칙이다. 다만 부모가 혼인 신고할 당시에 어머니의 성과 본을 따르기로 협의한 경우, 부가 외국인인 경우, 부를 알 수 없는 경우에는 어머니의 성과 본을 따른다. 한편 혼인 외의 출생자를 부모가 인지한 경우 자는 부모의 협의에 따라 종전의 성과 본을 계속 사용할 수 있다. 다만 부모가 협의할 수 없거나 협의가 이루어지지 않은 경우에는 자는 법원의 허가를 받아 종전의 성과 본을 계속 사용할 수 있다(민법 제781조제5항). 그러므로 혼인 외의 출생자는 생모의 성과 본이나 생부의 성과 본을 따라 어느 하나를 일정하게 계속 사용할 수 있다.

(2) 가족신분의 소멸

사람의 사망, 국적변경, 실종선고 등에 의하여 가족신분이 소멸한다.

2. 자의 성과 본

자는 출생시 부의 성과 본을 따르는 것이 원칙이다. 다만 부모가 혼인신고할 당시에 어머니의 성과 본을 따르기로 협의한 경우, 부가 외국인인 경우, 부를 알 수 없는 경우에는 어머니의 성과 본을 따른다. 자(子)의 복리를 위하여 자(子)의 성과 본을 변경할 필요가 있는 경우에는 부, 모 또는 자녀는 법원에 성과 본의 변경청구를 통하여 그 허가를 받아 이를 변경할 수 있다. 다만 자(子)가 미성년자이고 법정대리인이 청구할 수 없는 경우에는 민법 제777조(친족의 범위)의 규정에 따른 친족 또는 검사가 청구할 수 있다. 성(姓)의 변경제도는 우리 전통가족제도의 대변혁이라고 할 수 있다.

따라서 미성년자, 성년자 모두 성과 본을 변경할 수 있고, 혼인 외의 출생자에 대한 인지, 입양(보통입양, 친양자입양 포함), 부모의 이혼·재혼 시에도 필요에 따라 법원의 허가를 받아 자녀의 성과 본을 바꿀 수 있다(다만 친양자입양의 경우 입양성립 그 자체를 법원에서 심판하므로 양자의 성과 본을 별도로 허가하지 않는다).

Ⅱ. 혼 인

1. 서 설

혼인은 인간의 종족보존의 본능에 기초하여 남녀가 결합관계를 갖는 것으로써 부부가 그 결합관계의 주체가 된다. 민법 제4편 제3장에 혼인에 관한 규정이 있는데 그 제3장에는 다시 5개의 절로 나누어 제1절은 약혼에 관한 규정으로 약혼의 요건과 약혼해제에 관하여 규정하고 있다. 제2절과 제3절은 혼인에 관한 규정으로 혼인의 법적 요건과 하자있는 혼인의 무효와 취소에 관하여 규정하고 있으며, 제4절은 혼인관계에 의하여 성립된 부부의 권리의무를 규정하고 있다. 그리고 제5절은 이혼의 방법·요건·효과에 관하여 규정하고 있다. 따라서 이하에서는 혼인에 관한 민법 규정을 기초로 하여 설명하고자 한다.

2. 약 혼

1) 약혼의 의의

'약혼'이란 장차 혼인을 하고자 하는 당사자인 남녀 사이의 혼인약속이라고 한다. 이는 혼인신고를 하지 않고 실질적으로 혼인생활을 하는 사실혼과 구별된다.

2) 약혼의 성립

약혼이 성립하기 위해서는 다음과 같은 요건이 존재해야 한다.

첫째, 약혼은 장차 혼인하려는 당사자의 합의로 성립한다. 따라서 부모가 정한 약혼 즉, 정혼은 무효가 된다.

둘째, 약혼의 당사자 중 남녀 모두 만 18세 이상이어야 한다(민법 제801호). 그러나 약혼연령에 이르렀으나 미성년자(만 19세 미만)인 경우에는 부모의 동의를 얻어야 하고(민법 제801조) 부모 중 일방이 동의권을 행사할 수 없을 때에는 다른 일방의 동의로 충분하다(민법 제801조, 제808조). 만약 부모가 모두 동의권을 행사할 수 없을 때에는 후견인의 동의를 얻어야 한다(민법 제801조, 제808조). 그리고 피성년후견인은 부모 또는 성년후견인의 동의를 얻어 약혼할 수 있다(민법 제802조). 이 때 부모 또는 후견인이 동의할 수 없을 때에는 친족회의 동의를 얻어야 한다.

셋째, 약혼의 당사자는 혼인장애가 되는 근친관계가 아니어야 한다. 이러한 근친관계의 약혼은 강행규정의 위반으로 무효가 된다.

넷째, 선량한 풍속 기타 사회질서에 위반하는 조건 또는 기한을 붙이지 않는 약혼이어야 한다. 만약 이를 위반하여 선량한 풍속 기타 사회질서에 위반하는 조건 또는 기한을 붙인 약혼은 강행규정의 위반으로 무효가 된다고 본다.

다섯째, 약혼의 체결방식에는 일정한 형식이 필요 없다. 따라서 구두로 한 약혼은 유효하게 된다.

3) 약혼의 효과

약혼이 성립되면 약혼자는 혼인, 즉 부부공동체를 성립시킬 의무를 진다. 만약 약혼자가 이 의무를 위반하면 상대방에게 손해배상청구를 할 수 있을 뿐 그 성격상 강제이행을 청구하지는 못한다(민법 제803조). 왜냐하면 혼인의 성립은 전적으로 당사자의 의사를 기반으로 하기 때문이다. 한편 약혼 중에 자녀가 태어나면 그 약혼 중의 자녀는 혼인 외의 출생자가 된다. 하지만 그 후 약혼당사자가 혼인하면 그 자녀는 혼인 중의 자녀가 되는 데, 이를 '준정'이라고 한다.

4) 약혼의 해제

약혼은 약혼자가 언제나 해제할 수 있다. 단지 정당한 사유 없이 약혼이 해제된 경우에는 과실 있는 상대방에 대하여 손해배상을 청구하게 된다. 민법 제804조에 의하면 약혼의 해제사유는 다음과 같이 규정되어 있다.

첫째, 약혼 후 자격정지 이상의 형의 선고를 받을 때

둘째, 약혼 후 성년후견개시 또는 한정후견개시의 심판을 받은 때

셋째, 성병, 불치의 정신병 기타 불치의 병질이 있는 때(종전의 '폐병'이 1989년 민법의 개정으로 불치의 정신병으로 변경)

넷째, 약혼 후 다른 사람과 약혼 또는 혼인을 한 때

다섯째, 약혼 후 다른 사람과 간음 한 때

여섯째, 약혼 후 1년 이상 그 생사가 불명한 때

일곱째, 정당한 이유 없이 혼인을 거절하거나 그 시기를 지연하는 때

여덟째, 기타 중대한 사유가 있는 때 등이 있다.

이와 같은 약혼의 해제사유가 있을 때 약혼해제사유를 가지고 있는 자에게 상대방이 상대방에 대한 의사표시로 약혼해제를 행사한다. 이렇게 약혼이 해제되면 과실 있는 상대방이 손해배상책임을 지게 되고 약혼 당시에 교환한 약혼예물을 부당이득의 법리에 따라 반환하여야 한다. 그러나 일방 당사자에게 과실이 있는 경우의 약혼파기에 있어서는 책임이 없는 사람은 약혼예물의 반환청구권을 갖고 반환의무를 지지 않으나 책임이 있는 사람은 반환의무를 지며 물건의 반환청구권을 가지지 못한다(민법 제806조제1항 참조).

3. 혼 인

1) 혼인의 의미

혼인이란 일정한 요건을 갖춘 남녀의 자유스런 혼인의 의사에 의하여 남녀가 결합하는 관계를 말한다.

2) 혼인의 요건

혼인이 성립하기 위한 요건은 크게 형식적 요건과 실질적 요건으로 구분한다.

(1) 실질적 요건

혼인이 유효하게 성립하기 위해서는 혼인의 당사자가 다음과 같은 요건을 갖추어야 한다.

■ 당사자 사이에 혼인의사의 합치가 있을 것(민법 제815조 제1호). '혼인의사'란 당사자가 부부관계를 성립하는 의사를 말하며 '부부관계'란 정신적 · 육체적 결합을 말한다. 한편 혼인의사의 성립에는 당사자의 의사능력이 필요하다. 또한 일방 당사자의 혼인의사만 존재하여 일방적으로 혼인신고를 하게 되면 혼인의사의 흠결로 그 혼인은 무효가 된다.

■ 당사자가 혼인적령에 이르렀을 것(민법 제807조). 남녀 모두 18세 이상이어야 한다.

■ 미성년자인 경우에는 부모의 동의, 피성년후견인인 경우에는 부모 또는 성년후견인의 동의(민법 제808조), 미성년자(만 19세 미만)의 혼인의 경우에는 부모의 동의를 얻어야 한다. 부모 중 일방이 동의권을 행사할 수 없을 때는 다른 일방의 동의권의 행사로 충분하다. 그러나 부모 모두 동의권을 행사할 수 없을 때는 미성년후견인이 행사한다.

■ 민법 제809조에 따르면, 근친혼은 금지된다. 따라서 8촌 이내의 혈족(친양자입양 전의 혈족을 포함) 사이에는 혼인하지 못한다(민법 제809조제1항). 이를 위반한 혼인은 무효이다(민법 제815조제2호). 그리고 6촌 이내의 혈족의 배우자, 배우자의 6촌 이내의 혈족, 배우자의 4촌 이내의 혈족의 배우자인 인척이거나 이러한 인척이었던 자 사이에서는 혼인하지 못한다(민법 제809조제2항). 또한 6촌 이내의 양부모계의 혈족이었던 자와 4촌 이내의 양부모계의 인척이었던 자 사이에서는 혼인하지 못하는 데, 이를 위반하면 취소할 수 있다(민법 제816조제1호).

■ 중혼이 아닐 것(민법 제810조). '중혼'(重婚)이란 법률상 혼인이 이중으로 성립하는 것을 말한다. 중혼의 경우에는 후혼(後婚)을 취소할

수 있다(민법 제816조제1호). 후혼은 당사자의 선의와 악의를 불문하고 취소할 수 있다.

〈 혼인이 금지되는 범위 〉

■ 동친인 혈족 : 혼인하지 못하는 근친의 범위는 '8촌 이내의 혈족'을 의미한다고 본다. 왜냐하면 민법상 혈족의 범위를 정하고 있기 때문이다(민법 제777조 참조). 이를 위반한 혼인은 무효이다.

■ 인척 : 6촌 이내의 혈족의 배우자, 배우자의 6촌 이내의 혈족, 배우자의 4촌 이내의 혈족의 배우자인 인척이거나 인척이었던 사람사이에는 혼인하지 못한다(민법 제809조제2항). 여기서 혈족은 부계와 모계를 포함하는 개념이다. 이 중에 직계인척관계가 있거나 있었던 때(민법 제815조제3호)의 혼인을 무효이다. 그 밖에 이를 위반한 혼인은 취소할 수 있다.

■ 양친자관계에서 생긴 친족 : 6촌 이내의 양부모계의 혈족이었던 자와 4촌 이내의 양부모계의 인척이었던 자 사이에는 혼인하지 못한다(민법 제809조제3항). 양친자관계가 존속 중이면 8촌 이내의 혈족까지 혼인이 금지되지만 파양 등으로 그 관계가 종료된 경우는 6촌까지만 혼인할 수 없다(민법 제809조제3항). 이 중에 양부모계의 직계혈족관계가 있었던 때 그 혼인을 무효이다. 그 밖의 혼인은 취소할 수 있다.

■ 형부와 처제간의 혼인 : 현행법상 형부와 처제간은 인척관계이므로 혼인이 금지되고, 이 혼인은 무효이다.

(2) 형식적 요인

■ 법률혼주의 : '법률혼주의'란 혼인의 성립을 위하여 법이 정한 방식

에 따라야 함을 말한다. 1923년 이래 현행 민법은 법률혼주의를 취하고 있다. 이에 대한 상대적 개념이 '사실혼주의'이다.

■ 혼인신고의 절차 : 혼인신고는 혼인당사자 쌍방과 성년자인 증인 2인이 연서한 서면으로(민법 제812조제2항) 당사자의 등록기준지 또는 신고인의 주소지나 현재지에서 하여야 한다(가족관계의 등록 등에 관한 법률 제20조). 혼인신고를 받은 가족관계등록공무원은 형식적 심사권만 갖는다. 외국에 거주하는 대한민국 국민은 그 지역을 관할하는 대한민국 재외공관의 장에게 신고하거나 신청할 수 있고(가족관계의 등록에 관한 법률 제34조), 서류를 수리한 재외공관의 장은 1개월 이내에 외교통상부장관을 경유하여 본인의 등록기준지 시・읍・면의 장에게 송부하여야 한다.

■ 혼인신고의 수리와 효과 : 혼인신고를 맡은 가족관계등록공무원 또는 대사(재외 내국인의 외국에서의 혼인의 경우)는 신고 된 혼인이 실질적 요건(민법 제807조 내지 제810조)과 형식적 요건(민법 제812조제2항)과 기타 법령에 위반하지 않는 사항이 인정된 후에 수리해야 한다(민법 제813조). 이와 같이 수리로 혼인신고의 효력이 발생한다.

■ 조정・재판에 의한 혼인신고 : 실질적으로 혼인생활을 하고 있으나 혼인신고를 할 수 없는 경우에 사실상 혼인관계존재확인청구를 통해 혼인신고를 해야 된다. 이 경우에 먼저 조정을 신청하여야 한다(가사소송법 제50조제1항). 이와 같은 조정에 의한 합의가 이루어지지 않은 때에는 사실상 혼인관계존재확인의 소(訴)를 제기하여 재판이 확정된 후에 재판확정일로부터 1개월 이내에 재판서의 등본과 확정증명서를 첨부하여 신고해야 한다(가족관계의 등록 등에 관한 법률 제72조).

3) 혼인의 무효와 취소

(1) 혼인의 무효

혼인이 무효가 되는 경우는 다음과 같다.

- 당사자 사이에 혼인의 합의가 없을 때(민법 제815조 1호)
- 당사자 사이가 8촌 이내의 혈족관계(친양자의 혈족 전의 혈족을 포함)인 때(민법 제815조 2호)
- 당사자 사이에 직계인척관계가 있거나 또는 있었던 때(민법 제815조 3호)
- 당사자 사이에 양부모계의 직계혈족관계가 있었던 때(민법 제815조제4호)

이와 같은 무효의 원인이 존재하여 혼인무효의 판결이 확정되면 소(訴)를 제기한 자(者)가 판결의 확정일로부터 1개월 이내에 판결의 등본 및 확정증명서를 첨부하여 가족등록정정을 신청해야 한다(가족관계의 등록 등에 관한 법률 제72조). 혼인이 무효가 되면 혼인의 시작부터 소급하여 혼인의 효력이 없다. 따라서 상속과 그 밖의 권리변동은 혼인 당시부터 효력이 없는 것이 되고 그 자녀는 혼인 외의 출생자가 된다. 한편 과실 있는 상대방에 대하여 손해배상을 청구할 수 있게 된다.

(2) 혼인의 취소

혼인의 취소원인은 다음과 같다.

- 혼인적령에 달하지 않은 혼인

■ 동의권자의 동의를 얻지 않은 미성년자와 피성년후견인의 혼인
■ 6촌 이내의 혈족의 배우자, 배우자의 6촌 이내의 혈족, 배우자의 4촌 이내의 혈족의 배우자인 인척이거나 이러한 인척이었던 자 그리고 6촌 이내의 양부모계의 혈족이었던 자와 4촌 이내의 양부모계의 인척이었던 자 중에서 직계인척관계가 있거나 있었던 자를 제외한 혼인
■ 중혼(重婚)
■ 혼인당시 당사자 일방에 부부생활을 계속할 수 없는 악질 기타 중대한 사유가 있음을 알지 못하고 한 혼인
■ 사기 또는 강박으로 인한 혼인

위와 같은 경우에 일정한 자(취소권자)는 혼인의 취소를 할 수 있고 '일정한 자'에 대한 사항은 각각의 규정에 명시되어 있다(민법 제810조, 제817조, 제818조). 혼인의 취소는 취소권자가 가정법원에 소를 제기하여 법원에서 판결을 얻어야 효력이 있으며 가정법원의 재판에 앞서 반드시 조정이 선행되어야 한다(가사소송법 제50조). 혼인의 취소효력은 의사표시의 취소와 달리 소급하지 않는다(민법 제824조). 또한 혼인의 취조로 당사자는 재산분할청구권이 인정된다.

4) 혼인의 효과

(1) 혼인의 일반적 효과

■ 친족관계의 발생 : 혼인을 함으로써 혼인당사자는 배우자의 신분이 발생하며 상대방의 사촌 이내의 혈족과 혈족의 배우자 사이에 서로

인척관계가 생긴다.

■ 가족관계등록부의 변동 : 혼인을 함으로써 혼인 당사자의 가족관계등록부에 혼인에 의한 배우자의 인적사항을 기재한다(가족관계의 등록 등에 관한 법률 제9조제3호).

■ 동거 · 협조 · 부양의 의무 : 부부는 동거해야 한다(민법 제826조). 동거장소는 부부의 협의에 의하여 정한다(민법 제826조제2항). 그러나 협의가 이루어지지 않을 경우에는 당사자의 청구에 의하여 가정법원이 정하게 된다(민법 제826조제2항 단서). 또한 부부 가운데 어느 일방이 정당한 이유 없이 동거를 거부할 경우에는 동거청구에 관한 조정을 신청할 수 있고 조정이 성립되지 않으면 심판을 청구할 수 있다(가사소송법 제2조제1항 마류사건 제1호). 한편 부부는 서로 부양하고 협조해야 한다(민법 제826조제1항 본문). 여기서 '부양'이란 미성숙의 자녀를 포함하는 부부일체의 공동생활에 필요한 것을 서로 공여하는 것으로서 상대방의 생활을 자기의 생활로서 보장하는 것이다.

■ 정조의무 : 민법에 명문의 규정은 없으나 부부는 상호 정조를 지킬 의무를 진다. 한편 민법 제840조제1호에 따르면 부정(不貞)한 행위를 이혼원인으로 규정하고 있다. 이 경우에 또한 손해배상책임이 발생한다.

■ 성년의제 : 미성년자가 혼인을 하면 성년이 된 것으로 본다(민법 제826조의2). 이것이 '성년의제'이다. 성년의제가 미치는 범위는 민법상의 효과에 대해서 뿐이며 국회의원선거법 제8조, 미성년자보호법, 근로기준법 제50조 이하의 연소근로자보호규정 등에서는 여전히 미성년자로 취급된다.

(2) 혼인의 재산상 효과

■ 부부재산계약 : 부부재산계약은 혼인성립 전에 체결할 수 있다(민법 제829조제1항). 혼인성립 전에 체결된 부부재산계약은 혼인 중에 이것을 변경하지 못한다(민법 제829조제2항). 그러나 정당한 사유가 있는 때에는 법원의 허가를 얻어서 변경할 수 있다(민법 제829조제2항 단서). 이 밖에 부부의 일방이 다른 일방의 재산을 관리하는 경우에 부적당한 관리로 인하여 그의 재산을 위태롭게 한 때와 약정에 의하여 관리자를 변경하거나 공유재산을 분할하였을 때에는 부부재산계약을 변경할 수 있다.

■ 부부별산제 : 부부의 일방이 혼인 전부터 가진 고유재산은 원칙적으로 특유재산이 되나 혼인 중 자기의 명의로 취득한 재산은 단순히 명의뿐만 아니라 그것을 얻기 위한 대가 등이 자기의 것으로서 실질적으로도 자기의 것이라는 것이 거증되지 않으면 특유재산이 되지 않는다. 따라서 대외적으로 추정을 받는데 지나지 않게 되며 다른 일방의 반증으로 이 추정은 깨진다(대법원 1990.10.23. 선고 90다카5624 판결).

■ 혼인생활비용의 부담 : 부부공동생활에 필요한 비용의 부담은 당사자 사이에 특별한 약정이 없으면 부부가 공동으로 부담한다(민법 제833조). '공동생활에 필요한 비용'이란 의식주의 비용 · 출산비 · 의료비 · 장례비 · 교제비와 미성숙자녀의 양육비 · 교육비 등 일상가사의 범위에 속하는 비용을 말한다. 부부의 공동부담은 반드시 같은 금액의 부담을 의미하는 것은 아니다. 구체적으로 어떻게 각자 부담할 것인가에 대해서는 부부가 협의하여 정하게 되지만 협의가 되지 않을 때에는 가정법원의 조정 · 심판에 의하여 결정된다(가사소송법 제2조제1항 마류사

건 제1호).

■ 일상가사대리권 : '일상가사대리권'이란 부부평등의 원칙에 입각하여 부부가 일상가사에 관하여 서로 갖는 대리권을 말한다(민법 제827조 제1항). 부부의 일방이 일상가사에 관하여 제3자와 법률행위를 한 때에는 다른 일방은 이로 인한 채무에 대하여 연대책임을 지도록 하였다(민법 제832조 본문). '일상가사'란 부부의 공동생활에서 필요로 하는 통상의 사무를 말한다. 그 내용·정도 및 범위는 그 부부공동체의 생활정도와 그 지역사회의 관습 내지 일반견해에 의하여 결정된다. 따라서 부부의 사회적인 지위·계급·재산·수입능력 등 현실적 생활상태를 고려하고 가사처리자의 주관적 의사와 함께 객관적으로 결정하여야 한다.

5) 혼인의 해소

'혼인의 해소'란 완전히 유효하게 성립한 혼인이 그 존속 중에 발생한 원인에 의하여 종료하는 것을 말한다. 따라서 처음부터 혼인에 하자가 있는 것을 이유로 무효가 되거나 취소가 되는 것과는 본질적으로 다르다. 그리고 배우자의 사망(실종선고 포함)과 이혼도 부부공동생활을 전제로 하는 혼인의 본질적 효과가 종료하는 점에서 양자가 같지만 혼인관계 등 기타의 효과의 점에서 이혼의 경우 모든 것이 종료하는 데 반하여 사망에 의해서는 종료하지 않는 데에 차이가 있다.

(1) 사망에 의한 혼인의 해소

부부 가운데 일방의 사망으로 인하여 혼인이 해소되면 부부라는 신분관계가 소멸함으로써 동거·부양·협조의 의무와 정조의무는 소멸하고 재혼도 자유로이 할 수 있으며 부부재산제의 구속도 없어지고 부부재산계약도 효력을 잃는다. 그러나 소급적인 소멸의 효과는 없으므로 이미 발생한 일상가사로 인한 연대책임에는 영향이 없다. 그리고 생존배우자는 사망자의 재산상속을 하게 된다. 한편 혼인에 의해 발생된 혼인관계는 당연히 소멸하지 않고 생존배우자의 재혼에 의하여 소멸된다. 이 점이 이혼과 다르다.

(2) 실종선고에 의한 혼인의 해소

실종선고는 사망으로 의제(민법 제28조)되기 때문에 실종선고를 받으면 실종기간이 만료된 때에 혼인이 해소된다. 그리고 실종선고가 취소된 경우에 이미 생존배우자가 재혼을 한 경우에는 재혼당사자의 일방 또는 쌍방이 악의인 경우에 한하여 전혼은 부활하고 후혼은 중혼이 되어 전혼에는 이혼원인이 생기고(민법 제840조제1호), 후혼은 취소할 수 있게 되며(민법 제810조, 제816조, 제818조 전단), 새혼딩사지 쌍방이 선의이면 전혼은 부활하지 않고 후혼은 유효하다고 해석하고 있다.

6) 이 혼

(1) 협의상 이혼

부부는 협의에 의해 이혼할 수 있다(민법 제834조). 그리고 이를 신고하여야 한다.

■ 실질적 요건 : 협의상 이혼은 다음과 같은 실질적 요건이 있어야 한다. 첫째 당사자 사이에 이혼의사의 합치가 있을 것, 이혼의사는 무조건・무제한의 자유스러운 의사이어야 한다. 둘째 피성년후견인은 성년후견인의 동의를 얻을 것, 성년후견인이 없거나 동의할 수 없을 때에는

친족회의 동의를 얻어야 한다(민법 제835조).

■ 형식적 요건 : 협의상 이혼의 형식적 요건은 이혼신고이다. 협의상 이혼은 가정법원의 확인을 받아 가족관계의 등록 등에 관한 법률이 정한 바에 의하여 신고함으로써 효력이 생긴다(민법 제836조제1항). 이 신고는 당사자 쌍방과 성년자인 증인 2인이 연서한 서면으로 하여야 한다(민법 제836조제2항). 다만 이혼신고의 경우에는 혼인신고의 경우와 달리 가정법원의 확인을 받아야 한다. 즉 가정법원은 당사자 쌍방을 출석시켜 그들이 본인인가의 여부를 확인할 뿐만 아니라 이혼의사의 진정여부도 확인하여야 한다. 재외국민의 경우에는 그 지역을 관할하는 공관장에게 이혼의사확인을 신청할 수 있다. 이러한 확인이 있어야 비로소 신고서가 수리된다.

■ 협의이혼의 무효와 취소 : 당사자 사이에 이혼합의가 없는 경우에는 그 협의이혼도 무효이다. 협의이혼의 무효는 혼인의 무효와 같이 당연 무효이며 가정법원에 협의이혼 무효확인의 소를 제기할 수 있다(가사소송법 제2조제1항 가류사건 제2호). 사기 또는 강박으로 인하여 이혼의 의사표시를 한 자는 그 취소를 가정법원에 청구할 수 있다(민법 제838조, 가사소송법 제2조제1항 나류사건 제3호). 취소를 하려면 먼저 조정을 신청하여야 하며 조정이 성립되지 않으면 제소신청을 할 수 있다(가사소송법 제49조, 민사조정법 제36조). 이러한 취소청구권은 당사자가 사기를 안 날 또는 강박을 면한 날로부터 3개월을 경과한 때에는 소멸한다(민법 제839조, 제823조).

■ 협의이혼의 절차 : 협의상 이혼을 하려는 자는 가정법원이 제공하는 이혼에 관한 안내를 받아야 하고, 가정법원은 필요한 경우 당사자에게 상담에 관하여 전문적인 지식과 경험을 갖춘 전문상담인의 상담을

받을 것을 권고할 수 있다(민법 제836조의2제1항). 또한 가정법원에 이혼의사의 확인을 신청한 당사자는 제1항의 안내를 받은 날로부터 첫째, 양육하여야 할 자(포태 중인 자를 포함)가 있는 경우에는 3개월 둘째, 이에 해당되지 않는 경우에는 1개월이 지난 후에 이혼의사의 확인을 받을 수 있다(민법 제836조의2제2항). 그러나 이 기간은 가정법원이 폭력으로 인하여 당사자 일방에게 참을 수 없는 고통이 예상되는 등 이혼을 하여야 할 급박한 사정이 있는 경우에는 단축 또는 면제될 수 있다(민법 제836조의2제3항).

또한 협의이혼시 양육하여야 할 자가 있는 경우에는 당사자는 민법 제837조(이혼과 자의 양육책임)에 따른 자(子)의 친권자결정에 관한 협의서 또는 제837조 및 제909조제4항(친권자)에 따른 가정법원의 심판정본을 제출하여야 한다(민법 제836조의2제4항). 그리고 가정법원은 당사자가 협의한 양육비부담에 관한 내용을 확인하는 양육비부담조서를 작성하여야 한다. 이 경우 양육비부담조서의 효력에 대하여는 가사소송법 제41조를 준용한다(민법 제836조의2제5항).

(2) 재판상 이혼

'재판상 이혼'은 법률상 정해진 이혼원인이 존재할 때에 부부의 일방이 청구하는 이혼이다. 이러한 재판상 이혼은 조정전치주의에 의하며 이혼사건은 원칙적으로 우선 가정법원에 조정을 신청하여야 하며 당사자가 바로 이혼소송을 제기한 때에 가정법원은 공시송달에 의하지 아니하고는 당사자의 일방 또는 쌍방을 소환할 수 없거나 그 사건이 조정에 회부되더라도 조정이 성립될 수 없음이 명백한 경우를 제외하고는 사건을 직권으로 조정에 회부하여야 한다(가사소송법 제50조제2항).

■ 재판상 이혼의 원인 : 민법 제840조에는 재판상 이혼의 원인을 다음과 같이 규정하고 있다.

- 배우자의 부정(不貞)한 행위 : '부정한 행위'란 간통을 포함하는 넓은 개념으로 혼인 후의 부정행위에 한한다. 그리고 배우자에게 부정한 행위가 있더라도 다른 일방이 사전에 동의하거나 사후에 용서를 한 경우 또는 부정한 행위를 안 날로부터 6월, 그 사유가 있는 날로부터 2년을 경과한 때에는 이혼을 청구하지 못한다.

- 배우자의 악의의 유기 : 여기서 '악의'란 어떤 사실을 알고 있는 것을 말하며 '유기'란 상대방을 내쫓거나 또는 두고 나가버리든가 그렇지 않으면 상대방으로 하여금 나가지 않을 수 없게 만든 다음 돌아오지 못하게 함으로써 계속하여 동거에 응하지 않는 경우를 말한다.

- 배우자 또는 그 직계존속에 의한 심히 부당한 대우 : '부당한 대우'란 신체·정신에 대한 학대 또는 명예에 대한 모욕을 의미하며 '심히'란 배우자의 일방이 부부의 동거생활의 계속에 대하여 고통을 느낄 정도를 의미한다.

- 자기의 직계존속에 대한 배우자의 심히 부당한 대우

- 배우자의 3년 이상의 생사불명

- 기타 혼인을 계속하기 어려운 중대한 사유에 해당되느냐의 구체적 결정은 법원이 판단하게 된다.

구체적 예를 들면 선의의 중혼, 배우자의 범죄 등이 이에 해당될 것이다(구민법 제813조제1호·제3호). 그밖에 육체적인 파탄원인으로 부당한 피임, 성병의 감염, 이유 없는 성교 거부(서울가심 1965.3.30. 선고 65드12 판결), 성적 불능(대법원 1966.1.31. 선고 65므65 판결) 등이

윤리적·정신적 파탄원인으로서는 불치의 정신병(서울가심 1965.3.9. 선고 64드571 판결 : 서울가심 1964.9.29. 선고 64드391 판결), 부부간의 애정상실(서울가심 1965.11.16. 선고 65드639 판결) 또는 성격의 불일치(대법원 1964.4.28. 선고 63다740 판결), 수년간 계속된 사실상의 별거(서울가심 1965.7.13. 선고 65드335 판결), 어린이에 대한 정신적이거나 육체적인 모욕 또는 가해, 신앙의 차이(대법원 1970.2.24. 산고 69므13 판결) 또는 독신 (서울가심 1965.7.13. 선고 64드443 판결) 등이며 끝으로 경제적 파탄원인으로는 부의 방탕, 가계를 돌보지 않는 처의 난맥행위(대법원 1966.1.31. 선고 65므50 판결)나 낭비(서울가심 1965.2.9. 선고 64드302 판결) 또는 지나친 사치 등을 들 수 있다. 기타 혼인을 계속하기 어려운 중대한 사유는 다른 일방이 이를 안 날로부터 6개월, 그 사유가 있는 날로부터 2년을 경과하면 이혼청구권이 소멸된다(민법 제842조). 그러나 파탄주의 이혼법 하에서 제소기간의 경과로 인한 이혼청구권의 소멸이란 불합리한 것이다.

■ 재판상 이혼의 효과 : 재판상의 이혼은 판결의 선고로 효력이 생긴다(가사소송법 제12조, 민소법 제190조). 이혼판결로 혼인은 해소되며 그 효력은 제3자에게도 미친다(가사소송법 제21조제1항). 그리고 당사자 사이에 이혼에 합의하는 조정이 성립하여 그것을 조정조서에 기재한 경우에도 재판상 화해와 동일한 효력이 있으므로(가사소송법 제59조제2항) 혼인은 해소된다. 이혼이 확정되면 소를 제기한 자 또는 조정신청인은 1개월 이내에 재판의 등본과 확정증명서 또는 조정조서를 첨부하여 이혼신고를 하여야 한다(가족관계 등록 등에 관한 법률 제75조).

(3) 이혼의 효과

■ 부부관계의 소멸 : 이혼으로 부부관계는 소멸로 부부는 남남이 된다.

■ 자에 대한 효과 : 이혼을 한 경우에는 부모의 협의로 친권을 행사할 자를 정하고 협의를 할 수 없거나 협의가 이루어지지 않는 경우에는 당사자의 청구에 의하여 가정법원이 결정하게 된다(민법 제909조제4항 전단). 협의이혼의 경우에는 이혼신고서에 친권을 행사할 자를 기재하도록 하고 있으며(가족관계의 등록에 관한 법률 제79조), 재판상 이혼의 경우에는 가정법원이 친권을 행사할 자에 관하여 부모에게 미리 협의하도록 권고하여야 한다(가사소송법 제25조). 그러나 일단 친권자가 정해졌더라도 그것이 적당하지 않은 사정이 생겨서 친권자를 변경할 필요가 있는 경우에는 가정법원의 조정 또는 심판에 의하여 변경할 수 있다(민법 제909조제4항 후단).

또한, 자녀의 양육에 관한 사항은 우선적으로 부모의 협의에 의하여 정한다(민법 제837조제1항). 협의가 되지 않거나 협의할 수 없는 경우에는 가정법원이 당사자의 청구에 의하여 그 자의 연령, 부모의 재산상황 기타 여러 사정을 참작하여 양육에 필요한 사항을 정한다(민법 제837조제2항). 이 경우에는 우선 조정절차를 밟아야 한다. 가정법원이 정한 양육자 또는 양육방법 그 밖의 사항이 부적당하여 자의 이익을 해하는 때에는 가정법원은 당사자의 청구에 의하여 언제든지 양육에 관한 사항을 변경하거나 또는 다른 적당한 처분을 할 수 있다(민법 제837조제5항).

그리고 이혼에 의하여 자를 보호·양육하고 있지 않는 부모는 그 자에 대하여 면접·서신교환 또는 접촉하는 권리를 갖는다. 즉 면접교섭권을 갖는다. 이러한 면접교섭권의 행사방법과 범위에 대하여는 부모가 협의에 의하여 정하여야 하며, 만약 협의가 되지 않거나 협의할 수 없을 때에는 가정법원에 청구하여 가정법원이 면접교섭권의 행사방법과 범위를 결정하게 될 것이다. 이때에는 먼저 조정을 신청하여야 한다(가사소송법 제2조제1항 마류사건 제3호, 제50조).

■ 재산분할청구권 : '재산분할청구권'이란 이혼을 한 당사자의 일방이 다른 일방에 대하여 재산분할을 청구하는 것이다. 그리고 재산분할을 할 것인가의 여부와 그 액수와 방법은 당사자가 협의 또는 조정(가사소송법 제2조제1항 마류사건 제4호, 제50조)에 의하여 정하게 되는데 이 경우에 그 액수와 방법에 대해서는 기준이 없다. 이러한 협의가 되지 않거나 협의할 수 없는 때에는 가정법원이 "당사자의 청구에 의하여 당사자 쌍방의 협력으로 이룩한 재산의 액수 기타 사정을 참작하여 분할의 액수와 방법을 정한다(민법 제839조의2제2항)"는 기준에 의하여 재판을 하게 된다. 이 기준은 재판상 이혼에도 준용된다(민법 제843조).

한편, 재산분할산정의 시기에 대해서는 원칙적으로 최종사실심리가 끝날 당시의 당사자 쌍방의 재산상태를 기준으로 하여야 하겠지만 사정에 따라서는 별거할 때와 이혼할 때가 될 수도 있을 것이다. 지급방법은 금전납부나 현물급부에 의한다. 재산분할청구권의 제척기간은 2년으로 이 기간이 지나면 이 청구권은 소멸한다.

■ 손해배상청구권 : 재판상 이혼의 경우에 이혼의 피해자가 상대방에 대하여 재산상의 손해와 정신상 고통에 대한 손해배상청구를 할 수 있다. 정신상 고통에 대한 손해배상청구권은 당사자 사이에 이미 배상에 관한 계약이 체결되었거나 또는 소를 제기한 후가 아니면 제3자에게 양

도하거나 승계하지 못한다(민법 제843조, 제806조). 그리고 배우자의 일방과 간통한 자는 다른 일방의 배우자에 대하여 불법행위에 대한 손해배상책임을 진다(대법원 1967.4.25. 선고 67다99 판결).

4. 사실혼

1) 사실혼의 의의

'사실혼'이란 혼인의사를 가지고 동거하며 사실상 부부로서 생활하고 있지만 법률에서 정한 혼인신고를 하지 않은 사실상의 부부관계를 말한다. 사실혼을 인정함은 사실혼에 의하여 형성된 부부관계 당사자의 보호에 그 의미가 있다.

2) 사실혼의 성립

혼인의사를 가지고 동거하면 그 사실로 사실혼이 성립되고 일정한 형식을 필요로 하지 않는다. 한편 결혼적령 미달자의 사실혼 및 부모 등의 동의를 얻지 않고 맺은 사실혼은 법률상 보호를 받을 수 없을 것이다(통설). 또한 중혼이 되는 사실혼은 원칙적으로 보호를 받을 수 없으나(대법원 1962.11.15. 선고 62다631 판결) 법률혼이 사실상 이혼상태에 있는 경우에는 그 사실혼은 보호를 받을 수 있다.

3) 사실혼의 효과

사실혼의 효과로는 일반적으로 다음과 같은 것이 인정된다.

■ 사실혼의 부부는 상호 동거・부양・협조의 의무(민법 제826조)와

정조의 의무가 있다(민법 제840조 1호).

■ 사실혼 배우자는 다른 일방의 배우자가 제3자와의 불법행위로 인하여 입은 정신적 고통에 대한 위자료를 청구 할 수 있다(대법원 1969.7.22. 선고 69다684 판결).

■ 법률혼과 같이 일상가사대리권(민법 제827조), 일상가사로 인한 채무에 대한 연대책임(민법 제832조) 및 부부간의 특유재산(민법 제830조제1항, 제831조)이 인정된다.

■ 민법 이외의 일정한 법률에서 법률혼의 부부와 동일하게 다루고 있다. 예를 들면 공무원연금법(제3조제1·2항), 군인연금법(제3조제1항제4호), 군인연금법시행령(제2조제1항), 사립학교교원연금법(제2조제1항제2호), 선원법(제90조), 선원법시행령(제29조제1호) 등을 일정한 법률로 들 수 있다.

4) 사실혼의 해소

사실혼은 일방의 사망 또는 당사자의 사실상 이혼의 합의로 해소된다. 또한 사실혼관계는 자유로이 일방적으로 해소할 수 있으나 정당한 이유가 없는 한 유책자는 상대방에 대하여 손해배상의 책임이 생긴다. 이 책임은 종전에는 혼인예약불이행의 책임이라고 하였으나 최근에는 불법행위의 책임으로도 추급할 수 있다고 판시하고 있다(대법원 제 1970.4.28. 선고 69므37 판결). 여기서 손해배상의 범위는 재산상의 손해와 정신상의 고통을 포함해야 된다고 본다(민법 제806조 참조).

Ⅲ. 부모와 자

1. 친생자

1) 혼인 중의 출생자

(1) 의 의

혼인 중의 출생자는 그 신분취득이 출생에 의하느냐의 여부에 따라 생래의 혼인 중의 출생자와 준정에 의한 혼인 중의 출생자로 나눈다. '생래의 혼인 중의 출생자'란 혼인관계에 있는 남녀 사이에 태어난 출생자를 말하며, '준정에 의한 혼인 중의 출생자'란 법률상 혼인관계가 없는 남녀 사이에서 출생한 자가 그 부모의 혼인을 원인으로 하여 혼인 중의 출생자의 신분을 취득하는 것을 말한다.

(2) 혼인 중의 출생자의 추정

부모가 혼인 중에 포태한 자(子)는 이혼 후에 출생하더라도 친생자의 추정을 받는다. 부부(夫婦)의 출생자의 추정을 받기 위해서는 첫째 모가 처이어야 하고, 둘째 처가 혼인 중에 포태한 자(子)이어야 한다. 혼인 중에 포태하였다는 것을 증명하는 것은 힘들기 때문에 민법은 혼인성립의 날로부터 200일 후 또는 혼인관계 종료의 날로부터 300일 이내에 출생한 자는 혼인 중에 포태한 것으로 추정하도록 하였다(민법 제844조제2항).

(3) 부(父)를 정하는 소(訴)

부성추정이 경합하는 경우, 즉 여자가 재혼에 의하여 자녀의 출생의 날이 후혼 성립의 날로부터 200일 후이고 또한 전혼의 종료의 날로부터 300일 이내인 경우에 가정법원의 판결에 의하여 부를 결정하게 된다(가사소송법 제2조제1항 나류사건 제5호). 소의 제기권자는 자, 모, 모의 배우자 또는 그 전 배우자이다(가가소송법 제27조제1항).

소의 상대방은 자가 제기하는 경우에는 모, 모의 배우자 및 그 전 배우자이고 모가 제기하는 경우에는 그 배우자 및 전 배우자이며(가사소송법 제27조제2항) 모의 배우자가 제기하는 경우에는 모 및 그 전 배우자이며 전 배우자가 제기하는 경우에는 모 및 그 배우자이다(가사소송법 제27조제3항). 상대방이 될 자 중에 사망한 자가 있을 때에는 생존자를 상대방으로 하고 생존자가 없을 때에는 그 사망을 안 날로부터 1년 내에 검사를 상대방으로 할 수 있다(민법 제27조제4항).

(4) 친생부인(親生否認)의 소

'친생부인의 소'는 혼인 중의 출생자로 추정을 받는 자가 실질적으로는 그 부부 사이의 자가 아닌 경우에 부가 그 친생자임을 부인하는 재판절차이다. 부부의 일방은 소의 청구권자가 된다(민법 제846조). 친생부인의 소는 부가 소송을 제기하는 경우 처 또는 자가, 처가 소송을 제기하는 경우 부 또는 자가 상대방이 된다(민법 제847조제1항). 한편 자가 사망한 후에도 그 직계비속이 있는 때에도 그 모를 상대로 그 모가 없으면 검사를 상대로 하여 부인의 소를 제기할 수 있다(민법 제849조).

부인의 소도 부 또는 처가 청구하는 경우는 그 사유가 있음을 안 날로부터(민법 제847조제1항), 부 또는 처가 피성년후견인인 경우에는 그 성년후견종료의 심판이 있는 날로부터(민법 제848조제2항), 부 또는 처의 직계비속이나 직계비속이 제기하는 경우에는 그 부 또는 처의 사망을 안 날로부터 각각 2년 내에 제기하여야 한다(민법 제851조).

2) 혼인 외의 출생자

(1) 의 의

'혼인 외의 출생자'란 혼인하지 않은 남녀 사이에 출생한 자(者)를 말한다. 예를 들면 사실혼관계 · 무효혼관계(민법 제855조제1항 후단) · 사통관계 · 부첩(夫妾)관계 등으로부터 출생한 자와 혼인 중의 출생자 중 친생부인의 판결 또는 친생자관계 부존재확인의 판결에 의하여 그 친생자가 아님이 확정된 자는 혼인 외의 출생자이다. 그러나 혼인의 취소로 인하여 혼인관계가 해소된 경우에는 그 자는 혼인 외의 출생자가 되지 않는다(민법 제824조).

(2) 혼인 외의 출생자의 지위

현행법상 혼인 외의 출생자는 부의 인지를 받은 자와 받지 않은 자 사이의 법률적 지위에는 상당한 차이가 있다. 부의 인지를 받은 혼인 외의 자는 부모 쌍방에 대하여 친자 · 부양 · 상속관계가 생기며 부모 쌍방의 혈족과의 사이에는 친족관계가 인정되는 점에서 혼인 중의 출생자와 다른 점이 없다. 그러나 혼인 외의 출생자는 생부의 인지를 받기 전에는 생모의 친권에 복종하게 되지만(민법 제909조제1항) 생부의 인지를 받게 되면 부모의 협의로 친권을 행사할 자를 정하고 협의를 할 수 없거나 협의가 이루어지지 않을 경우에는 당사자의 청구에 의하여 가정법원이 이를 결정한다(민법 제909조제4항).

그리고 부의 인지를 받지 않은 혼인 외의 출생자는 모의 성과 본을 따르고 모의 가(家)에 입적하여(민법 제781조제2항) 모와의 사이에서만 친자관계가 생기고, 따라서 모의 혈족과의 사이에서만 친족·부양·상속관계가 생길 뿐이다. 만약 모두 알 수 없는 자는 법원의 허가를 얻어 성(姓)과 본(本)을 창설하고 일가를 창립한다(민법 제781조제4항 본문).

3) 인 지

(1) 의 의

'인지(認知)'란 혼인 외에 출생한 자를 그 생부 또는 생모가 자기의 자(子)라고 인정하는 행위를 말한다.

(2) 임의인지

'임의인지'란 부 또는 모가 임의로 혼인 외의 출생자를 인지하는 것을 말한다. 인지를 받는 자는 혼인 외의 출생자이다. 그러나 만약 다른 사람의 친생자의 추정을 받고 있는 경우에는 호적상의 부로부터 친생자관계가 부인된 후가 아니면 인지할 수 없으며(대법원 1968.2.27. 선고 67므34 판결), 친생자의 추정을 받지 않는 혼인 중의 출생자인 경우에는 친생자관계부존재확인의 소에 의하여(민법 제865조) 호적상의 부가 친생부가 아니면 인지신고가 수리되지 않는다. 다른 사람이 이미 인지하고 있는 경우에는 인지에 대한 이의의 소를 제기하여 확정판결이 있은 다음에 인지신고를 하여야 한다.

한편, 인지를 한 자(者)는 일단 인지한 이상 그 인지를 취소할 수 없으나 사기・강박 또는 중대한 착오로 인하여 인지한 경우에는 취소할 수 있다. 인지를 취소하려면 사기나 착오를 안 날 또는 강박을 면할 날로부터 6월 이내에 법원의 허가를 얻어야 한다(민법 제861조). 그리고 인지의 취소를 하려면 가정법원에 우선 조정을 신청하여야 하며 조정이 성립되지 않으면 판결로써 한다(가사소송법 제2조제1항).

또한, 자(子) 기타 이해관계인은 인지신고가 있음을 안 날로부터 1년 내에 인지에 대한 이의의 소를 제기할 수 있으며(민법 제862조, 가사소송법 제2조제1항 나류사건 제8호, 제28조, 제24조) 만약 부 또는 모가 사망한 때에는 그 사망을 안 날로부터 2년 내에 검사를 상대로 하여 소를 제기할 수 있다(민법 제864조).

(3) 강제인지

'강제인지'란 부모가 임의로 혼인 외의 출생자를 인지하지 않을 경우에 부모의 의사와 관계없이 재판에 의하여 강제로 인지하는 것을 말한다(민법 제863조). 소를 제기할 수 있는 자는 혼인 외의 출생자와 그 직계비속 또는 그 법정대리인이다(민법 제863조). 혼인 외의 출생자와 그 직계비속이 제한능력자이면 법정대리인이 대리하여야 한다.

소의 상대방은 첫째로 부 또는 모이고(민법 제863조), 둘째로 부 또는 모가 사망한 때에는 검사이다(민법 제864조). 검사를 상대로 하는 경우에는 부 또는 모의 사망을 안 날로부터 1년 내에 인지청구의 소를 제기하여야 한다. 인지청구를 위해서는 가정법원에 우선 조정을 신청하여야 하며(가사소송법 제2조제1항 나류사건 제9호, 제50조), 조정이 성립되면 1월내에 조정을 신청한 자가 조정조서를 첨부하여 인지신고를 하여야 한다(호적법 제63조). 조정이 성립되지 않으면 조정신청인은 제소신청을 할 수 있고(가사소송법 제49조, 민사조종법 제36조), 인지의 재판이 확정되면 소를 제기한 자(者)가 재판의 확정일로부터 1월내에 재판등본과 확정증명서를 첨부하여 그 취지를 신고하여야 한다(가족관계의 등록에 관한 법률 제63조). 인지가 성립되면 임의인지의 경우에는 인지신고가 수리되거나 또는 유언자가 사망한 때에, 강제인지의 경우에는 인지판결이 확정된 때에 각각 그 효력이 생긴다. 그 효력은 출생 시로 소급한다(민법 제860조 본문). 그러므로 그 자(子)는 출생한 때로부터 그 부모와의 사이에 부양・상속의 권리의무가 있는 것이 된다.

4) 준 정

(1) 의 의

'준정(準正)'이란 법률 상 혼인관계가 없는 부모 사이에 출생한 자(子)가 그 부모의 혼인을 원인으로 하여 혼인 중의 출생자의 신분을 취득하는 것을 말한다.

(2) 준정의 종류

준정을 크게 세 가지로 나눌 수 있다.

■ 혼인에 의한 준정 : 이는 혼인 전에 출생하여 부(父)로부터 인지를 받은 자(子)가 부모의 혼인에 의하여 준정되는 것이다.

■ 혼인 중의 준정 : 이는 혼인 전의 출생자가 그 부모의 혼인 중에 인지됨으로써 준정되는 것이다.

■ 혼인해소 후의 준정 : 이는 혼인 전의 출생자가 그 부모의 혼인 중에 인지되지 않고 있다가 그 부모의 혼인이 해소 또는 취소된 후에 인지됨으로써 준정되는 것이다.

(3) 준정의 효과

준정으로 혼인 외의 출생자는 혼인 중의 출생자가 된다. 준정의 효과에 의해 부모가 혼인한 때부터 혼인 중의 출생자로 된다고 본다.

5) 친생자관계존부확인의 소

(1) 의 의

'친생자관계존부확인의 소(訴)'란 청구권자의 청구에 의해 특정인 사이의 친생자관계의 존부를 주장하는 소를 말한다.

(2) 친생자관계존부확인의 소를 제기할 수 있는 경우

■ 허위의 출생신고를 하여 외형상 친생자관계가 존재하는 경우
■ 친생자의 추정을 받지 않은 혼인 중의 출생자가 있는 경우
■ 친생자의 추정을 받지만 포태시기에 부부가 사실상 동거하지 않은 경우
■ 호적에 기재되어 있지만 다른 부부 사이에 친생자관계가 존재하는 경우이다.

(3) 당사자적격

친생자관계존부확인의 소를 제기할 수 있는 자(者)는 부(父)를 정하는 소(민법 제845조), 친생부인의 소(민법 제846조, 제848조, 제850조,

第851조), 인지에 대한 이의의 소(민법 제862조), 인지청구의 소(민법 제863조)의 규정에 의하여 소를 제기할 수 있는 자이므로 부(夫), 부의 후견인, 부의 유언집행자, 부의 직계비속, 모, 자, 자의 법정대리인, 자의 직계비속 및 기타의 이해관계인이 된다. 자(子)가 소를 제기하는 경우에는 생존자인 부모를 상대방으로 하여야 하며 부모가 소를 제기하는 경우에는 부모 쌍방이 공동청구인이 되어야 한다. 그러나 부모 중 일방의 친생자관계부존재를 확인하려고 하는 경우에는 친생자관계가 존재하는 부 또는 모는 피청구인 적격이 없다고 본다.

2. 양 자

1) 일반입양

(1) 일반입양의 성립요건

■ 실질적 요건 : 일반입양이 성립하기 위해서는 다음과 같은 요건을 충족하여야 한다. 첫째, 당사자 사이에 입양의 합의가 있어야 한다(민법 제883조제1호). 둘째, 양친은 성년자이어야 하며(민법 제866조) 양자는 양친의 존속 또는 연장자가 아니어야 한다(민법 제877조). 셋째, 양자로 되는 사람이 13세 이상의 미성년자인 경우에는 법정대리인의 동의를 받아 입양을 승낙하여야 한다(제869조제1항). 다만 13세 미만인 경우에는 법정대리인이 그를 갈음하여 입양을 승낙한다(제869조제2항). 한편 법정대리인이 정당한 이유 없이 동의 또는 승낙을 거부하는 경우(다만 법정대리인이 친권자인 경우에는 제870조제2항(입양의 동

의)의 사유가 있어야 한다)(이 경우에는 가정법원은 법정대리인을 심문해야 한다, 제869조제4항), 법정대리인이 소재를 알 수 없는 등의 사유로 동의 또는 승낙을 받을 수 없는 경우에는 민법 제869조제1항에 따른 동의 또는 제2항에 따른 승낙이 없더라도 제867조제1항에 따른 입양의 허가를 할 수 있다(제869조제3항). 이러한 허가가 있기 전에 제867조제1항에 따른 동의 또는 제2항에 따른 승낙은 취소할 수 있다(제867조제4항). 넷째, 양자가 될 미성년자는 부모의 동의를 받아야 한다. 다만 부모가 제869조제1항에 따른 동의를 하거나 동조제2항에 따른 승낙을 한 경우, 부모가 친권상실의 선고를 받은 경우, 부모의 소재로 알 수 없는 등의 사유로 동의를 받을 수 없는 경우에는 그러하지 아니하다(제870조제1항). 한편 부모가 3년 이상의 자녀에 대한 부양의무를 이행하지 아니한 경우, 부도가 자녀를 학대 또는 유기하거나 그 밖에 자녀의 복리를 현저히 해친 경우에는 부모가 동의를 거부하더라도 제867조제1항에 따른 입양의 허가를 할 수 있다(이 경우 가정법원은 부모를 심문해야 한다)(제870조제2항). 물론 위 동의는 입양의 허가가 있기 전까지는 철회할 수 있다(제870조제3항). 다섯째, 배우자가 있는 사람은 배우자와 공동으로 입양해야 한다(제874조제1항). 그리고 배우자가 있는 사람은 그 배우자의 동의를 받아야만 양자가 될 수 있다(제874조제2항). 여섯째 양자가 될 사람이 성년인 경우에는 부모의 동의를 받아야 한다. 다만 부모의 소재를 알 수 없는 등의 사유로 동의를 받을 수 없는 경우에는 그러하지 아니하다(제871조제1항). 일곱째, 피성년후견인은 성년후견인의 동의를 받아 입양을 수 있고 양자가 될 수 있다(제873조제1항). 이 경우 미성년자의 입양 대한 규정인 민법 제867조를 준용한다(제873조제2항). 만약 성년후견인이 정당한 이유 없이 제873조제1항에 따른 동의를 거부하는 경우에 그 동의가 없어도 가정법원은 입양을 허가할 수 있다. 이때에 가정법원은 성년후견인 또는 부모를 심문해야 한다(제873조제3항).

■ 형식적 요건 : 입양은 가족관계등록 등에 관한 법률에 정한 바에 의하여 신고함으로써 효력이 생기며(민법 제878조), 이때의 신고는 당사자 쌍방과 성년자인 증인 2인의 연서한 서면으로 하여야 한다.

(2) 일반입양의 효과

일반입양에 의하여 양자와 양부모 및 양부모의 친족 사이에 부양관계와 상속관계가 발생한다. 다만 일반입양의 경우 친양자의 경우와는 달리 양자의 종래의 친족관계에는 영향을 미치지 않는다. 양자의 가족관계증명서 부모란에는 친생부모와 양부모가 함께 기재되고 입양관계증명서에도 양부, 양모, 양자의 성명과 입양신고일 등이 기재되며, 양부모의 가족관계증명서 자녀란에도 양자가 자녀로 기재된다. 또한 양자는 친생부모의 친권을 벗어나 양부모의 친권에 따르게 된다(민법 제909조제1항 후단).

2) 친양자

(1) 친양자 입양의 요건

친양자입양이 성립하기 위해서는 다음과 같은 요건을 충족하여야 한다. 첫째, 3년 이상 혼인 중인 부부로서 공동으로 입양하여야 하나, 부부의 일방이 배우자의 친생자를 친양자로 하는 경우에는 1년 이상의 혼인 지속기간이 요구된다(민법 제908조의2제1항제1호). 둘째, 친양자가 될 사람이 미성년자일 것(제908조2제1항제2호). 셋째, 친양자가 될 사람의 친생부모가 친양자 입양에 동의할 것. 다만, 부모가 친권상실의 선고를 받거나 소재를 알 수 없거나 그 밖의 사유로 동의할 수 없는 경우에는 그러하지 아니한다(제908조2제1항제3호). 넷째, 친양자가 될 사람이 13세 이상인 경우에는 법정대리인의 동의를 받아 입양을 승낙할 것(제908조2제1항제4호). 다섯째, 친양자가 될 사람이 13세 미만인 경우에는 법정대리인이 그를 갈음하여 입양을 승낙할 것(제908조2제1항제5호).

한편 법정대리인이 정당한 이유 없이 동의 또는 승낙을 거부하는 경우(다만 법정대리인이 친권자인 경우에는 제2호 또는 제3호의 사유가 있어야 함) 또는 친생부모가 자신에게 책임이 있는 사유로 3년 이상 자녀에 대한 부양의무를 이행하지 아니하고 면접교섭을 하지 아니한 경우에는 가정법원은 민법 제908조2제1항제3호·제4호에 따른 동의 또는 같은 항제5호에 따른 승낙이 없어도 가정법원은 같은 조제1항의 청구를 인용할 수 있다(다만 법정대리인이 친권자인 경우에는 같은 항제2호 또는 제3호의 사유가 있어야 함)(제908조의 2제2항). 그리고 가정법원은 친양자가 될 사람의 복리를 위하여 그 양육상황, 친양자 입양의 동시, 양부모의 양육능력 그 밖의 사정을 고려하여 친양자 입양이 적당하지 아니하다고 인정되는 경우에는 같은 조제1항의 청구를 기각할 수 있다(제908조의2제3항).

(2) 친양자 입양의 효과

친양자는 부부의 혼인 중의 출생자의 지위를 가지게 되므로 친양자의 입양 전의 친족관계는 친양자 입양이 확정된 때에 종료한다. 다만 부부의 일방이 그 배우자의 친생자를 단독으로 입양하는 경우에는 배우자 및 그 친족과 친생자간의 친족관계는 그러하지 아니하다(민법 제908조의 3제2항). 친양자와 양부모 및 양부모의 친족 사이에 부양관계와 상속관계가 발생하며, 가족관계증명서에도 친양자는 양친의 친생자로 기재된다.

사례문제

사례 1. 해외거주 중인 부부의 협의이혼방법

▌오래 전부터 가족들과 함께 미국에 이민을 가서 살고 있는데 남편과의 불화로 인하여 서로 이혼하기로 합의하였다. 이 경우 이혼하려면 한국으로 가서 해야만 하는지?

외국에 거주하고 있는 한국인 부부의 협의이혼은 그 거주지를 관할하는 재외공관의 장에게 협의이혼의사확인을 신청할 수 있고 그 지역을 관할하는 재외공관이 없는 때에는 인접하는 지역을 관할하는 재외공관의 장에게 신청할 수 있다. 협의이혼의사의 확인신청을 받은 재외공관의 장은 당사자 쌍방에게 이혼의사의 존부 및 미성년자인 자녀가 있는 경우에는 그 자녀에 대한 친권행사의 지정여부를 확인하고 그 요지를 기재한 서면을 작성하여 기명·날인한 후 이를 신청서에 첨부하여 가정법원에 송부한다. 서류를 송부 받은 가정법원은 서류에 의해 이혼의사가 확인되면 확인서 등본을 재외공관의 장에게 송부하게 되고 재외공관의 장은 이를 당사자 쌍방에게 교부 또는 송부하여야 한다(호적법시행규칙 제88조).

당사자들은 위 확인서 등본을 교부받아 한국의 본적지나 대한민국 재외공관의 장에게 이혼신고를 할 수 있다(호적법 제39조). 재외공관의 장이 서류를 수리한 때에는 1개월 이내에 외교통상부장관을 경유하여 이를 본인의 본적지 시·읍·면의 장에게 발송하여야 한다. 〈출처 : 법률구조공단 사례에서〉

사례 2. 결혼한 당사자 일방이 임의적으로 혼인신고를 할 수 있는지

■ 1년 전 결혼하였으나 남편이 혼인신고에 동의를 하지 않고 있다. 혼자서 일방적으로 혼인신고를 할 수 있는지?

민법 제815조에 의하면 ① 당사자 간에 혼인의 합의가 없는 때 ② 혼인이 제809조제1항의 규정을 위반한 때 ③ 당사자 간에 직계인척관계(직계인척관계)가 있거나 있었던 때 ④ 당사자 간에 양부모계의 직계혈족관계가 있었던 때에 해당하는 경우의 혼인은 무효로 규정하고 있다. 따라서 혼인은 당사자의 자유롭고 진정한 의사의 합치로 이루어져야 하므로 혼자서 일방적으로 혼인신고를 할 수 없다.

다만, 남편과 정식으로 결혼식을 올리고 지금도 살고 있다는 사실을 입증하여 남편 주소지 관할 가정법원에 사실상혼인관계존재확인의 청구를 하여 판결을 받은 후 판결문에 근거하여 혼인신고를 할 수 있다(가사소송법 제2조제1항 나류 제1호). 그렇지만 위와 같은 소송을 통하여 혼인신고를 하면 남편의 감정이 상할 염려가 있으니 우선 남편과 합의하여 혼인신고 하도록 노력하는 것이 좋을 듯하다.

또한, 판례는 "사실상 혼인관계는 사실상의 관계를 기초로 하여 존재하는 것이므로 당사자 일방의 의사에 의하여 해소될 수 있고 당사자 일방의 파기로 인하여 공동생활의 사실이 없게 되면 사실상의 혼인관계는 해소되는 것이다"라고 하였으므로(대법원 1977. 3. 22. 선고 75므28 판결) 사실상혼인관계존재확인청구가 인용되기 위해서는 사실심변론 종결 시까지 사실혼관계가 유지·존속되어야만 할 것이고 소송계속중이라도 당사자 일방의 의사표시에 의하여 사실혼관계가 해소되면 결과적으로 과거의 사실혼관계의 존재확인을 구하는 셈이 되어 확인의 이익이 부정될 수 있다는 점을 유의하여야 할 것이다. 〈출처 : 법률구조공단 사례에서〉

사례 3. 병원비와 일상가사대리권

■ 甲녀의 남편인 乙이 갑자기 병원에 입원하여 긴급히 병원비가 필요하여 丙에게 2,000만원을 빌렸다. 이에 丙은 甲에게 병원비를 갚을 것을 요구하였으나 돈이 없다고 차일피일 미루고 있다. 그리고 甲에게는 부동산 등 재산이 없다. 이 경우 丙은 乙에게 병원비를 청구할 수 있나?

통상적으로 의료비, 식료품비, 교육비, 광열비 등은 사무적으로 일상가사의 범위에 속하는 비용으로 볼 수 있다. 따라서 甲이 빌린 乙의 병원비는 당연히 乙이 변제할 의무가 있다. 따라서 丙은 乙에게 병원비청구를 하고 이를 갚지 않을 경우에는 乙의 부동산에 대하여 가압류조치를 할 수 있다.

사례 4. 실종선고 후 재혼의 취소

■ 甲녀는 남편 乙이 선원으로서 원양어선을 승선하여 항해하던 중 선박이 실종된 후 3년 동안 소식이 없어 법원에 실종선고를 신청한 후 실종선고를 받았다. 그 후 호적을 정리한 후 이 사실을 모르는 丙과 혼인신고를 하고 현재 부부로 살고 있다. 그러나 최근에 실종선고된 乙이 살아서 돌아와 실종선고를 취소하고 과거혼인을 부활하려고 한다. 甲녀는 어떻게 되는가?

실종된 乙이 생환하여 실종선고가 취소하고 전혼을 부활하려고 하여도 실종선고를 모르고 혼인한 丙과의 혼인은 그대로 유지되고 법적으로 전혼관계도 부활되지 않는다. 따라서 갑은 乙의 생존사실을 몰랐고 현남편인 丙이 을의 생존사실을 모른 경우이므로 甲과 丙의 혼인은 취소되지 않고 유지된다.

사례 5. 사실혼과 손해배상청구

▌甲녀는 35세로서 3년 전 친구의 소개로 사업하는 乙남을 만나 결혼식을 올리고 혼인신고를 하지 않은 채 지금까지 살고 있다. 그런데 2년 전부터 乙남은 외박이 잦아지면서 내연녀가 생긴 것으로 보인다. 기어이 최근에는 乙남이 결혼생활을 정리할 것을 요구하였다. 이 경우에 甲녀는 乙남에게 혼인파기에 따른 손해배상청구를 할 수 있나?

사실혼의 경우에도 법률혼의 여러 법적 효력이 유추적용 또는 준용된다. 따라서 재산분할청구 및 혼인의 파탄시 손해배상청구권이 발생한다. 따라서 甲녀는 乙남의 혼인파기에 따른 손해배상청구 및 재산분할 청구를 할 수 있다(대법원 1995. 3. 28. 선고 93므1584 판결, 1989. 2. 14. 선고 88므146 판결 참조).

사례 6. 이혼시 자녀양육권

▌甲녀는 남편과 이혼하면서 독자인 아들을 양육하길 원한다. 방법은?

민법은 이혼시 부부는 동등하게 양육할 권리(양육권)를 갖는다. 이혼시 친권과 양육에 관한 사항은 이혼당사자가 협의에 의하여 정하고 협의할 수 없는 경우에는 당사자의 청구에 의하여 가정법원이 정하도록 규정하고 있다(민법 제837조). 당사자의 청구가 있으면 가정법원은 자녀의 연령, 부모의 재산상황, 자녀에 대한 부모의 애정정도, 자녀의 의사 등 여러 가지 사정을 참작하여 친권자 및 양육에 관한 사항을 정하게 된다. 만약 甲녀가 자녀를 양육할 경우에는 이혼한 남편은 자녀의 부로서 자녀를 양육할 의무가 있기 때문에 양육비를 지불할 의무가 있다.

사례 7. 부모 모두 사망시 후견인

■ 甲은 독자로서 부모님이 교통사고로 사망하였다. 그리고 甲은 할아버지, 작은 아버지가 있다. 누가 후견인이 되는가?

민법상 후견인제도는 친권에 의하여 보호받을 수 없는 미성년자와 피한정후견인, 피성년후견인 등을 보호할 목적으로 한다. 미성년자의 후견인은 부모의 유언으로 지정되는 지정후견인이 있고 지정후견인이 없는 경우에는 직계혈족, 3촌 이내의 방계혈족 순위로 한다. 따라서 위의 경우 할아버지가 작은 아버지보다 우선순위이기 때문에 할아버지가 후견인이 된다.

생각할 문제

문제 1. 갑은 을이란 남자를 알게 되어 서로 잠시 교제를 하였으나 을이 낭비가 심하고 무책임한 사람임을 알고 헤어졌는데 얼마 후 갑이 호적등본을 발급받아보니 갑과 을이 혼인한 것으로 기재되어 있었다. 갑은 혼인무효확인을 받을 수 있을까?

문제 2. 갑과 을은 부부사이인데 얼마 전부터 갑이 회사의 여직원과 불륜의 관계를 맺고 있음을 알고 갑에게 이혼을 제의 했는데 갑은 이혼을 못하겠다고 한 경우 어떻게 이혼을 할 수 있을까?

문제 3. 이혼을 하게 되면 위자료는 누가 내야 하는 걸까?

제10강 상속관계와 법

1. 상속 · 상속권의 의미
2. 상속개시의 원인 · 시기 · 장소
3. 상속회복청구권
4. 상속인
5. 상속의 효과
6. 공동상속
7. 상속분
8. 상속재산의 분할
9. 상속의 승인과 포기
10. 유언

제10강 상속관계와 법

1. 상속 · 상속권의 의의

'상속'이란 사람의 사망으로 일정한 사람이 망자(亡者)의 재산 등을 포함하는 권리의무를 포괄적으로 승계하는 것을 말하며 '상속권'이란 일반적으로 상속개시 이전에 상속인이 갖는 기대권을 의미한다.

2. 상속개시의 원인 · 시기 · 장소

상속은 자연인의 사망으로 발생하며(민법 제997조) 사망의 경우만이 상속의 개시원인이다. 여기서 사망은 인정사망과 실종선고를 포함하는데 실종선고에 의한 사망의 의제는 실종기간이 만료한 때에 발생한다

(민법 제28조). 상속개시의 장소는 피상속인의 주소지다(민법 제998조). 상속개시의 장소는 상속사건과 파산사건의 재판관할을 확정하는데 필요하다. 만약 피상속인의 주소를 알 수 없을 때에는 거소를 기준으로 하며 만약 거소를 알 수 없을 때에는 사망지를 상속개시의 장소로 본다.

3. 상속회복청구권

1) 상속회복청구권의 의의

'상속회복청구권'이란 진정한 상속인이 그 상속권의 행사를 방해하는 자에 대하여 상속권을 주장함으로써 현실적으로 상속권의 내용을 실현시키는 청구권을 말한다.

2) 회복청구권자

상속회복청구권자는 상속권자 또는 그 법정대리인이다(민법 제999조 제1항). 그 청구권자가 다수인 경우에는 전원이 공동으로 상속회복청구권을 행사할 필요는 없다. 한편 진정상속인으로부터 상속분을 양도받은 자(者)는 상속인에 준하여 상속회복청구권이 있으나 상속인의 특정승계인은 권리자로 보기 어렵다. 그리고 상속개시 후 인지 또는 재판의 확정에 의하여 정해진 공동상속인도 상속개시의 시기부터 다른 자와 함께 상속회복청구권을 갖는다고 본다. 단지 상속재산의 분할 이후 또는 상속재산의 처분 이후에는 자기 상속분에 상당한 가액의 지급청구를 할 수 있다(민법 제1014조).

3) 상속회복청구권의 상대방

상속회복청구권은 상속재산반환청구권이므로 사실상 상속재산을 점유하여 상속권을 침해하고 있는 자가 그 상대방이 된다. 예컨대 참칭상속인(표현 상속인), 즉 상속인으로 믿게 만든 자(者) 또는 상속인이라고 참칭하여 상속재산의 전부나 일부를 점유하는 자(者)가 우선 상속회복청구권의 상대방이 된다. 또한 상속권을 주장하지 않고 상속재산을 점유하는 자 특정의 권원을 주장하여 상속재산을 점유하는 자 그리고 다른 상속인의 상속분을 침해하는 공동상속인이 그 상대방이 된다. 또한 위와 같은 상대방으로부터 상속재산을 전득한 제3자도 상속회복청구권의 상대방이 된다.

4) 상속회복청구권의 행사

상속회복청구권은 청구권자가 상속인으로서 승계한 반환청구를 내용으로 하며 민사소송법에 의한 소로서 행사하게 한다. 이 때 상속회복이란 명칭을 꼭 사용할 필요는 없다. 또한 회복의 목적이 된 재산을 일일이 열거할 필요도 없다. 청구인이 제기한 소가 승소확정이 되면 참칭상속인은 진정상속인에게 그가 점유한 상속재산을 반환하고 공동상속인이면 상속재산의 분할청구에 응해야 하며 다수의 진정상속인이면 이들 상속인의 상속분에 따라 반환해야 한다. 또한 상속에서 제외된 상속인이 청구한 때에는 반대로 상속분을 침해한 공동상속인의 상속분에 따라 반환해야 한다. 이때에 참칭상속인이 악의이면 취득한 모든 재산과 과실(果實)·사용이득도 반환해야 한다(민법 제201조제2항).

5) 상속회복청구권의 소멸

상속회복청구권은 그 침해를 안 날로부터 3년, 상속권의 침해행위가 있는 날로부터 10년을 경과하면 소멸된다. 예를 들면 혼인 외의 출생자가 인지청구를 하였을 때에 인지판결확정일이 침해를 안 날이다. 또한 위의 기간은 제척기간으로 본다. 따라서 그 기간의 중지가 인정되지 않기 때문에 그 기간이 경과하면 상속회복청구권은 당연히 소멸한다.

4. 상속인

1) 상속인의 범위와 순위

(1) 상속인의 범위

상속인의 범위는 피상속인(死者)의 직계비속 · 직계존속 · 형제자매 · 4촌 이내의 방계혈족 및 배우자이다. 여기서 '배우자'란 사실상 혼인관계에 있는 자가 아닌 법률상 혼인관계에 있는 자를 의미한다.

(2) 상속인의 순위

■ 〈제1순위〉 피상속인의 직계비속(민법 제1000조제1항제1호) : 직계비속이 수인(數人)있는 경우에 촌수가 같으면 그 직계비속들은 동순위로 상속인이 되고(민법 제1000조제2항 전단) 촌수가 다르면 촌수가 가까운 직계비속이 먼저 상속인이 된다(민법 제1000조제2항 후단). 여기서 직계비속에 대해서는 자연혈족 또는 법정혈족을 모두 포함하며 태아는 상속에 관하여 이미 출생한 것으로 본다(민법 제1000조제3항).

■ 〈제2순위〉 피상속인의 직계존속(민법 제1000조제1항제2호) : 직계존속이 여러 명인 경우에 촌수가 같으면 동 순위이고 촌수가 다르면 최근친이 우선순위이다.

■ 〈제3순위〉 피상속인의 형제자매(민법 제1000조제1항제3호) : 형제자매가 여러 명인 경우에 공동상속인이 되며 태아는 이미 출생한 것으로 본다. 또한 형제자매의 직계비속은 대습상속이 인정된다(민법 제1001조).

■ 〈제4순위〉 피상속인의 3, 4촌 이내의 방계혈족(민법 제1000조제1항제4호).

■ 〈배우자의 상속순위〉 직계비속과 동순위이며 직계비속이 없으면 직계존속과 동순위 : 배우자는 피상속인의 직계비속과 동순위로 직계비속이 없는 경우에는 직계존속과 동순위로 공동상속인이 되며 피상속인의 직계비속·직계존속도 없으면 단독상속인이 된다. 여기서 '배우자'란 법률상 배우자를 의미한다.

■ 〈국가의 상속순위〉 위의 상속인이 없고 특별연고자의 분여청구가 없으면 국가 귀속 : 위의 5종류의 상속이 없고 특별연고자의 분여청구가 없는 경우에는 재산상속인이 없는 상태가 발생하여 상속재산은 국가에 귀속하게 된다(민법 제1058조).

2) 대습상속

'대습상속'이란 상속인이 될 사망자의 직계비속 또는 형제자매가 상속개시 전에 사망하거나 결격자가 된 경우에 그 직계비속이 있는 때에는 그 직계비속이 사망하거나 결격된 자의 순위에 갈음하여 상속인이 되고 (민법 제1001조) 상속개시 전에 사망 또는 결격된 자의 배우자도 그 직계비속과 함께 동순위로 공동상속인이 되며 그 직계비속이 없을 때에는 단독상속인이 되는 것을 말한다. 대습상속이 발생하기 위해서는 첫째 상속인이 상속개시 이전에 사망하거나 결격자가 될 것, 둘째 상속인의 직계비속 또는 배우자가 있을 것, 셋째 상속인이 직계비속 또는 형제자매일 것 등이 존재하여야 한다. 대습자(상속인의 직계비속 또는 배우자)는 피대습자(상속인)에 예정된 상속분을 상속하게 된다.

3) 상속능력

'상속능력'이란 상속인이 될 수 있는 자격을 말한다. 이러한 상속능력은 자연인에 대해서 인정되고 법인에 대하여는 인정되지 않는다. 태아의 경우 상속순위에 관하여 이미 출생한 것으로 보기 때문에(민법 제1000조제3항) 상속능력이 인정된다. "이미 출생한 것으로 본다"에 관한 의미에 대하여 크게 정지조건설과 해제조건설로 나누는데 판례는 태아가 살아서 출생한 경우에 한하여 상속개시까지 소급하여 상속능력이 인정되는 정지조건을 따르고 있다(대법원 1949.4.19. 선고 4281민상197 판결).

4) 상속결격

'상속결격'이란 상속인에게 법률로 정한 결격사유가 있을 때 법원의 판결과 관계없이 법률상 당연히 상속인의 상속자격이 상실되는 것을 말한다.

상속결격사유는 다음과 같다.

- 고의로 직계존속, 피상속인, 그 배우자 또는 상속의 선순위자나 동순위자를 살해하거나 살해하려 한 자(민법 제1004조제1호)
- 고의로 직계존속 · 피상속인과 그 배우자에게 상해를 가하여 사망

에 이르게 한 자(민법 1004조제2호)

- 사기 · 강박으로 피상속인의 양자 기타 상속에 관한 유언 또는 그 철회를 방해한 자(민법 제1004조제3호)
- 사기 또는 강박으로 피상속인의 양자 기타 상속에 관한 유언을 하게 한 자(민법 1004조제4호)
- 피상속인의 양자 기타 상속에 관한 유언서를 위조 · 변조 · 파기 또는 은닉한 자(민법 1004조제5호)

위와 같은 결격사유가 존재하면 그 상속인은 상속할 자격을 상실하게 된다. 결격사유의 발생은 상속개시의 전 · 후와 관계없이 그 상속인은 상속자격이 개시시기에 소급하여 무효가 된다. 한편 상속결격자는 수증결격자도 되므로(민법 제1064조) 유증을 받을 수 없다. 그리고 결격사유는 결격자의 자신에게만 국한하여 그 효력이 미치므로 결격자의 직계비속 또는 배우자는 대습상속을 받는데 장애가 되지 않는다.

5. 상속의 효과

1) 포괄적 권리 · 의무의 승계

상속인은 상속이 개시된 때부터 피상속인의 재산에 관한 포괄적 권리 의무를 승계한다(민법 제1005조 본문). 그러나 피상속인의 일신(一身)에 관해 전속한 것은 승계하지 않는다(민법 제1005조 단서). 승계할 수 없는 것을 예를 들면 다음과 같다. 약혼해제, 혼인의 무효 · 취소, 이혼, 입양의 무효 · 취소, 파양을 원인으로 한 위자료청구권은 당사자 사이에 이미 배상에 관한 계약이 성립되거나 재판을 청구하지 않은 경우는 상속되지 않는다(민법 제806조). 또한 생명보험수익자의 지위, 사망퇴직금, 신원보증채무 등도 상속되지 않는다. 그러나 이미 발생한 손해배상채무는 상속된다(대법원 1959.11.26. 선고 4292민상178 판결).

2) 분묘 등의 승계

분묘에 속한 1정보 이내의 금양임야(禁養林野) : 벌목을 금지하고 나무를 기르는 임야)와 600평 이내의 묘토인 농지, 족보와 제구의 소유권은 상속재산과 구별하여 제사를 주재하는 자가 이를 승계한다(민법 제1008조의3).

6. 공동상속

'공동상속'이란 수인의 공동상속인이 상속재산을 분할하고, 승계하는 것을 말한다. 상속재산에는 당연히 채권·채무를 포함한다. 그리고 공동상속인은 각자의 상속분에 응하여 피상속인의 권리의무를 승계하지만(민법 제1007조) 분할을 할 때까지 상속재산은 상속인들의 공유(共有)가 된다(민법 제1006조).

7. 상속분

1) 상속분의 의의

'상속분'이란 공동상속의 경우에 상속재산 전체에 대하여 수인의 공동상속인이 배당받을 몫의 비율을 말한다. 상속분은 크게 지정상속분과 법정상속분으로 나누며 상속분이 문제되는 것은 공동상속이면서 사망자가 유언으로 유산분배처분을 하지 않는 경우이다.

2) 지정상속분

'지정상속분'이란 피상속인이 유언으로 유증을 받은 수증자의 수증재산을 말한다. 이와 같은 지정상속이 유류분에 반하는 것이면 유류분 권리자는 그 침해에 대한 반환청구를 할 수 있다(민법 제1115조). 한편 상속채무의 부담비율을 유언으로 지정할 수 없다.

3) 법정상속분

'법정상속분'이란 피상속인이 공동상속인의 상속분을 지정하지 않았을 때에 민법이 정한 상속분을 말한다.

(1) 동순위 사이의 상속분

동순위의 상속인은 균등하게 상속분을 갖는 것이 원칙이다(민법 제1009조제1항). 혼인 외의 자와 혼인 중의 자 사이, 장남과 차남 사이, 기혼녀와 미혼녀 사이에는 차별이 없다.

(2) 배우자의 상속분

피상속인의 배우자의 상속분은 직계비속과 공동으로 상속하는 경우에 직계비속의 상속분의 5할을 가산하고 직계존속과 공동으로 상속하는 경우에도 직계존속의 상속분의 5할을 가산한다(민법 제1009조제2항). 최근에 배우자의 상속분을 상향하는 법안이 제기되었다.

(3) 대습상속인의 상속분

대습상속인의 상속분은 피대습상속인(상속인)의 상속분에 의한다(민법 제1010조제1항). 피대습상속인이 여러 명인 경우에도 그 상속분은 피대습상속인의 상속분의 범위에서 각자의 법정상속분에 의하여 결정된다.

4) 상속분의 산정

(1) 특별수익자의 상속분

민법은 "공동상속인 중에 피상속인으로부터 재산의 증여 또는 유증을 받은 자가 있는 경우에 그 수증재산이 자기의 상속분에 달하지 못한 때에는 그 부족한 부분의 한도에서 상속분이 있다"(민법 제1008조)고 규정되어 있다. 이것을 수증자 또는 유증을 받은 자의 반환의무라고 한다. 그러나 수증재산이 상속분을 초과한 경우에는 그 초과부분은 반환하여야 한다. 반환의무를 지는 수증자 또는 유증 받는 자는 상속을 승인한 공동상속인이다. 따라서 상속을 포기한 자는 반환의무를 지지 않고 다른 공동상속인의 유류분을 해하지 않는 한 증여 또는 유증에 의하여 취득한 재산을 완전히 보유할 수 있다. 그리고 공동상속인인 한 피상속인의 직계비속인지 아닌지는 묻지 않는다. 공동상속인의 반환의무는 공동상속인이 유증 또는 증여를 받은 경우에만 발생하고 그 공동상속인의 직계비속, 배우자, 직계존속이 유증 또는 증여를 받은 경우에는 그 공동상속인이 반환의무를 지지 않는다.

공동상속인 중에 특별수익자가 있는 경우 각 공동상속인의 구체적 상속분의 산정은 상속개시 시에 현존하는 상속재산의 가액(A)에 특별수익인 생전증여의 가액(B)을 가산하며 그것을 각 공동상속인 별도 상속분률(C)로 나누어서 각 공동상속인의 상속분을 산출한 후 이 각 상속분으로부터 특별수익자의 생전증여(B)와 유증(D)의 가액을 각각 뺀 잔액(E)을 합친 총 잔액(F)을 가지고 그 총 잔액에 대한 특별수익자와 그 밖의 공동상속인의 상속분을 산정한 것이 이른바 구체적인 상속분(G)인 것이다.

- 각 공동상속인의 상속분잔액 : E=(A+B)×C-(B+D)
- 공동상속인의 상속분 총 잔액 : F=E1+E2+...En
- 특별수익자 등의 구체적 상속분 : G=E1/F(E2/F......En/F)

(2) 기여상속인의 상속분

'기여상속인의 상속분'이란 공동상속인 중에 피상속인의 재산의 유지 또는 증가에 관하여 특별히 기여하거나 피상속인을 특별히 부양한 자(者)에게 기여상속인의 기여분을 공제한 것을 상속재산으로 하여 상속분을 산정하여 이 산정된 상속분에 기여분을 더한 액을 말한다. 따라서 기여분권리자는 공동상속인 중에 피상속인의 재산의 유지 또는 증가에 관하여 특별히 기여한 자(者)를 지칭한다. 위에서 언급된 기여분은 공동상속인의 협의에 의해 결정하며(민법 제1008조의2제1항) 협의가 없을 때에 가정법원이 기여분권리자의 청구에 의해 기여분을 결정하게 된다(민법 제1008의2제2항). 위와 같은 기여분의 산정은 기여의 시기・방법 및 정도와 상속재산의 액 기타의 사정을 참작해야 한다. 한편 기여분은 상속이 개시된 때의 피상속인의 재산가액에서 유증의 가액을 공제한 액을 넘지 못한다(민법 제1008조의2제3항). 이 제한은 기여분보다는 유증을 우선시키기 위한 것이다. 주의할 것은 기여분과 유류분과는 상호관계가 없다.

(3) 상속분의 양도 · 양수

'상속분의 양도'는 공동상속인 중에서 자기의 상속분을 매각하는 것을 말하며 '상속분의 양수'는 공동상속인 중에 자기의 상속분을 매각할 자가 있을 때에 다른 공동상속인이 그 가액과 양도비용을 상환하고 그 상속분을 양수하는 것을 말한다. 상속분의 양도로서 양수인은 상속인과 같은 지위에 있게 되며 상속재산의 관리는 물론 상속재산의 분할에 참여할 수 있다.

한편, 상속분의 양수가 있기 위해서는 첫째 상속분의 양도, 둘째 공동상속인 이외의 제3자에 대하여 상속분의 양도, 셋째 상속분의 양도가 상속재산분할 이전에 존재 했어야 한다. 이러한 양수권의 행사는 상속분의 양수인 또는 전득자에 대한 일방적 양수의 의사표시로써 한다. 양수권의 행사에 의하여 제3자에게 양도되었던 상속분은 양수인 이외의 공동상속인 전부에게 그 상속분에 응하여 귀속하며 그 양수권의 행사에 사용된 상속분의 가액과 비용도 공동상속인이 부담하게 된다.

8. 상속재산의 분할

1) 의 의

'상속재산의 분할'이란 상속개시로 인하여 발생한 공동상속인 사이에 상속재산의 과도적 공유(共有)관계를 종료시키고 상속분에 응하여 그 배분 · 귀속을 확정시키는 일종의 청산행위를 말한다.

2) 요 건

상속재산의 분할이 발생하기 위해서는 다음과 같은 요건이 있어야 한다.

- 상속재산에 있어서 공유관계가 존재할 것
- 공동상속인이 확정될 것
- 분할의 금지가 없을 것

한편, 피상속인은 유언으로 상속개시의 날로부터 5년을 초과하지 않는 기간 내에 상속재산의 분할을 금지할 수 있다(민법 제1012조 후단).

3) 분할방법

(1) 유언에 의한 분할

피상속인은 유언으로 상속재산의 분할방법을 정하거나 이를 정할 것을 제3자에게 위탁할 수 있다(민법 제1012조 전단). 우선적으로 협의에 의해 분할하고 협의가 이루어지지 않을 때에는 가정법원의 조정 또는 심판에 의하여 분할할 수 있다.

(2) 협의에 의한 분할

유언에 의한 분할방법의 지정이 없거나 분할금지가 없는 한 분할요건이 갖추어지면 협의에 의해 상속재산을 분할할 수 있다(민법 제1013조 제1항). 협의가 성립하기 위하여 모든 공동상속인의 합의가 있어야 되며 그 합의에 하자가 있으면 무효이다.

(3) 조정 또는 심판에 의한 분할

공동상속인 사이에 상속재산분할의 협의가 없을 때에는 가정법원에 분할을 청구해야 되며 이에 앞서 조정이 선행되어야 한다(가사소송법 제2조

제1항 마류사건 제10호). 상속재산의 평가는 상속재산의 분할시를 표준으로 한다. 한편 상속재산 중 현물로 분할할 수 없거나 분할로 인하여 현저히 그 가액이 감소될 염려가 있을 때에는 법원에 해당 물건의 경매를 신청할 수 있다.

4) 분할의 효과

상속재산의 분할은 상속의 개시 시에 소급되어 그 효력이 발생한다(민법 제1015조 본문). 그러나 상속재산의 분할로 제3자의 권리를 해할 수 없다(민법 제1015조 단서). 한편 피상속인의 사망 후 인지 소송으로 인지가 확정되면(민법 제864조) 그 인지의 효력은 출생 시에 소급하므로 인지된 자(子)는 상속개시 당시부터 상속인이었던 것으로 된다.

따라서 인지 또는 재판의 확정 전에 이미 다른 공동상속인 사이에서 상속재산의 분할을 한 경우에는 분할을 다시 하는 것은 제3자에게 해를 줄 염려가 있고 또 인지의 소급효는 "제3자의 취득한 권리를 해하지 못한다"(민법 제860조 단서)고 규정하고 있으므로 분할의 효력은 그대로 유지 된다.

9. 상속의 승인과 포기

1) 서 설

'상속의 포기'는 상속의 효력의 부인, 즉 피상속인의 권리・의무가 자기에게 이전되는 상속의 효력을 상속개시까지 소급하여 소멸시키는 의사표시이며 상속의 승인은 상속의 포기를 하지 않는다는 의사표시이다. 상속의 승인에는 '단순승인'과 '한정승인'이 있다. 상속의 승인・포기는 상대방 없는 일방적 의사표시로 그 행사자는 재산상 행위능력이 있어야 한다. 따라서 미성년자와 피한정후견인는 법정대리인의 동의를 얻거나 법정대리인이 대행하여 이를 할 수 있다. 후견인이 피후견인을 대리하여 상속의 승인·포기를 하거나 그 행위에 동의를 할 때는 후견감독인이 있으면 그의 동의를 받아야 한다(민법 제950조제1항제6호).

상속의 승인·포기를 할 수 있는 기간은 상속인이 상속개시가 있음을 안 날로부터 3개월 이내에 해야 되지만 상속인은 상속채무가 상속재산을 초과하는 사실을 중대한 과실 없이 그 기간 내에 알지 못하고 단순승인을 한 경우에는 그 사실을 안 날로부터 3개월 내에 한정승인을 할 수 있다(민법 제1019조제3항). 이 기간은 조사의 필요상 또는 상속인이 멀리 있는 것을 예상하여 이해관계인 또는 검사의 청구로 가정법원이 3개월의 기간을 연장할 수 있다(민법 제1019조제1항 단서). 또한 상속인은 상속의 승인 또는 포기를 하기 전에 상속재산을 조사할 수 있다(민법 제1019조제2항). 또한 상속의 승인·포기를 하면 3개월의 기간 내에도 이를 취소할 수 없다(민법 제1024조제1항). 그러나 무능력·사기·강박·착오 등의 원인이 있으면 이를 취소할 수 있다. 한정승인과 포기의 취소는 그 신고가 수리된 가정법원의 심판으로 하며 단순승인의 취소는 그 이해관계인에 대하여 하면 된다.

2) 단순승인

(1) 의 의

'단순승인'이란 피상속인의 권리·의무를 무제한·무조건으로 승계하는 상속형태 또는 이것을 승인하는 상속방법을 말한다. 상속인이 한정승인도 포기도 하지 않고 3개월의 고려기간이 지나면 단순승인을 한 것으로 본다(민법 제1026조 2호).

(2) 법정 단순승인

다음과 같이 법률로 정한 경우에 상속인은 단순승인으로 본다(민법 제1026조).

- 상속인이 상속재산에 관한 처분행위를 한 때(민법 제1026조제1호)
- 상속인이 민법 제1019조제1항의 기간 내에(3월) 한정승인 또는 포기하지 아니한 때(민법 제1026조제2호)
- 상속인은 한정승인 또는 포기를 한 후에 상속재산을 은닉하거나 부정, 소비하거나 고의로 재산목록에 기입하지 않은 때(민법 제1026조 3호)

(3) 단순승인의 효과

피상속인의 일신전속권을 제외한 모든 권리의무는 상속인이 승계한다. 따라서 상속인의 고유재산과 상속재산은 혼동(混同)한다. 상속인은 소극재산에 대해서도 책임을 지기 때문에 피상속인의 채무도 부담한다.

3) 한정승인

(1) 의 의

'한정승인'이란 상속인이 상속으로 인하여 얻은 재산의 한도에서 피상속인의 채무와 유증을 변제하는 상속형태 또는 그와 같은 조건으로 상속을 승인하는 것을 말한다(민법 제1028조).

(2) 방 식

상속인이 수인인 때에는 각 상속인은 상속으로 취득할 재산의 한도에서 피상속인의 채무와 유증을 변제할 것을 조건으로 상속을 승인할 수 있다(민법 제1029조). 그리고 상속인이 한정승인을 하려면 3개월의 기간 내에 상속재산의 목록을 첨부하여 가정법원에 한정승인의 신고를 하여야 한다(민법 제1030조).

(3) 효 과

한정승인을 한 상속인은 상속에 의하여 얻은 재산의 범위 내에서만 피상속인의 채무와 유증의 변제를 하면 된다. 그러나 한정승인을 한 상속인이 피상속인에 대하여 가졌던 권리・의무는 소멸하지 않는다. 이러한 점들은 단순승인과 다른 점들이다.

(4) 상속재산의 관리

한정승인을 한 경우에 상속인은 자기 재산과 동일한 주의로 상속재산을 관리하여야 한다(민법 제1022조 본문). 한정승인자가 수인인 경우에는 가정법원은 각 상속인 기타 이해관계인의 청구에 의하여 공동상속인 중에서 상속재산관리인을 선임할 수 있다(민법 제1040조제1항, 가사소송법 제2조제1항 라류사건 제30호). 그리고 이 선임관리인은 공동상속인을 대표하여 상속재산의 관리와 채무의 변제에 관한 모든 행위를 할 권리・의무가 있다(민법 제1040조제2항).

(5) 청산절차

한정승인을 한 후 5일 내에 상속채권자와 유증을 받은 자에 대하여 한정승인을 한 사실 및 2개월 이상의 기간을 정하여 그 기간 내에 채권 또는 수증을 신고할 것을 공고하여야 한다(민법 제1032조제1항). 그러나 상속인이 수인인 때에 상속재산관리인이 가정법원에 의하여 선임된 때에는 공고할 5일의 기간은 그 관리인이 그 선임을 안 날로부터 기산한다(민법 제1040조제3항 단서). 이 공고에는 기간 내에 신고하지 않으면 청산에서 제외된다는 것을 표시하여야 하며(민법 제1032조제2항, 제88조제2항), 공고의 방법은 법원의 등기사항의 공고의 경우와 동일하게 하여야 한다(민법 제1032조제2항).

한편, 신고기간 내에 신고하지 않은 상속채권자와 유증을 받은 자로서 한정승인자가 알지 못한 자의 청구에 대하여는 변제를 완료하고 상속재산의 잔여가 있는 경우에 비로소 변제가 된다(민법 제1039조 본문). 그러나 상속재산에 대하여 특별담보권(질권 · 저당권 등)이 있는 때에는 그 담보가격의 한도 내에서 변제를 받는다(민법 제1039조 단서).

(6) 한정승인자의 책임

한정승인자가 청산절차를 게을리 하거나 또는 부당한 변제에 의해 정당한 변제를 할 수 없게 된 경우에는 손해를 입은 상속채권자, 유증을 받은 자에 대하여 손해배상의 책임을 져야한다(민법 제1038조제1항). 또한 변제를 받지 못하게 된 상속채권자, 유증을 받은 자는 그 사정을 알고 변제를 받은 상속채권자나 유증을 받은 자에 대하여 청구권을 행사할 수 있다(민법 제1038조제2항). 이러한 청구권은 불법행위에 기인한 손해배상청구권과 마찬가지로 3년의 단기소멸시효에 걸린다(민법 제1038조제3항, 제766조).

(7) 특별한정승인

상속인은 상속채무가 상속재산을 초과하는 사실을 중대한 과실없이 상속개시가 있음을 안 날로부터 3월 이내의 기간에 알지 못하여 단순승인을 한 경우에는 그 사실을 안날로부터 3월 이내에 한정승인을 할 수 있도록 하고 있는 데(민법 제1019조제3항), 이를 특별한정승인이라고 한다.

4) 상속의 포기

(1) 의 의

'상속의 포기'는 당연히 상속인을 위하여 발생한 상속의 효력을 부인하고 처음부터 상속인이 아닌 것과 같은 효과를 나타내는 단독의 의사표시이다.

(2) 방 식

포기를 하려는 자는 3개월의 고려기간 내에 가정법원에 포기의 신고를 하여야 한다(민법 제1041조). 한정승인과 달리 재산목록의 첨부는 필요 없다. 사인(私人)에 대한 포기의 의사표시는 효력이 없으며 가정법원의 신고의 수리라는 심판에 의하여 성립된다(가사소송법 제2조제1항 라류사건 28호).

(3) 효 과

상속의 포기로 포기자는 처음부터 상속인이 아닌 것이 된다(민법 제1042조). 포기자가 단독상속인인 경우에는 그 직계비속이 다음 순위의 상속인이 되고 직계비속이 없는 경우에는 법정상속의 순위에 따라 상속인이 결정된다. 그러나 상속인이 여러 명인 경우에는 어느 상속인이 포기한 상속분은 다른 상속분의 비율로 그 상속인들에게 귀속된다(민법 제1043조).

한편, 상속을 포기한 자는 그 포기로 인하여 상속인이 된 자가 상속재산을 관리할 수 있을 때까지 그 재산의 관리를 계속하여야 한다(민법 제1044조제1항). 이때의 관리는 자기의 재산과 동일한 주의로 관리하여야 하며(민법 제1044조제2항, 제1022조) 가정법원은 이해관계인 또는 검사의 청구에 의하여 상속재산의 보존에 필요한 처분을 명할 수 있다(민법 제1044조제2항, 제1023조).

10. 유 언

유언은 유언자의 사망과 동시에 일정한 법률효과를 발생시키는 것을 목적으로 일정한 방식에 따라서 하는 상대방이 없는 단독행위이다. 유언은 요식행위로서 일정한 형식에 따라야 유언으로서의 효력이 발생하는데 민법은 자필증서 · 녹음 · 공정증서 · 비밀증서 · 구수증서의 다섯 가지의 유언 방식을 인정하고 있다.

자필증서에 의한 유언은 유언자가 그 전문과 연월일, 주소, 성명을 자서하고 날인하여야 한다(민법 제1066조). 녹음에 의한 유언은 유언자가 유언의 취지, 그 성명과 연월일을 구술하고 이에 참여한 증인이 유언의 정확함과 그 성명을 구술하여야 한다(민법 제1067조). 공정증서에 의한 유언은 유언자가 증인 2인이 참여한 공증인의 면전에서 유언의 취지를 구수하고 공증인이 이를 필기낭독하여 유언자와 증인이 그 정확함을 승인한 후 각자 서명 또는 기명날인 하여야 한다(민법 제1068조). 비밀증서에 의한 유언은 유언자가 필자의 성명을 기입한 증서를 엄봉날인하고 이를 2인 이상의 면전에 제출하여 자기의 유언서임을 표시한 후 그 봉서 표면에 제출 연월일을 기재하고 유언자와 증인이 각자 서명 또는 기명날인하여야 하는데, 이 방식에 의한 유언봉서는 그 표면에 기재된 날로부터 5일내에 공증인 또는 법원서기에게 제출하여 그 봉인상에 확정일자인을 받아야 한다(민법 제1069조). 구수증서에 의한 유언은 질병 기타 급박한 사유로 인하여 전4조의 방식에 의할 수 없는 경우에 유언자가 2인 이상의 증인의 참여로 그 1인에게 유언의 취지를 구수하고 그 구수를 받은 자가 이를 필기낭독하여 유언자와 그 증인이 그 정확함을 승인한 후 각자 서명 또는 기명날인하여야 한다. 이 방식에 의한 유언은 그 증인 또는 이해관계인이 급박한 사유의 종료일로부터 7일이내에 법원에 그 검인을 신청하여야 한다(민법 제1070조).

사례문제

사례 1. 타인의 친생자로 된 혼인 외의 자가 생모 재산을 상속받는 방법

▌甲과 결혼하여 딸을 낳아 출생신고를 하려던 중 甲의 처로 乙이라는 여자가 등재되어 있음을 발견하였다. 알고 보니 나와 甲이 결혼하기 전에 이미 乙과 혼인하여 법률상 부부로 살다가 乙이 집을 나간 후 소식이 없자 대를 이을 목적으로 나와 재혼하였던 것이다. 나는 그 사실을 용서할 수 없어 딸을 데리고 친정으로 와서 지금까지 살고 있는데 딸은 甲과 乙사이에 태어난 자녀로 되어 있다. 그리고 나에게는 오빠 2명과 친정어머니가 있으나 나의 유산을 모두 딸에게만 상속시키고 싶은네 어떻게 히면 되는지?

딸이 甲과 乙사이에서 태어난 자녀로 가족관계등록부에 기재된 이상 딸은 법률상으로는 甲과 乙의 딸이므로 본인이 사망할 경우에 본인의 모든 재산은 친정어머니에게 상속된다(민법 제1000조). 그러므로 본인의 재산을 딸에게 상속시키려면 먼저 본인과 본인의 딸 사이의 친자관계를 법적으로 인정받아야 할 것이다. 이를 위해서는 우선 본인이 원고가 되어 乙과 본인의 딸을 상대로 乙과 본인의 딸 사이에는 친생자관계가 존재하지 않는다는 것과 생모인 본인과 본인의 딸 사이에는 친생자관계가 존재한다는 소송 즉, 친생자관계존부확인의 소를 제기하여 법원으로부터 판결을 받은 후 판결의 확정일로부터 1개월 이내에 판결등본 및 그 확정증명서를 첨부하여 호적정정의 신청을 하면 된다(민법 제865조, 가족관계의 등록 등에 관한 법률 제107조).

가족관계등록부의 정정이 이루어지면 딸의 등록부 모(母)란에는 乙이 아닌 본인이 모(母)로 등재되게 되므로 딸이 본인의 어머니와 친오빠들보다 선순위의 상속권을 가지게 되는 것이다. 따라서 본인의 재산을 딸이 단독으로 상속하게 된다. 그리고 본인의 딸과 乙과는 적모서자의 관계가 되므로 딸은 乙의 상속인이 될 수 없으나 甲은 친부이므로 甲의 재산에 대해서는 상속권이 있다고 할 것이다.

〈출처 : 법률구조공단 사례에서〉

사례 2. 상속개시 10년 후 상속권을 침해당한 경우 상속회복청구권

▌甲과 乙은 10년 전 사망한 아버지 丙의 공동상속인인데 최근 乙이 아버지 丙명의로 남아있던 임야를 자기의 단독명의로 상속등기를 함으로 인해 甲은 자기의 상속권을 침해받았다며 위 乙명의의 상속등기말소청구소송을 제기하려고 하는바 이와 같이 상속권의 침해행위가 상속개시의 날로부터 10년이 지난 시점에서 이루어진 경우에도 가능한지?

2002년 1월 14일부터 시행된 개정민법 제999조에 의하면 "① 상속권이 참칭상속권자로 인하여 침해된 때에는 상속권자 또는 그 법정대리인은 상속회복의 소를 제기할 수 있다. ② 제1항의 상속회복청구권은 그 침해를 안 날부터 3년, 상속권의 침해행위가 있은 날부터 10년을 경과하면 소멸된다"라고 규정하므로 상속권자는 자기의 상속권이 침해를 받은 경우 그 침해를 안 날부터 3년, 상속권의 침해행위가 있은 날부터 10년 내에 상속회복의 소를 제기할 수 있을 것이다. 그런데 위 사안에서 乙이 단독으로 상속등기를 한 행위의 무효를 원인으로 하는 甲의 말소등기청구소송이 위 규정상의 상속회복청구권으로 보아 위 10년의 제척기간을 적용할 수 있느냐가 문제된다.

이에 관하여 판례를 보면 "재산상속에 관하여 진정한 상속인임을 전제로 그 상속으로 인한 지분권 등 재산권의 귀속을 주장하고 자기들만이 재산상속을 하였다는 일부 공동상속인을 상대로 상속재산인 부동산에 관한 등기의 말소 등을 청구하는 경우에 그 소유권 또는 지분권이 귀속되었다는 주장이 상속을 원인으로 하는 것인 이상 그 청구원인 여하에 불구하고 이는 구민법(1990. 1. 13. 법률 제4199호로 개정되기 전의 것) 제999조 소정의 상속회복청구의 소로 보아야 한다"라고 하였다(대법원 1994. 10. 21. 선고 94다18249 판결). 따라서 위 甲이 단독으로 상속등기 한 乙을 상대로 甲의 상속지분에 상응하는 부분을 원인무효라고 주장하여 그 부분에 대한 乙의 등기를 말소하라는 청구도 상속회복청구라고 보아야 할 것이고 乙이 상속개시일로부터 10년이 지난 시점에서 甲의 상속권을 침해한 경우라고 하더라도 상속권의 침해행위가 있은 날부터 10년이 지나지 않았고 그 상속권 침해를 안 날로부터 3년이 지나지 않았다면 甲이 乙을 상대로 甲의 지분에 상응하는 乙의 등기를 말소하라는 청구를 해볼 수 있을 것으로 보인다.

〈출처 : 법률구조공단 사례에서〉

생각할 문제

문제 1. 甲은 얼마 전 아버지가 돌아가셨는데 아버지 명의의 채무가 매우 많음을 알았다. 이런 경우 甲이 아버지의 채무를 상속 받지 않을 수 있을까?

문제 2. 상속재산의 분할 방법은?

제11강 여성과 범죄

1. 낙태죄
2. 강간죄, 유사강간죄와 강제추행죄
3. 준강간죄와 준강제추행죄
4. 미성년자 의제강간·강제추행죄
5. 강간 등 상해·치상죄
6. 미성년자, 심신미약자 간음·추행죄
7. 업무상 위력 등에 의한 간음죄
8. 혼인빙자간음죄

제11강 여성과 범죄

1. 낙태죄

1) 낙태죄의 의의

'낙태의 죄(Schwangerschaftsabbruch, Abtreibung, abortion)'란 태아를 자연분만기에 앞서서 인위적으로 모체 밖으로 배출하거나 태아를 모체 안에서 살해하는 것을 내용으로 하는 범죄를 말한다. 오늘날 낙태행위가 범죄로 인정되고 있는 것은 인도주의의 정신 때문이나 인구·경제·성 등의 문제에 따른 사회현실을 생각할 때 오직 인도주의 정신만으로 낙태를 일률적으로 위법 시 할 수만은 없게 되어 우리나라에서도 모자보건법이 제정(1973.2.8 법률 제2514호)되어 임신중절 등을 할 수 있도록 하고 있다. 태아는 모자보건법이 규정하고 있는 인공임신중절보다는 넓은 개념이 된다. 그러나 태아를 인위적으로 모체 밖으로 배출하는 일체의 행위가 낙태죄에 해당한다고 할 때에는 태아의 생명에 위험을 주지 않고 모체의 건강을 위하여 조기 출산케 하는 인공출산도 낙태죄의 구성요건에 해당하는 부당한 결과를 초래한다. 따라서 낙태죄는 임신중절에 의하여 태아를 살해하는 것을 내용으로 하는 범죄라고 해야 한다.

2) 현행법상 낙태죄의 처벌

형법은 제27장 낙태의 죄에서 본죄를 예외 없이 처벌하는 태도를 취하고 있다. 다만 모자보건법은 의학적 · 우생학적 · 윤리적 적응에 의하여 낙태가 허용되는 경우를 규정하고 있다.

(1) 낙태죄의 기본적 구조

낙태죄의 기본적 구성요건은 자기낙태죄(Selbstabtreibung)이다(형법 제269조제1항). 이론상 타낙태죄(Fremdabtreibung) 또는 부동의낙태죄(형법 제270조제2항)가 기본적 구성요건이나, 다만 형법은 타낙태죄 가운데 동의낙태죄(형법 제269조제2항)는 자기낙태죄와 같이 처벌하고 있는 점에 특색이 있다. 업무상 낙태죄(형법 제270조제1항)는 동의낙태죄에 대하여 신분관계로 책임이 가중되는 가중적 구성요건이다. 부동의낙태죄(형법 제270조제2항)는 자기낙태죄에 대하여 불법이 가중되는 가중적 구성요건이다. 낙태치사상죄(형법 제269조제3항, 제270조제3항)는 위의 죄에 대한 결과적 가중범을 무겁게 벌하고 있다.

(2) 보호법익

낙태죄는 태아를 자연의 분만기 이전에 인위적으로 모체 밖으로 배출하거나 태아를 살해하는 것이므로 그 보호법익은 태아의 생명과 신체라고 할 것이나 더 나아가 부녀의 동의낙태의 경우에는 형이 감경되는 점으로 미루어 볼 때 태아 및 부부의 안전이 낙태죄가 보호하려는 법익이라고 볼 수 있다.

(3) 모자보건법

우리나라 모자보건법 제14조는 의학적 · 우생학적 · 윤리적 견지에서 의사는 본인과 배우자의 동의를 얻어 인공임신중절수술을 할 수 있도록 규정하고 있다.

■ 일반적 요건 : 모자보건법(이하 '동법'이라 함)에 의하여 적법한 낙태가 되기 위해서는 다음 요건이 구비되어야 한다.

- 의사에 의하여 수술이 행하여져야 한다. 정확한 진단과 적절한 방법에 의하여 중절수술이 행해지도록 함으로써 부부의 이익을 보장하기 위한 것으로 의사 아닌 자가 시술한 때에는 동법에 의한 적법한 낙태가 될 수 없다. 그러나 의사인 이상 반드시 산부인과 전문의에 한하는 것은 아니다.

- 본인과 배우자(사실상의 혼인관계에 있는 자를 포함한다)의 동의가 있어야 한다. 동의가 유효하기 위해서는 그것이 중절수술의 의미를 이해할 수 있는 판단능력이 있는 자의 자유로운 의사에 의한 것임을 요함은 물론이다. 배우자의 동의까지 요하는 점에 특색이 있다. 그러나 배우자가 사망 · 실종 · 행방불명, 그 밖에 부득이한 사유로 인하여 동의를 받을 수 없는 때에는 본인의 동의만으로 그 수술을 할 수 있다(동법 제14조제2항). 본인 또는 배우자가 심신장애로 의사표시를 할 수 없는 때에는 그 친권자나 후견인의 동의로, 친권자나 후견인이 없을 때에는 부

양의무자의 동의로 각각 그 동의를 갈음할 수 있다(동법 제14조제3항).

- 인공임신중절수술은 임신 24주일 이내인 사람만 할 수 있다(동법 시행령 제15조제1항). 독일형법이 적응요건에 따라 기간에 차이를 두고 있는 것(윤리적·사회적 적응은 12주, 우생학적 적응은 22주)과 달리 수술을 할 수 있는 기간이 장기로 되어 있는 점에 특색이 있다.

■ 개별적 적응요건 : 모자보건법에 의하여 적법한 중절수술이 되기 위하여는 위의 일반적 요건 이외에 동법 제14조제1항제1호 내지 제5호의 1에 해당하지 않으면 안 된다. 이것이 바로 낙태가 허용될 수 있는 의학적·우생학적·윤리적 적응을 규정한 것이다.

- 의학적 적응 : 임신의 지속이 보건의학적 이유로 모체의 건강을 심각하게 해치고 있거나 해칠 우려가 있는 경우(동법 제14조제5호)를 말한다. 태어나지 아니한 태아를 위하여 부부의 생명이나 건강을 희생하도록 요구할 수 없다는 것을 이유로 한다. 임신의 지속이 생명의 위험을 초래하는 경우는 당연히 여기에 해당한다. 모체의 건강을 심히 해한다는 것은 모체의 육체적·정신적 건강상태를 심히 침해하는 것을 말한다. 건강을 심히 해하고 있는 경우뿐만 아니라 해할 우려가 있는 경우도 포함하고 있으므로 모체의 현재의 건강상태뿐만 아니라 미래의 건강상태도 판단의 대상이 된다. 이와 같이 의학적 적응은 모체의 정신건강에 확대되어 임신의 현재와 미래의 생활관계도 고려할 것을 요구하게 된다. 이는 어느 정도의 사회적 적응도 포함하는 것이 되어 의학적·사회적 적(medizinischsoziale Indikation)을 의미하게 되었다.

- 우생학적 적응 : 우생학적 적응은 태아가 출생한 후에 유전적 소질이나 임신 중의 충격으로 그 건강이 심히 침해되었을 때에 임부에게 그 출

생을 요구할 수 없다는 고려에 근거하고 있다. 따라서 출생할 아이에 대한 손상은 정신적인 것뿐만 아니라 육체적 손상(예컨대, 불구·기형)을 포함하며 그 원인은 유전적 소질 이외에 임신 중에 있었던 약물복용 X선촬영, 질병 등에 의한 경우도 포함함이 당연하다고 하겠다. 그러나 모자보건법은 ① 본인 또는 배우자가 우생학적 또는 유전학적 정신장애나 신체질환이 있는 경우(동법 제14조제1항제1호)와 ② 본인 또는 배우자가 전염성 질환이 있는 경우(동법 제14조제1항제2호)에만 중절수술을 허용하고 있다. 임신 중에 일어난 충격으로 인한 손상이 포함되지 않은 결과 그 범위는 제한되지 않을 수 없다.

- 윤리적 적응 : 부녀가 강간 등의 범죄행위로 인하여 임신이 강요된 경우에 임신의 계속을 요구하는 것은 법질서에 반하는 것이므로 이때에도 낙태를 허용할 필요가 있다. 모자보건법은 윤리적 적응의 예로써 ① 강간 또는 준강간에 의하여 임신된 경우(동법 제14조제1항제3호) ② 법률상 혼인할 수 없는 혈족 또는 인척간에 임신된 경우(동법 제14조제1항제4호)만을 규정하고 있다. 따라서 강제추행죄, 미성년자간음죄, 업무상 위력 등에 의한 간음죄 또는 혼인빙자간음죄에 의하여 임신된 경우는 여기에 해당할 수 없게 된다. 모자보건법의 윤리적 적응도 또한 그 범위가 지나치게 엄격하다고 할 수 있다.

- 가족계획(family planning)과의 관계 : 오늘날 성행되고 있는 가족계획은 임신을 사전에 방지하는 피임방법에 의하는 것이지 임신후의 낙태행위를 인정하는 것은 아니다. 우리나라 대법원 판례도 "낙태행위가 가족계획의 국가시책에 순응하는 행위라고 믿었더라도 이는 법률의 착오이며 사실의 착오가 아니므로 범죄의 성립을 조각하지 않는다"라고 판시하고 있다.

■ 모자보건법에 대한 비판 : 모자보건법이 임신중절수술을 광범위하게 허용하고 있으나 모자보건법을 적응방식에 의하여 낙태의 허용범위를 규정한 법률이라 할지라도 그 우생학적 · 윤리적 적응은 지나치게 좁게 규정되어 있을 뿐만 아니라 사회적 적응을 인정하지 않는 점에서 현실문제의 해결에 불충분하고 입법론 상으로도 문제가 있다고 해야 한다. '사회적적응(soziale Indikation)'이란 임신의 지속이 임부나 그 가족의 사회적 · 경제적 상태를 현저히 위태롭게 할 우려가 있는 때에는 낙태를 허용하는 것을 말한다. 양육의 기대가 절망적인 출생은 낙태에 대하여는 물론 임부나 사회에 대하여도 불행의 씨앗이 될 뿐이기 때문이다. 특히 인구 억제가 국가의 중요정책의 하나로 되어 있는 우리 사회에 있어서 사회적 적응을 인정하는 것이 타당하다고 하겠다.

2. 강간죄, 유사간강죄와 강제추행죄

1) 강간죄

폭행 또는 협박으로 사람을 강간한 자는 3년 이상의 유기징역에 처한다(형법 제297조 개정 2013.6.19. 시행). 본죄의 미수범은 처벌한다(형법 제300조).

(1) 의 의

폭행 또는 협박으로 피해자의 의사에 반하여 사람을 강간함으로써 성립하는 범죄이다. 객체는 사람이고 행위가 강간이기 때문에 그 처벌이 무겁다. 이와 같이 처벌을 무겁게 하고 있는 것은 원하지 않는 임신의 위험 때문이 아니라 강간으로 인하여 사람의 성적 자기결정의 자유가 현저히 침해되는 점에 있다.

(2) 구성요건

① 주 체

본죄의 주체에는 제한이 없다. 본죄가 사람을 강간함으로써 성립하는 범죄이므로 본죄의 주체는 주로 남자라고 볼 수 있으나 여성이 남성과 짜고 강간의 범죄행위에 가공할 수 있기 때문에 여성도 본죄의 공범이 될 수도 있다.

② 객 체

본죄의 객체는 사람이다. 따라서 강간죄의 객체는 부녀가 아닌 사람으로서 남녀노소, 결혼유무 관계없이 모든 사람이 강간죄의 대상이 된다.

사람인 이상 기혼·미혼·성년·미성년을 묻지 않는다. 13세 미만의 사람도 본죄의 객체가 될 수 있다. 사람이 음행의 상습이 있거나 매춘부이거나 행위자가 성관계를 맺고 있던 자이거나를 불문한다. 정교능력이 없거나 늙은 사람도 또한 본죄의 객체가 될 수 있다. 법률상의 처가 본죄의 객체로 될 수 있느냐에 대하여 독일에서는 형법규정으로 처를 본죄의 객체에서 제외하고 있으나 우리나라에서도 부부관계의 특수성을 고려할 때 처는 본죄의 객체가 될 수 없다고 해석하는 것이 타당하다. 대법원도 처에 대하여는 본죄의 성립을 부정하고 있다.

③ 행 위

폭행 또는 협박에 의하여 사람을 강간하는 것이다.

■ 폭행 · 협박 : '폭행'이란 사람에 대한 유형력의 행사를 말한다. 폭행은 부녀에 대한 폭행에 제한된다고 해야 한다. 제3자에 대한 폭행은 협박에 불과하기 때문이다. '협박'이란 해악을 통고하는 것을 말한다. 반드시 본인에 대한 해악의 통고에 한하지 않고 제3자에 대한 해악(예컨대, 자녀에 대한 해악)의 통고도 포함한다. 해악의 내용에는 제한이 없다. 폭행 · 협박의 정도에 관하여는 상대방에게 생리적 · 육체적으로 영향을 미쳐 반항을 불가능하게 하거나 곤란하게 하는 정도면 족하다고 해석해야 한다. 대법원도 본죄의 폭행 · 협박은 상대방의 반항을 현저히 곤란하게 할 정도로 족하다고 판시하고 있다.

따라서 본죄의 폭행에는 절대적 폭력(vis absoluta)에 의하여 상대방의 반항을 불가능하게 하는 경우뿐만 아니라 강압적 폭행(vis compulsiva)에 의하여 그 반항을 포기하게 하는 경우도 포함한다. 마취제 또는 수면제 등의 약물을 사용하거나 최면술을 거는 것도 본죄의 폭행에 해당한다고 해야 한다. 그것은 절대적 폭력의 한 유형이라고 보아야하기 때문이다.

■ 강 간 : '강간'이란 폭행 · 협박에 의하여 상대방의 반항을 곤란하게 하고 부녀를 간음하는 것을 말하며 여기서 '간음'이란 남자의 성기를 여자의 성기 속에 몰입케 하는 것을 뜻한다. 남성 성기 유사물을 삽입하는 것은 추행행위일 뿐 간음은 아니다. 폭행 · 협박과 간음 사이에는 인과관계가 있어야 한다. 폭행 · 협박은 간음의 종료 이전에 행하여져야 하며 또 그것은 행위자에 의하여 행하여질 것을 요한다. 다만 부녀가 현실적으로 반항하였을 것까지 요하는 것은 아니다. 행위자가 본죄의 실행에 착수하기 전에 부녀가 이에 동의한 때에는 강간이라고 할 수 없다. 즉 피

해자의 동의는 구성요건해당성을 조각하는 양해가 된다. 행위자가 실행에 착수한 이후에 부녀가 동의한 때에는 본죄의 미수가 된다. 그러나 본죄가 기수에 이른 이후에 부녀가 성적 흥분으로 인하여 반항하지 않았다 할지라도 본죄의 성립에는 영향이 없다.

■ 기수시기 : 본죄의 미수범은 처벌한다(형법 제300조).

여기서 본죄의 착수시기와 기수시기가 문제된다. 본죄는 부녀를 간음하기 위하여 폭행·협박을 개시할 때에 실행이 착수된 것이며 남자의 성기가 여자의 성기 속에 들어가는 순간 기수가 된다. 남자의 성기가 완전히 삽입되거나 그 이상 사정 또는 성욕의 만족이 있을 것을 요하지 않는다. 본죄가 성욕의 만족이나 임신의 위험을 금지하는데 그 본질이 있는 것이 아니라 부녀의 성적 자유를 침해하는 것을 본질로 하는 죄이기 때문이다.

④ 고 의

본죄가 성립하기 위해서는 행위자에게 고의가 있어야 한다. 즉 폭행·협박에 의하여 부녀를 강간한다는 고의를 필요로 한다. 미필적 고의로도 족하다. 간음이 피해자의 의사에 반한다는 인식도 고의의 내용이 된다.

⑤ 친고죄

형법 제306조가 삭제됨에 따라 피해자의 고소 없이도 본죄를 논할 수 있다.

2) 유사간강죄

폭행 또는 협박으로 사람에 대하여 구강, 항문 등 신체(성기는 제외)

의 내부에 성기를 넣거나 성기, 항문에 손가락등 신체(성기는 제외)의 일부 또는 도구를 넣는 행위를 한 사람은 2년 이상의 유기징역에 처한다(형법 제297조의2). 본죄의 미수범은 처벌한다(형법 제300조).

3) 강제추행죄

폭행 또는 협박으로 사람에 대하여 추행한 자는 10년 이하의 징역 또는 1,500만 원 이하의 벌금에 처한다(형법 제298조). 본죄의 미수범은 처벌 한다(형법 제300조).

(1) 의 의

'강제추행죄(sexuelle Nötingung)'는 폭행 또는 협박으로 사람에 대하여 추행을 함으로써 성립한다. 개인의 성적 자유 내지 성적 자기결정의 자유를 보호하고 부차적으로 사회의 성적 도덕 감정을 보호해 준다.

(2) 객관적 구성요건

- 주 체 : 본죄의 주체에는 아무런 제한이 없다. 남자는 물론 여자도 본죄의 주체가 된다.
- 객 체 : 객체는 사람이다. 사람인 이상 남녀노소를 불문한다.

(3) 행 위

폭행 또는 협박으로 추행하는 것이다.

■ 폭행·협박 : 폭행 또는 협박의 개념은 강간죄의 그것과 같다. 다만 본죄에 있어서는 폭행 또는 협박의 정도는 항거가 보통의 일반인으로 하여금 곤란을 느끼게 할 정도이어야 한다.

■ 추 행 : '추행'이란 성욕의 흥분, 자극 또는 만족을 목적으로 하는 행위이다. 이것은 일반인의 성적 수치·혐오감을 느끼게 하는 일체의 행위를 말한다. 예컨대 상대방을 나체가 되게 하는 행위, 부녀의 의사에 반하여 음부에 손가락을 삽입하는 행위, 부녀의 젖가슴을 접촉하거나 키스하는 것도 행위가 있을 당시의 당사자의 의사감정·행위환경에 따라 본죄가 성립될 수 있다.

(4) 주관적 구성요건

본죄는 고의가 있어야 성립한다. 미필적 고의로도 족하다. 본죄의 고의는 폭행 또는 협박에 의하여 사람을 추행한다는 인식을 내용으로 한다.

3. 준강간죄와 준강제추행죄

사람의 심신상실 또는 항거불능의 상태를 이용하여 간음 또는 추행을 한 자는 제297조, 제297조의2 및 제298조의 예에 의한다.(형법 제299조). 본죄의 미수범은 처벌한다(형법 제300조). 형법 제306조의 삭제로 강간죄와 같이 피해자의 고소 없이 본죄를 논할 수 있다.

1) 의의와 성질

사람의 심신상실 또는 항거불능의 상태를 이용하여 간음 또는 추행함으로써 성립하는 범죄이다. 이 죄는 성적 자유를 가지지 못한 사람이 성욕의 객체나 도구가 되는 것으로부터 보호하는 데 그 취지가 있다.

2) 구성요건

(1) 주 체

본죄의 주체는 강간죄나 강제추행죄의 그것과 동일하다.

(2) 객 체

본죄의 객체는 사람이다. 이때에는 기혼・미혼・연령을 불문한다.

(3) 행 위

본죄의 행위는 심신상실 또는 항거불능의 상태를 이용하여 간음 또는 추행하는 것이다. 여기서 '심신상실'이라 함은 심신장애라는 생물학적 기초에 제한되지 않기 때문에 수면 중의 사람 또는 일시 의식을 잃고 있는 사람도 여기에 해당한다. 또한 본죄의 심신상실은 사물을 판별하거나 의사를 결정할 능력이 없는 경우에 제한되지 않고 간음 또는 추행을 당함에 있어서 그 뜻을 정확히 이해하지 못하고 동의하였는지 반항하였는지 명백히 알 수 없는 상태도 포함한다. 따라서 백치나 이취(泥醉)의 사람, 기절하여 의식을 잃은 경우, 음주 대취한 경우, 지능지수 52, 정신연령 6년 10개월, 생활연령 13년 3개월의 질환상태 등의 심신상실의 예가 된다.

'항거불능'이란 심신상실 이외의 사유로 인하여 심리적 또는 육체적으로 반항이 불가능한 경우를 말한다. 심리적으로 항거가 불가능한 경우로는 의사가 자기를 신뢰한 여자환자를 치료하는 것처럼 하면서 간음한 경우 부녀가 어둠과 수기(睡氣) 때문에 남편이 성교를 요구하는 것으로 오신(誤信)케 하여 간음한 경우와 포박되어 있거나 수회의 강간으로 기진되어 있는 부녀는 육체적으로 반항이 불가능한 경우에 해당한다. 심신상실 또는 항거불능의 상태에 이르게 된 원인은 묻지 않는다.

그러나 행위자가 간음 또는 폭행을 행하기 위하여 이러한 상태를 야기한 때(예컨대, 수면제나 마취제를 먹인 경우)에는 본죄가 성립하는 것이 아니라 강간죄 또는 강제추행죄를 구성하게 된다. 간음 또는 추행의 의미는 강간죄와 강제추행죄에서 살펴 본 바와 같다. 그런데 간음 또는 추행은 심신상실 또는 항거불능의 상태를 이용하여 행하였을 것을 요한다.

여기서 심신상실 또는 항거불능의 상태를 이용한다 함은 행위자가 이러한 상태를 인식하였을 뿐만 아니라 그 상태 때문에 간음 또는 추행이 가능하였거나 용이하게 되었음을 뜻한다. 심신상실이나 항거불능의 상태를 인식하였다는 것만으로는 족하지 않지만, 그것이 동기가 되었을 것까지 요하는 것은 아니다.

4. 미성년자 의제강간 · 강제추행죄

1) 의 의

13세 미만의 사람에 대하여 간음 또는 추행함으로써 성립하는 범죄이다(형법 제305조). 13세 미만인 자가 방해받음이 없이 성적 발전을 도모함을 보호법익으로 한다. 13세 미만인 부녀 또는 사람에 대하여는 간음 또는 추행에 대한 동의 능력을 인정하지 아니하며 그 동의가 있는 때에도 강간죄 또는 강제추행죄의 예에 의하여 처벌하는 것이다.

2) 구성요건

본죄는 13세 미만의 부녀 또는 사람이라는 점을 알고 간음·추행하면 성립하며 폭행·협박을 수단으로 할 것을 요하지 아니한다. 13세 미만이라고 할지라도 폭행·협박에 의하여 간음 또는 추행한 때에는 강간죄나 강제추행죄가 성립한다. 피해자의 동의가 있는 때에도 본죄의 성립에는 영향이 없다. 13세 미만인 이상 성경험의 유무는 문제되지 않는다. 본죄가 성립하기 위해서는 고의가 있어야 하며 미필적 고의로도 족하다. 행위자는 피해자가 13세 미만이라는 사실을 인식하여야 한다.

행위자는 피해자가 13세 이상인 것으로 알았으나 사실은 13세 미만인 때에는 사실의 착오로서 고의를 조각한다. 이에 반하여 피해자가 13세 미만인 것으로 알았으나 13세 이상인 때에는 불능범에 해당하므로 본죄는 성립하지 않는다고 해야 한다.

3) 미수범의 처벌과 고소

형법은 본죄에 관하여 미수범의 처벌에 관한 규정(형법 제300조)을 준용하지 않고 있다. 그러나 본죄의 미수범이 처벌된다는 데 대하여는 견해가 일치하고 있다. 형법 제305조는 제297조(강간죄)와 제298조(강제추행죄)의 예에 의한다고 규정하고 있고 강간죄와 강제추행죄의 미수범은 처벌되고 있으므로(형법 제300조) 그 예에 의하여 본죄의 미수범도 처벌된다고 보아야하기 때문이다. 본죄는 친고죄가 아니다(구형법 제306조 삭제).

5. 강간 등 상해 · 치상죄

형법 제297조, 제297조의2 및 298조부터 제300조까지의 죄를 범한 자가 사람을 상해하거나 상해에 이르게 한 자는 무기 또는 5년 이상의 징역에 처한다(형법 제301조).

1) 의 의

강간죄, 유사강간죄, 강제추행죄, 준강간죄(강제추행죄) 및 미성년자의제강간죄(강제추행죄)를 범하여 사람을 사상에 이르게 함으로써 성립하는 결과적 가중범이다. 따라서 상해, 치상의 결과에 대하여 인식이 없었다는 것에 대하여 과실이 있어야 한다. 강간, 유사강간죄 또는 강제추행이 기수에 이를 것을 요하지 않으며 강간 등이 미수에 그친 경우에도 본죄가 성립한다. 강간죄 · 유사강간죄 · 강제추행죄 등의 미수범은 모두 처벌되기 때문이다.

2) 구성요건

본죄의 행위는 강간 · 유사강간죄 · 강제추행 등의 범죄를 범하여 사람을 상해, 치상에 이르게 하는 것이다. 따라서 사상의 결과는 강간 등의 행위에 귀속될 수 있어야 하고(인과관계가 있어야 한다) 그 결과를 예견할 수 있을 것을 요한다.

(1) 사상의 결과발생

사상의 결과는 간음 · 유사간음행위 · 추행행위 그 자체에서 발생한 경우나 그 수단인 폭행·협박으로 발생한 경우 또는 간음·유사간음행위·추행행위에 따르는 행위로부터 발생한 경우 등이 있다. 예컨대 처녀막의 열상, 음모를 모근부분으로부터 탈취하는 행위, 성병을 감염시키는 것이 있다.

(2) 인과관계

사상의 결과 발생은 행위에 수반되어야 하는 바 ① 강간 등의 행위 자체에서 일어나거나 ② 강간행위 등에 수반되어 일어난 경우에도 인정되어 그 결과는 행위자에게 귀속될 수 있다.

따라서 피해자가 강간의 수단인 폭행·협박을 피하려다 사상의 결과가 발생한 때에도 본죄가 성립하게 된다. 상해의 결과가 발생하였다고 하기 위해서는 반드시 외관상의 상해가 있을 것을 요하는 것은 아니다. 따라서 강간으로 인하여 회음부 찰과상을 입힌 경우, 보행불능·수면장애·식욕감퇴 등 기능의 장애를 일으키거나 히스테리증을 야기한 경우는 모두 상해의 결과가 발생한 경우에 해당한다. 상해, 치상의 결과는 적어도 강간행위 등에 수반하여 일어났을 것을 요하므로 피해자가 강간을 당한데 대한 수치 때문에 자살하거나 강간으로 인하여 임신이 되어 분만하다가 사망한 때에는 본죄의 성립을 인정할 수 없다. 또한 강간행위가 종료된 후에 새로운 고의가 생겨 부녀를 살해하거나 상해한 때에도 본죄는 성립하지 않고 강간죄와 상해죄의 경합범이 된다.

6. 미성년자, 심신미약자 간음·추행죄

미성년자 또는 심신미약자에게 대하여 위계 또는 위력으로써 간음 또는 추행을 한 자는 5년 이하의 징역에 처한다(형법 제302조). 본죄는 형법 제306조의 삭제로 피해자의 고소 없이 이 죄들도 논할 수 있다. 미성년자 또는 심신미약자에 대하여 위계 또는 위력으로 간음 또는 추행함으로써 성립하는 범죄이다. 본죄의 객체는 미성년자 또는 심신미약자이다. 여기서 미성년자란 20세 미만의 자를 말한다.

다만 13세 미만의 자는 제외된다. 혼인한 미성년자는 성년으로 보게 되므로 본죄의 객체가 될 수 없다. '심신미약자'란 정신기능의 장애로 정상적인 판단능력이 부족한 자로서 연령은 불문이다. 본죄의 행위는 위계 또는 위력에 의하여 강간 또는 추행하는 것을 말하며 여기서 '위계'라 함은 상대방을 착오에 빠지게 하여 정당한 판단을 못하게 하는 것으로써 기망뿐만 아니라 유혹도 포함된다. '위력'이란 사람의 의사를 제압할 수 있는 힘으로 폭행·협박은 물론 지위·권세를 이용하여 상대방의 의사를 제압하는 일체의 행위를 포함한다. 피해자가 미성년자라 할지라도 강간죄에서 요구하는 정도의 폭행·협박으로 간음한 때에는 본죄가 아니라 강간죄가 성립한다. 본죄는 친고죄이다.

7. 업무상 위력 등에 의한 간음죄

■ 업무·고용 기타 관계로 인하여 자기의 보호 또는 감독을 받는 사람에 대하여 위계 또는 위력으로써 간음한 자는 5년 이하의 징역 또는 1,500만 원 이하의 벌금에 처한다.

■ 법률에 의하여 구금된 사람을 감호하는 자가 그 사람을 간음한 때에는 7년 이하의 징역에 처한다(형법 제303조). 본죄는 형법 제306조

의 삭제로 피해자의 고소 없이 이 죄도 논할 수 있다. 형법 제303조제1항은 피보호·감독사람간음죄, 제2항은 피구금사람간음죄를 규정하고 있다.

1) 피보호·감독사람간음죄

(1) 의 의

본죄는 업무·고용, 기타 관계로 인하여 자기의 보호 또는 감독을 받는 사람을 위계 또는 위력에 의하여 간음함으로써 성립한다. 피보호·감독사람의 성적 자유를 보호법익으로 하며, 보호·감독을 받는 지위로 인하여 사람의 성적 자유가 부당하게 침해되는 것을 보호하는 것을 목적으로 한다.

(2) 객 체

업무·고용, 기타 관계로 인하여 자기의 보호·감독을 받는 사람이다. 업무란 개인적 업무와 공적 업무를 포함하며 고용이란 사용자와 피용자의 관계를 말한다. 기타 관계로 인하여 보호·감독을 받는 사람이란 고용은 되지 않았으나 사실상 보호·감독을 받는 관계를 말하며 그 원인은 문제되지 않는다. 판례는 처가 경영하는 미장원에 고용된 사람이 여기에 해당 한다고 판시하고 있다.

(3) 행 위

위계 또는 위력으로써 간음하는 것이다. 13세 미만의 피보호·감독사람을 위계 또는 위력에 의하여 간음한 때에는 미성년자 의제강간죄(형법 제305조)가 성립하고 미성년자 또는 심신미약자인 때에는 미성년자, 심신미약자 간음죄(형법 제302조)가 성립한다고 하겠다.

8. 혼인빙자간음죄

형법 제304조의 삭제로 해당 죄는 없어짐.

사례문제

사례 1. 피해자인 미성년자의 고소취소 후 부모가 고소 가능한지

■ 17세 된 딸은 미팅에서 만난 남학생에게 강간(강간치상이 아님)을 당하여 수사기관에 고소하였고 그 남학생은 구속되었다. 그런데 딸은 수사기관에서 조사를 받던 중 겁도 나고 수치심도 생겨 부모의 동의 없이 몰래 고소를 취하하였고 수사기관에서는 친권자인 부모의 의사도 확인하지 않은 채 공소권 없음을 이유로 가해자를 불기소처분하여 석방시켰다. 비록 딸이 고소를 취소하였지만 가해자를 도저히 용서할 수 없어 처벌받게 하고 싶은데 이 경우 가능한 방법이 있는지?

고소라 함은 범죄의 피해자 기타의 고소권자가 수사기관에 대하여 범죄사실을 신고하여 범인의 수사와 처벌을 요구하는 의사표시를 말한다. 그런데 강간죄는 친고죄로서 친고죄의 경우에는 고소가 소송조건이므로 고소권자의 고소가 없거나 공소가 제기되었더라도 제1심판결 전에 고소가 취소되면 처벌할 수 없다. 형사소송법상 범죄로 인한 피해자는 고소할 수 있고 피해자가 미성년자인 경우에 피해자의 법정대리인도 독립하여 고소할 수 있으며 또한 고소권자는 자기가 제기한 고소를 취소할 수도 있다(형사소송법 제223조, 제225조제1항). 고소는 의사표시를 내용으로 하는 소송행위이므로 고소가 유효하기 위해서는 고소능력이 있어야 하며 이에 관하여 판례를 보면 “고소를 함에는 소송행위능력, 즉 고소능력이 있어야 하는바 고소능력은 피해를 받은 사실을 이해하고 고소에 따른 사회생활상의 이해관계를 알아차릴 수 있는 사실상의 의사능력으로 충분하므로 민법상의 행위능력이 없는 자라도 위와 같은 능력을 갖춘 자에게는 고소능력이 인정된다고 할 것이고 고소위임을 위한 능력도 위와 마찬가지라고 할 것이다”라고 하였다(대법원 1999. 2. 9. 선고 98도2074 판결).

그러므로 고소능력은 고소의 의미를 이해할 수 있는 사실상의 의사능력으로 충분하며 민법상의 행위능력과는 구별되는 것이고 위 사안에서 17세의 미성년자인 딸은 강간죄의 피해자이며 고소능력도 있다고 생각되므로 적법하게 고소하고 또한 이미 제기한 고소를 취소할 수 있으며 딸의 고소취소에 따른 검사의 불기소처분은 타당하다 하겠다. 따라서 딸은 이미 고소를 취소하였으므로 고소권이 소멸되어 다시 고소하지 못한다(형사소송법 제232조제2항). 그런데 형사소송법 제225조에 의하면 "피해자의 법정대리인은 독립하여 고소할 수 있다"라고 규정하고 있습니다.

그리고 이에 관한 판례를 보면 "형사소송법 제225조제1항이 규정한 법정대리인의 고소권은 제한능력자의 보호를 위하여 법정대리인에게 주어진 고유권이므로 법정대리인은 피해자의 고소권 소멸여부에 관계없이 고소할 수 있고 이러한 고소권은 피해자의 명시한 의사에 반하여도 행사할 수 있다"라고 하였으며(대법원 1999. 12. 24. 선고 99도3784 판결) "법정대리인의 고소기간은 법정대리인 자신이 범인을 알게 된 날로부터 진행한다"라고 하였다(대법원 1984. 9. 11. 선고 84도1579 판결, 1987. 6. 9. 선고 87도857 판결).

따라서 위 사안의 경우 법정대리인은 딸의 고소취소로 인한 고소권의 소멸여부에 관계없이 고소를 할 수 있고 범인을 안 날로부터 1년 이내에 고소할 수 있을 것으로 보인다(성폭력범죄의처벌및피해자보호등에관한법률 제19조). 나아가 일단 검사가 불기소처분을 내린 사건이라고 할지라도 그 불기소처분은 확정판결과 달리 기판력이 없으므로 다시 고소하여 혐의가 인정될 경우 검사는 전의 불기소처분을 번복하여 피의자를 기소할 수 있는 것이다. 〈출처 : 법률구조공단 사례에서〉

그러나 중요한 점은 현행 '성폭력범죄의 처벌 등에 관한 특례법'에 위 성폭력범죄에 관하여 친고죄를 폐지하였으므로 현재 위와 같은 문제가 발생할 여지는 없을 것이다.

사례 2. 여성으로 성전환수술 한 남자를 성폭행한 경우 강간죄 성립여부

▌甲은 남자였으나 성전환수술을 하여 여성으로 된 자로서 乙이 甲을 성폭행 한 경우 乙을 강간죄로 처벌할 수 있는지?

형법 제297조는 "폭행 또는 협박으로 부녀를 강간한 자는 3년 이상의 유기징역에 처한다"라고 규정하고 있다. 즉 형법 제297조는 폭행 또는 협박으로 부녀를 강간한 자라고 하여 객체를 부녀에 한정하고 있고 위 규정에서 부녀란 성년 · 미성년, 기혼 · 미혼을 불문하며 곧 여자를 가리키는 것이다. 현재 판례를 보면 "성전환자를 여성으로 인식하여 강간한 사안에서, 피해자가 성장기부터 남성에 대한 불일치감과 여성으로의 성귀속감을 나타냈고, 성전환 수술로 인하여 여성으로서의 신체와 외관을 갖추었으며, 수술 이후 30여 년간 개인적 · 사회적으로 여성으로서의 생활을 영위해 가고 있는 점 등을 고려할 때, 사회통념상 여성으로 평가되는 성전환자로서 강간죄의 객체인 '부녀'에 해당한다고"라고 하였다(대법원 2009. 9. 10. 선고 2009도3580 판결). 따라서 위 사안의 경우 현재의 판례에 의한다면 형법 제298조 강제추행죄가 아닌 형법 제297조의 간강죄가 성립한다.

더 나아가 2013년 시행된 개정 형법 제297조에는 강간죄의 객체를 부녀에서 사람으로 변경하였으므로 당연히 위 문제는 분명하게 제297조가 적용되어 강간죄가 성립한다. 〈출처 : 법률구조공단 사례에서〉

사례 3. 사실혼시 간통

▌甲은 혼인신고를 하지 않고 배우자인 乙과 살다가 서로 다투어 乙이 집을 나갔다. 그 후 처의 다른 남자 丙과 동거를 하고 있었다. 이 경우 乙과 丙은 간통죄가 되는가?

우리나라는 법률혼주의를 취하고 있기 때문에 혼인신고가 되어 있지 않으면 甲는 乙와 丙를 간통죄로 고소할 수 없다. 단지 사실혼관계파기의 책임을 물어 간통한 상대방에게 손해배상책임을 물을 수 있다.

사례 4. 간통죄의 유서(宥恕)

▌甲은 남편 乙과 10년 동안 결혼생활을 하던 중 丙을 우연하게 만나서 간통을 하였다. 그러나 乙은 자녀양육문제 때문에 더 이상 그 남자를 만나지 않는다는 약속을 받고 甲를 용서하였다. 그러나 그 후 계속하여 甲은 丙과 만남을 가지면서 육체적 관계를 맺었다. 이 경우 간통죄로 고소할 수 있는가?

형법 제241조에 따르면 간통의 경우 배우자가 간통을 종용하거나 유서(宥恕, 사후의 용서)하면 고소권자는 고소를 할 수 없다. 그러나 위의 경우는 유서 후 다시 간통행위를 하였기 때문에 당연히 乙은 甲와 丙를 간통죄로 고소할 수 있다.

생각할 문제

문제 1. 현재 강간죄는 친고죄가 아니다. 그렇지만 일정한 경우 피해자가 자신의 신상이 노출되는 것을 꺼려하여 강간에 수반된 폭행 또는 협박만을 따로 분리하여 공소제기가 가능할까?

문제 2. 乙의 강간행위로 인해 甲은 성병에 감염되어 치료를 받은 경우 乙의 죄책은 무엇일까?

문제 3. 부모를 부양하고 있는 甲은 A회사의 경리직원으로 하루는 경리과장 乙이 갑에게 육체적 관계를 요구하면서 응하지 않으면 퇴사시켜 버린다고 협박하여 부모를 부양해야 하는 을은 할 수 없이 甲과 관계를 가지게 되었다. 이 경우 乙의 죄책은 무엇일까?

제12강. 성폭력과 법

1. 성폭력의 개념
2. 성폭력의 본질 및 특성
3. 성폭력의 발생원인
4. 성폭력의 유형 및 후유증
5. 성폭력의 규정과 처벌
6. 성폭력범죄의 처벌 및 피해자보호 등에 관한 법률 (일명 : 성폭력특별법)

제12강 성폭력과 법

1. 성폭력의 개념

성폭력은 학자에 따라 임상적 법적 페미니스트 관점 등 여러 관점에서 정의 되어 왔다. 그리고 성폭력에 대한 개념도 점차 확대되어 과거 강간 중심적 개념정의에서 다양한 유형의 성적 공격행위를 포함하는 개념으로 발전되었다. 임상학적 관점에서 Koss & Harvey는 강간을 성적 피해의 최종지점으로 간주한다. 이들은 강간보다는 덜 극단적이나 동시에 어느 정도 공통성을 지니고 있는 다른 형태의 성적 피해도 임상적으로 강간과 다를 바 없다고 본다. 다시 말해서 강간보다 덜 극단적인 성적 피해도 단지 삽입이 부재하였다는 것 이외에는 다른 바가 없다는 것이다.

예를 들어, 강간미수는 피해자의 의사에 반하여 성교를 하기 위해서 완력을 사용하거나 혹은 협박을 한다. 협박 혹은 실제적인 완력 사용이 존재하며 피해자가 강간피해자와 마찬가지로 생명에 대한 위협을 느낀다는 점에서 강간미수도 강간과 크게 다를 것 없다는 것이다. 결론적으로 Koss & Harvey는 강간이든 혹은 다른 형태의 성적 피해이든 간에 피해자의 의사에 반하여 협박 혹은 완력을 사용하였고 이 과정에서 피해자가 심지어는 생명의 위협까지 느낀다는 점에서 본질적으로 동일하다고 본다.

법적인 관점에서 살펴보면 오하이오주 법에서는 강간을 남성과 여성간의 성교 그리고 성별에 관계없이 항문성교, 펠라티오 그리고 커니링거스로 규정하고 있다. 삽입은 아무리 가볍더라도 질 혹은 항문성교의 조건을 충족시킨다. 우리나라에서는 법률로 성폭력의 개념을 규정한 것은 없고 단지 관련법인 형법과 성폭력범죄의 처벌 및 피해자보호에 관한 법률에 성폭력범죄를 규정하고 있을 뿐이다.

따라서 성폭력이란 성희롱이나 성추행, 성폭행 등을 모두 포함하는 개념으로 '성을 매개로 상대방의 의사에 반해 이루어지는 모든 가해행위'이다. 따라서 모든 신체적 언어적, 정신적 폭력을 포괄하는 광범위한 개념이라고 할 수 있다.

성희롱은 업무와 관련해 성적 언어나 행동 등으로 성적 굴욕감을 느끼게 하거나 성적 언동 등을 조건으로 고용상 불이익을 주는 행위이다.

성추행은 강제추행으로 '폭행이나 협박'을 수단으로 '추행'을 하는 것이다. 추행을 한다는 것은 상대방을 알몸이 되게 하거나, 유방을 만지거나, 간음 이외의 비정상적 성행위를 강요하는 것을 의미한다. 이는 성폭력의 정도가 성희롱을 넘어 범죄로 처벌된다.

성폭행은 폭행 또는 협박을 가해 부녀와 교접행위를 하는 것을 말한다. 일반적으로 성폭행은 강간과 강간미수를 말한다. 강간죄는 피해대상을

'부녀(婦女)'로 한정하고 있기 때문에 여자가 남자를 성폭행하는 것은 강간죄에 해당하지 않는다.

이밖에 사이버 성폭력과 스토킹 등을 넓은 의미의 성폭력에 포함시키기도 한다.

2. 성폭력의 본질 및 특성

1) 성폭력의 본질

프랑스의 사회학자 도미니크 달레락에 따르면 "성폭력은 인류의 출현과 접목돼 있을 뿐 아니라 역사와 함께 발전해온 인류 고유의 특성이다". 즉 성폭력은 구체적으로 강간에 의하여 발생한다고 하면서 이에는 두 가지의 가능성에 의한다고 한다. 하나는 보편적인 본능이요 다른 하나는 사회문화적인 역사성이다. 물론 이 둘은 밀접하게 결합되어 있다.

첫째, 성폭력은 여성이 발정을 포기함에 따라 상대선택의 폭이 확장되고 성이 쾌락과 연결되어 발생한다고 한다. 여성의 발정포기는 남성의 대기염증과 성적 기능에 대한 불안을 불러일으키고 강간이 종번식의 한 방법으로 여겨진다. 사회는 도덕과 문화적 통제수단을 통해 남성의 동물적 생식충동을 억누르지만 어느 순간 전면으로 떠올라 강간을 저지른다는 것이다.

둘째, 성폭력을 강간의 사회문화적 역사성에 더 큰 비중을 두고 있다. 강간이 위법이 된 것은 오래지 않은 시대의 일로서 이전에는 '강자의 법'에 따라 여성은 남성의 사적 소유물로 간주되었다. 여성해방운동과 산업사회의 발전과 더불어 여성의 권리가 확장되었고 강간이 문제시되었다.

남녀의 사회적 접촉이 많아질수록 사회도덕이 남성본능을 누르는 힘은 강해지며 여기에도 강자의 법이 적용돼 성적 불행을 겪는 약자에게는 더욱 강하게 작용한다.

그래서, 그런 사람들이 자신의 지위를 인정받고 여성에 대한 강자로서의 위치를 확인하고 싶어서 강간이라는 폭력적 방법을 동원한다는 분석이다. 실제로 실업이 늘거나 사회가 불안하면 폭력성 강간이 증가하는 것으로 나타났다. 도미니크 달레락은 그 밖에도 개인의 심리형성과 가족적인 영향, 교육과 관습 등을 성폭력(강간)의 원인으로 잡고 있다.

2) 성폭력의 특성

성폭력 피해의 성별의 면에서 보면 성폭력 피해자의 97%가 여성이고 나머지 3%가 남성 피해자이다. 피해자의 연령대를 살펴보면 성인이 52%, 청소년이 21.9%, 13세 미만의 어린이가 24.5% 의 순이며 총 피해자의 46.4%가 19세 미만의 미성년자들이며 주로 남성에 의해 일어나고 있다.

피해자와 가해자의 관계를 살펴보면 아는 사람이 62.9%로 범죄의 반이상이 아는 사람들 사이에서 발생하고 있다. 아는 사람을 다시 분류해보면 친족, 동네사람, 직장상사와 동료, 데이트 상대, 동급생과 선후배, 교사와 강사 순이다. 이런 결과를 보면 모르는 사람에게서 발생할 수 있는 우발적 범죄라고 하기에는 문제가 있다할 것이다.

3. 성폭력의 발생원인

1) 성차별적인 사회구조

우리 사회는 여성이나 어린이를 남성이나 어른보다 약하고 낮은 존재라고 여기고 있다. 가정이나 직장, 학교 등등 수많은 공간에서 여성-남성, 어린이-어른간에 지배-복종의 위계관계가 발생한다. 이는 보다 낮은 위치에 놓인 사람을 함부로 대해도 괜찮다는 잘못된 생각을 낳으며 이로 인해 여성들은 남성들의 성적 폭력에 쉽게 노출된다. 이렇듯 성차별적인 사회 분위기는 남성의 성폭력을 방관하고 허용할 뿐만 아니라 부추기기까지 하며 성폭력을 한 가해자에게 면죄부를 주기까지 한다.

2) 왜곡된 성문화

한 살이라도 더 어린 여성을 옆에 앉히고 술을 마시려는 남자들과 그것을 부추기는 향락 · 퇴폐 문화, 건전한 성관계보다 변태적인 성행위를 더 좋은 것처럼 보여주는 음란물, 여성의 가치를 오직 '성(性)'으로만 다루는 광고와 영화 등 왜곡된 성문화는 여성을 성적 대상, 성폭력의 대상으로 만든다.

3) 의사소통의 불일치

우리 사회에는 여성과 남성의 성에 대한 태도를 서로 다른 잣대로 평가한다. 여성은 성에 무지하고 소극적이어야 하지만, 남성은 성에 적극적이고 과장된 표현을 해도 괜찮다고(혹은 그래야 더 '남성답다'고) 생각한다. 이와 같은 문화 속에서는 여성과 남성이 성에 대해 원활한 의사소통을 할 수 없다. 성폭력이라는 극심한 위기 상황에서 여성이 “싫다”거나 “안 된다”고 의사표현을 해도 이를 긍정적 대답의 완곡한 표현으로 받아들여 성폭력을 행하는 남성들이 생겨나는 것이다.

4) 성교육의 부재

온 가족이 함께 텔레비전을 보다가 조금만 야한 장면이 나오면 얼굴을 붉히고 쑥쓰러워하고 학교에서는 남녀의 신체 구조나 생리적 현상 등 생물학적인 성지식을 전달하는 것을 성교육이라는 이름으로 실시하고 있는 것이 우리의 현실이다. 이런 현실 속에서는 성에 대한 가치나 성적 행동에 대해 생각하고 고민해 보는 열린 교육이 이루어질 수 없다. 제대로 된 성교육 대신 포르노 비디오나 잡지 등에서 보여주는 과장되고 가학적인 성적 표현과 또래 집단 사이의 잘못된 성지식을 여과 없이 받아들인 많은 청소년들은 죄의식조차 느끼지 못한 채 성폭력을 저지르게 된다.

5) 성폭력에 대한 사법계의 인식 부족

많은 피해자들이 경찰이나 검찰의 조사 과정에서 남성의 입장에서 사건을 바라보고 처리하는 형사나 경찰로 인해 자신이 죄인인 것 같은 느낌을 받는다. 사법계에서는 여전히 성폭력에 대한 잘못된 통념들을 수용하고 있어서 그들이 주는 이차 피해로 인해 많은 피해자들이 고소를 아예 하지 못하거나 고소를 해 놓고도 취하하는 경우가 많다. 결국 이러한 사법계의 인식 부족 때문에 피해자들이 피해 사실을 은폐하거나 법정 과정을 포기하게 됨에 따라 가해자는 아무런 처벌도 받지 않게 된다. 오히려 재범을 저지르는 가해자가 늘어나게 되는 것이다.

4. 성폭력의 유형 및 후유증

1) 어린이 성폭력

13세 미만의 어린이에 대한 성폭력을 말한다. 이러한 어린이에 대한 성폭력의 가해자는 친족인 경우가 20%정도 차지하고 있고, 그 외 주로 이웃아저씨, 가게 아저씨, 경비원, 교사 등 어린이를 보호해주어야 할 주변인물에 의해 피해가 발생한다는 점에서 어린이 성폭력에 대한 관심과 예방이 절실히 필요하다. 유형별로 다음과 같다.

- 신체접촉이 일어나지 않은 성폭력 : 말로 희롱하는 것, 피해자의 옷을 벗기는 일, 피해자 앞에서 옷을 벗거나 자위행위를 하는 일
- 성기 이외에 성적 접촉을 한 성폭력 : 피해자의 몸을 만지는 일, 가해자의 몸을 만지게 하는 일
- 성기뿐 아니라 몸에 성적 접촉을 한 성폭력 : 피해자의 성기를 만지는 일, 가해자의 성기를 만지게 하는 일
- 가해자의 성기를 피해자 허벅지 사이에 끼우게 하는 것
- 피해자의 입에 가해자의 성기를 삽입하는 것
- 피해자의 질, 항문에 가해자의 손가락이나 이물질을 삽입하는 것
- 어린이에게 약물이나 술을 먹이고 때리면서 동시에 위의 여러 성폭력도 함께 하는 것

어린이 성폭력은 성인에 대한 믿음을 파괴하고 더 나아가 인간에 대한 신뢰를 상실케 하고 배신감을 갖게 한다는 점에서 심각한 범죄행위이다.

2) 친족 성폭력

친족 성폭력은 가족들 사이에서 일어나는 강제적인 성적 행동을 의미한다. 일반적으로 친부나 의부 그리고 형제자매, 삼촌, 사촌, 이모부, 고모부 그리고 시부모나 할아버지에 의해 발생한다. 친족 성폭력은 피해자와 가해자가 공동으로 거주하거나 일상적으로 대면하게 되어 있어 피해가 일회적이지 않고 지속적이라는 점이 특징이다. 친족 성폭력은 가해자가 자신의 욕구를 충족시키기 위해 물리적인 힘이나 권력 또는 연령이나 가족 내 지위가 주는 권위 등을 이용한다. 친족 성폭력은 보통 어린 시절부터 시작되어 청소년기, 성인이 되어서도 지속된다. 피해자는 가장 신뢰하는 사람에게 피해를 입기 때문에 신체적, 심리적, 사회적으로 더욱 심각한 후유증과 어려움을 겪게 된다.

3) 데이트 성폭력

14세 이상의 남녀쌍방이 이성애의 감정이 있거나 그 가능성을 인정하고 만나는 관계에서 일어나는 성폭력을 말한다. 주로 10~20대에 집중되어 일어나며 의사소통에 있어서의 문제나 가해자의 유인이 크게 작용하고 피해 당사자조차 강간으로 인식하기 어렵고 가해자와의 사적인 관계 때문에 법적처벌에 있어서 어려움이 많다.

일반적으로 사회적으로 요구되는 전통적인 여성성과 남성성이 데이트성폭력을 발생시키는 한 요인이다. 남성들은 아주 어린 아이에서부터 공격적이 되도록 교육받는다. 남성들은 성적으로 강하고 그들의 남성성의 한 부분으로서의 성적인 만족감을 얻어야 한다는 점을 계속해서 주입받는다.

여성과 남성사이의 의사소통의 불일치도 문제가 된다. 여성은 단지 친절하게 행동했을 뿐인데 남성은 이 친근함을 "성관계를 해도 좋다"라는 신호로 해석하기도 한다. "싫어요"는 "할 수도 있어요"라고 생각하기도 하고 강하게 저항해도 어떤 남성은 "좋아요"라고 해석한다. 데이트성폭력은 단순히 한 순간의 열정에 의한 범죄가 아니다. 그것은 한 여성과 한 남성의 인간적인 관계를 파괴하는 것이다. 다른 사람을 존중하는 사람은 상대가 원하지 않는 것을 하도록 강요하지 않는다.

4) 사이버 성폭력

사이버 공간상에서 발생하는 폭력 행사의 행위로서 성적인 메시지 전달과 성적 대화 요청 및 성적인 문제와 관련하여 개인 신상에 관한 정보 게시 등의 방식을 통하여 상대방의 의지와 관계없이 상대방을 위협하거나 괴롭히는 행위이다. 사이버 성폭력을 좀 더 구체적으로 살펴보면 아래와 같다.

(1) 사이버 성폭력의 원인

신분을 숨길 수 있다는 익명성, 시간과 공간의 자율성, 신속성, 별다른 증거가 남지 않는다는 점, 물리적인 현상으로서의 공격이 아니라는 특성, 현실 세계에서는 멀쩡한 사람도 사이버스페이스에서는 비뚤어진 의식을 그대로 드러내면서 성폭력 범죄자로 변하게 한다.

(2) 사이버 성폭력의 특징

■ 가해자의 특징

- 사이버 스토커들은 보편적으로 여자와 아동을 표적으로 삼는다.

- 스토커들은 익명성으로 힘을 얻는 듯이 느낀다.
- 스토커들은 자기가 추구하는 반응을 얻지 못하면 흥미를 잃어버린다. (그러니까 절대 그들이 원하는 반응을 주지 마라)

■ 피해자의 특징
- 피해자는 보통 미성숙한 이용자이고 네티켓의 규칙에 대해 익숙하지 않다.
- 미국의 경우에는 미성숙한 이용자의 특징으로 글자 쓰기 모양이 있다. 전부 소문자로 쓰거나 대문자로 쓰고 아니면 형편없이 쓰는 사람이 미성숙한 온라인 이용자이다.

■ 사이버 스토킹의 단계

▷ 단순한 괴롭힘 :
- 당신이 언급한 대상이나 언급한 글로 인해 여러 사람으로부터 비판이나 공격을 당하여 흥분하는 경우
- 뉴스그룹에서 당신이 올린 글로 여러 사람을 자극하여 그로 인해 불쾌한 메시지를 받는 경우
- 또는 그러한 글을 올리지 못하도록 경고하는 E-mail을 잔뜩 받는 경우

▷ 원하지 않는 충고나 증오로 가득 찬 채팅, 메모, 이메일을 받는 경우

▷ 실제 현실에서 스토킹을 당하는 경우 :
- 가장 심각한 상태이며 통신 이용이 가능한 어느 곳에서 든지 발생할 수 있다.

5) 후유증

성폭력 피해자는 개인적으로도 심한 후유증을 겪을 뿐만 아니라 사회적 후유증도 경험하게 된다.

성폭력 피해자는 성병의 감염이나 임신, 낙태, 불면증 등과 같은 심한 신체적 후유증을 경험하게 되고, 죄의식이나 수치심, 낮은 자존감, 부정적 자기 개념, 환각, 환청 등과 같은 심리적 후유증을 겪기도 하며 남성기피, 남성혐오 등으로 대인관계가 어려워지고, 학습 부진 자해, 자살 기동, 우울증 등 사회생활에도 부적응하게 된다. 그리고 왜곡된 성정체감, 이성혐오, 성폭력가해 섹스와 애정의 혼란을 겪게 되기도 한다.

특히 어린이 성폭력은 자아가 확립되어 있지 않고 판단 능력이 약한 시기에 처음으로 자신의 피해 사실을 인식하면서 청소년 문제, 매매춘 등의 사회적 문제를 발생하는 원인이 된다.

(1) 사이버 성폭력의 사례

■ 무역회사 여사장 김모(33 · 여)씨

지난 1월 말 인터넷 음란사이트 자유게시판에서 자신의 이름으로 된 수십 개의 음란성 글이 떠 있는 것을 보고 깜짝 놀랐다. 「남성파트너 구함」「젊은 사람과 만나 색다른 경험을 하고 싶다」 등 입에도 담기 민망한 음란한 내용이 자신의 이름으로 버젓이 올라 있었고 매일 남성들의 메일과 전화공세에 시달렸다. 범인은 이 회사 전직원 이모(38 · 영장신청)씨로 한 달 전 회사에서 강제 퇴직 당한 데 앙심을 품고 김씨 명의로 ID를 만들어 음란물을 게시했다. 이씨는 또 10일부터 6일간 메일폭탄

프로그램인 밥 메일(Bomb mail)을 이용하여 이 회사의 전자우편주소로 1만 통의 전자우편을 보내 컴퓨터 정보처리 업무를 방해했다. 〈한국일보 2000년 1월 말〉

■ 부산에 사는 여대생 하모씨(23)

지난해 10월 6일 낯선 남자로부터 황당한 내용의 전화를 받았다. 신분을 밝히지 않은 이 남자는 다짜고짜 "잠자리를 같이 하자"고 요구한 뒤 영문을 몰라 머뭇거리는 하씨에게 한참동안 음란한 말을 되풀이하고서야 끊었다. 이 날 하루 동안 50명이 넘는 남자들로부터 똑같은 전화를 받은 하씨에겐 이후 매일 수십 통씩 음란전화 공세가 계속됐다. 전화를 걸어온 남자로부터 인터넷의 한 홈페이지에서 자신의 전화번호를 알았다는 말을 듣고 그 홈페이지를 확인한 하씨는 깜짝 놀랐다. "부산에 사는 23세 여자로 키 1백65㎝, 몸무게 45㎏입니다. ××잘하는 남자 연락주세요"란 글이 자신의 이름 전화번호와 함께 올라 있었던 것, 경찰 조사 결과 이 글은 인터넷 동호회에서 하씨를 알게 된 이모씨(21)가 하씨가 만나주지 않자 올려놓은 것으로 드러났고 이씨는 성폭력범죄 처벌 및 피해자보호에 관한 법률 위반 혐의로 구속됐다. 경찰청 컴퓨터범죄 수사대는 "최근 들어 이 같은 피해를 호소하는 피해자들의 전화상담이 부쩍 늘었고 각 지방청에도 이 같은 신고가 여러 건씩 접수돼 수사협조 요청이 잇따르고 있다"고 밝혔다. PC통신과 달리 인터넷은 신분을 노출시키지 않고 얼마든지 각 홈페이지에 접속할 수 있는데다 핫메일, 한메일 등 전자우편 서비스도 회원가입 시 실명 확인을 안하여 지속적으로 음란성 협박메일을 보내는 E-메일 스토킹마저 늘고 있다고 경찰은 설명했다. 〈국민일보 1999년 10월〉

■ 캘리포니아에 사이버 스토커 법이 새로 생긴 이래 첫 번째 고소 성공

고발자(28세)는 로스앤젤레스 지방검사 사무실에서 전 경비(50세)에게 유죄 진술을 얻어 냈다. 그 남자는 자신의 로맨틱 제의를 거절한 여자를 강탈하려고 인터넷을 이용했다. 피고는 그녀를 가장하여 다양한 인터넷 대화방과 온라인 게시판에 그녀의 전화번호와 주소 그리고 그녀가 강간을 몽상하고 있다는 메시지를 올림으로써 피해자를 위협했다. 한밤중에 사람들이 그녀를 강간해 줄 것을 원한다고 말해서 때때로 남자들이 그녀의 방을 두드리기도 했다. 피고는 1999년 4월 한 번의 스토킹과 3번의 성폭행 요구를 한 것에 대해 유죄를 진술했다. 그는 최고 6년형에 처해질 수 있다. 〈1994년 4월〉

■ 매사추세스 지방 고발자 사무실

피해자의 현 남편에게 과거의 섹스행위를 폭로하겠다고 위협하여 피해자에게 섹스행위를 강요한 직장 동료인 남자를 고소했다. 이 사람은 익명의 회신 메일러를 이용하여 시스템적인 괴롭힘을 해왔다고 주장했다.

■ 샌디애고 대학의 한 우등 졸업생

인터넷상에서 1년 이상 5명의 여대생들을 위협했다. 피해자들은 폭력적이고 위협적인 이메일을 수백 통씩 받았고 때때로 하루에도 4, 5통의 메시지를 받기도 했다. 이것은 유죄판결을 받게 되면 최고 6년형까지 집행될 수 있다. 그 졸업생은 경찰에게 그 여자들이 자신을 조롱하고 비웃었다고 생각했기 때문에 죄를 저질렀다고 말했다. 그러나 그 피해자들은

그 남자를 만난 일조차 없다.

■ 게시판에 후배 여대생을 비방

경시청은 도쿄도에 사는 M.R.(남, 24, 무직)을 명예 훼손 혐의로 체포하였다. 조사에 의하면 후배 4학년생 여자 학생을 세미나 합숙에 같이 가자고 제의하였으나 이를 거절당하자 화가나 인터넷 전자게시판에 여자 학생을 비방하는 모욕적인 문장을 올렸다. 세미나는 하이테크 범죄론으로 여자 학생의 컴퓨터에는 교제를 요구하는 전자 메일 등이 도착하였다고 한다. "참가 제의를 거절당해서, 골탕을 먹이려고 생각했다"고 말했다고 한다. 〈1999년 11월 30일〉

■ 애인 모집 광고를 본인인 것처럼 가장하여 게시한 명예훼손 사건

치바현 경찰은 13일 치바현 아비코시에 사는 회사원 H.I.(남, 28)을 명예훼손 혐의로 체포하였다. 경찰 조사에 의하면 용의자는 지난 6월초 애인을 모집하는 게시판 3곳에 컴퓨터 통신으로 알게 된 27세의 여성인 것처럼 가장하여 이름과 전화번호, 취미 등의 개인정보를 투고하여 여성의 명예를 현저하게 실추 시킨 혐의이다. 여성의 휴대전화에는 "게시판을 보았다"고 하는 전화가 지금까지 약 600여건 이상 걸려왔고 컴퓨터에는 약 30여 통의 메일이 왔다고 한다. 이 자가 체포된 경위는 여성이 게시판을 발견하고 7월 중순 경찰서에 고발하여 가능하게 되었다. 명예훼손은 3년 이하의 징역 혹은 50만엔 이하의 벌금형에 처해진다. 〈1999년 9월 13일〉

■ 동료 여성을 게시판에서 중상

경시청은 19일 도쿄도 시나가와구에 사는 K.F.(남, 42, 무직)을 명예훼손의 혐의로 체포하였다. 조사에 따르면 교제를 거절당하자 화가나 동료 여성이 근무하는 회사의 홈페이지의 게시판에 여성의 본명을 사용하여 55회에 걸쳐 외설적인 글을 올려 불특정 다수가 열람할 수 있게 하여 여성의 명예를 현저하게 손상시킨 혐의이다. 명예훼손은 3년 이하의 징역 혹은 50만엔 이하의 벌금형에 처한다. 8월 10일 도쿄 지법 긴자 재판관은 〈누구든지 조회할 수 있는 인터넷의 익명성을 악용한 질 나쁜 범죄이다〉 등으로 서술하고 징역 1년 6월의 실형 판결을 언도하였다. 판결에는 헤어진 여성에 대한 미련을 끊지 못하고 여성을 오히려 원망하여 범행하였다. 모방성이 높고 사회에 대한 영향도 크다. 실형을 선고하지 않으면 안된다고 설명하였다. 〈1999년 5월 19일〉

■ 인터넷상에서 강간 의뢰한 동료 남성을 체포

인터넷 게시판에서 도쿄도 무사시무라야마시에 사는 여성 회사원(27)의 실명과 주소를 써서 "이 여자를 강간해 달라. 보수로 30만엔을 주겠다"고 하는 글을 올린 사건으로 경시청 수사1과와 무사시무라야마 경찰은 10일 가미가와현 요코스카시에 사는 회사원 N.Y.(남, 30)을 협박 혐의로 체포하였다. N.Y.는 혐의를 인정하고 "좋아하는 탈렌트와 닮아, 전부터 굉장히 귀여운 여자라고 생각하고 있었다. 그녀를 찍은 비디오가 갖고 싶었다"고 공술하였다고 한다. 조사에 따르면 N.Y.는 작년 11월 남녀가 교제희망의 메시지를 주고받는 인터넷 전자게시판 〈연인〉에 여성의 실명과 주소를 쓰고 "일을 할 사람을 구합니다. 이 여성을 강간해주면 30만엔을

드립니다. 기한은 11월 30일"이라고 올린 혐의이다. 이 게시판을 본 회원이 무사시무라야마 경찰에 통보하고 게시판 관리자는 부적절한 투고이므로 삭제하였다. 경찰에 의하면 N.Y.와 피해자인 여성은 1995년부터 약 2년간 같은 회사에서 근무하였다고 한다. 〈1999년 1월 19일〉

(2) 사이버 성폭력의 대책

■ 신고한다 - 당신이 바보라거나 창피하다고 생각하지 마라. 나중에 더 큰 위기를 겪게 될지도 모른다.

■ 스토커를 무시한다 - 답장이나 메모를 보내지 말아야 한다. 장난으로 보낸 것 일 수 있기 때문이다.

■ 그래도 계속 괴롭히면 - 스토커는 절대 쉽게 포기하거나 질리지 않는다. 모든 불쾌 메시지를 복사해 두자 나중에 기소하기 위한 증거자료가 되니까.

- 개인정보 관리는 중성적 ID나 대화명을 이용한다.
- 개인정보는 최소한의 것만 기입하거나 비공개로 한다.
- 현실에서처럼 상대방을 존중한다.
- 상대방이 원치 않는 행동을 강요하지 않는다.
- 상대방의 유혹에 반응하지 않는다.
- 원치 않는 메일에 답장하지 않는다.
- 적대적인 상황이 예측될 경우 그 자리를 떠난다.
- 불쾌하거나 위협적인 상대방을 목격하거나 만나면 단호하게 대처한다.
- 온라인을 통해 알게 된 사람을 만날 경우 꼭 주변에 미리 알린다.

- 대화실 등에서 사이버성폭력 가해자를 보면 당장 중지할 것을 요구하고 피해자를 돕는다.

5. 성폭력의 규정과 처벌

성폭력법에서는 성폭력의 피해정도에 따라 그 처벌을 달리하고 있다. 예를 들어 위스콘신 주 성폭력법에서는 성폭력 피해정도에 따라 1급 성폭력은 임신 혹은 커다란 신체적 손상을 가져온 동의 없는 성교 혹은 성적 접촉, 위험한 무기를 직접 사용하거나 이를 사용할 것이라는 협박으로 이루어진 동의 없는 성교 혹은 성적 접촉 등을 포함한다.

2급 성폭력에서는 폭행 혹은 협박을 통한 동의 없는 성교 혹은 성적 접촉, 상처, 질병, 성기 혹은 생식기관의 손상 혹은 정신의학적 치료를 요하는 정신적 고통을 유발한 성교 혹은 성적 접촉 그리고 피해자가 무의식적 항거불능이거나 정신질환 혹은 정신적으로 결함이 있는 것을 알면서 성교 혹은 성적 접촉을 한 경우 등을 규정하고 있다. 이들 1급 및 2급 성폭력은 성폭력범죄 중에서도 형량과 벌금이 무겁게 가해지고 있다.

한편, 성폭력에 대한 우리나라의 법적 규정을 살펴보면 형법 및 성폭력범죄의 처벌 및 피해자보호 등에 관한 법률에서는 성폭력 범죄에 강간, 강제추행, 준강간, 준강제추행, 미수범, 강간 등 살인치사, 미성년자 등에 대한 간음, 업무상위력 등에 의한 간음, 미성년자에 대한 간음, 추행, 강도강간, 특수강도강간, 그리고 통신매체이용음란의 죄 등을 규정하고 있다. 강간은 폭행 또는 협박으로 상대방의 반항을 제압하고 법적으로 남성의 성기를 여성에 삽입하는 행위를 말하는 것으로 부녀만이 강간의 피해자가 된다.

앞서 오하이오 주 성폭력법에서는 강간죄에 피해자의 성별에 관련 없이 성교 및 항문성교를 포함하여 광범위하게 규정하고 있으나 우리나라에서는 보다 제한적으로 접근하고 있다. 보다 구체적으로 현행법상 항문성교를 강요당한 남성피해자는 강간죄가 아닌 강제추행으로 고소하도록 되어 있다.

그리고 '추행'이라 함은 성욕의 자극, 항문 또는 만족을 목적으로 하는 행위로서 건전한 상식이 있는 일반인의 성적수치, 혐오의 감정을 느끼게 하는 일체의 행위로 강제추행은 이러한 추행행위 시 폭행 또는 협박과 같은 강제력이 사용되는 경우를 의미한다. 현행법에서는 강제추행이 성폭력에 포함되지만 예외로 미성년자에 대한 추행, 업무상 위력 등에 의한 추행 그리고 공중밀집장소에서의 추행과 같은 특수한 상황에서의 추행은 단순추행이라도 별도의 처벌규정을 두고 있다.

한편, 1997년 성폭력특별법 개정안 추진과정에서 성폭력에 성희롱을 포함시키고자 하는 시도가 있었으나 이를 법에 포함시키지 못하였다. 그 후 사회적으로는 우조교 사건으로 인하여 직장 내 성희롱에 대한 관심이 크게 부각되었고 현재 남녀고용평등법에 성희롱 조항을 규정하고 있다.

6. 성폭력범죄의 처벌 등에 관한 특례법 (일명 : 성폭력특별법)

[법률 제11731호, 2013.4.5., 타법개정, 2013.4.5. 시행]

1) 제 정

이 법은 2012년 12월 18일(법률 제11556호) 제정되어 2013년 6월 19일 시행되고 있다.

2) 정 의

이 법에서 "성폭력범죄"란 아래와 각 호의 어느 하나에 해당하는 죄를 말한다(동법 제2조제1항). 아래의 범죄로서 다른 법률에 따라 가중처벌되는 죄는 성폭력범죄로 본다(동법 제2조제2항).

- 「형법」 제2편제22장 성풍속에 관한 죄 중 제242조(음행매개), 제243조(음화반포 등), 제244조(음화제조 등) 및 제245조(공연음란)의 죄
- 「형법」 제2편제31장 약취(略取), 유인(誘引) 및 인신매매의 죄 중 추행, 간음 또는 성매매와 성적 착취를 목적으로 범한 제288조 또는 추행, 간음 또는 성매매와 성적 착취를 목적으로 범한 제289조, 제290조(추행, 간음 또는 성매매와 성적 착취를 목적으로 제288조 또는 추행, 간음 또는 성매매와 성적 착취를 목적으로 제289조의 죄를 범하여 약취, 유인, 매매된 사람을 상해하거나 상해에 이르게 한 경우에 한정한다), 제291조(추행, 간음 또는 성매매와 성적 착취를 목적으로 제288조 또는 추행, 간음 또는 성매매와 성적 착취를 목적으로 제289조의 죄를 범하여 약취, 유인, 매매된 사람을 살해하거나 사망에 이르게 한 경우에 한정한다), 제292조[추행, 간음 또는 성매매와 성적 착취를 목적으로 한 제288조 또는 추행, 간음 또는 성매매와 성적 착취를 목적으로 한 제289조의 죄로 약취, 유인, 매매된 사람을 수수(授受) 또는 은닉한 죄, 추행, 간음 또는 성매매와 성적 착취를 목적으로 한 제288조 또는 추행,

간음 또는 성매매와 성적 착취를 목적으로 한 제289조의 죄를 범할 목적으로 사람을 모집, 운송, 전달한 경우에 한정한다] 및 제294조(추행, 간음 또는 성매매와 성적 착취를 목적으로 범한 제288조의 미수범 또는 추행, 간음 또는 성매매와 성적 착취를 목적으로 범한 제289조의 미수범, 추행, 간음 또는 성매매와 성적 착취를 목적으로 제288조 또는 추행, 간음 또는 성매매와 성적 착취를 목적으로 제289조의 죄를 범하여 발생한 제290조제1항의 미수범 또는 추행, 간음 또는 성매매와 성적 착취를 목적으로 제288조 또는 추행, 간음 또는 성매매와 성적 착취를 목적으로 제289조의 죄를 범하여 발생한 제291조제1항의 미수범 및 제292조제1항의 미수범 중 추행, 간음 또는 성매매와 성적 착취를 목적으로 약취, 유인, 매매된 사람을 수수, 은닉한 죄의 미수범으로 한정한다)의 죄

- 「형법」 제2편제32장 강간과 추행의 죄 중 제297조(강간), 제297조의2(유사강간), 제298조(강제추행), 제299조(준강간, 준강제추행), 제300조(미수범), 제301조(강간등 상해 · 치상), 제301조의2(강간등 살인 · 치사), 제302조(미성년자등에 대한 간음), 제303조(업무상위력 등에 의한 간음) 및 제305조(미성년자에 대한 간음, 추행)의 죄
- 「형법」 제339조(강도강간)의 죄
- 이 법 제3조(특수강도강간 등)부터 제15조(미수범)까지의 죄

3) 성폭력범죄의 처벌 및 절차에 관한 특례

(1) 처벌에 관한 특례

특수강도강간 등(제3조), 특수강간 등(제4조), 친족관계에 의한 강간 등(제5조), 장애인에 강간·강제추행 등(제6조), 13세 미만의 미성년자에 대한 강간, 강제추행 등(제7조), 강간 등 상해·치상(제8조), 강간 등 살인·치사(제9조), 업무상 위력 등에 의한 추행(제10조), 공중 밀집 장소에서의 추행(제11조), 성적 목적을 위한 공공장소 침입행위(제12조), 통신매체를 이용한 음란행위(제13조), 카메라 등을 이용한 촬영(제14조), 동법 제3조 내지 제9조 및 제14조의 미수범 등은 각 해당 규정에 의하여 일정기간 징역 또는 일정 금액 벌금으로 처벌한다. 또한 법원은 성폭력범죄를 범한 사람은 형의 선고를 유예하는 경우에는 1년 동안 보호관찰을 받을 것을 명할 수 있다. 다만 성폭력범죄를 범한 소년법 제2조에 따른 소년에 대하여 형의 선고를 유예하는 경우에는 반드시 보호관찰을 명해야 한다(제16조제1항). 그 밖에 법원은 성폭력범죄자가 유죄판결(선고유예 제외)을 선고하는 경우에는 500시간 범위에서 재범예방에 필요한 수강명령 또는 성폭력치료프로그램의 이수명령을 병과하여야 한다. 다만 수강명령 또는 이수명령을 부과할 수 없는 특별한 사정이 있는 경우에는 그러하지 아니하다(제16조제2항). 수강명령 또는 이수명령은 일탈적 이상행동의 진단·상담, 성에 대한 건전한 이해를 위한 교육, 그 밖에 성폭력범죄를 범한 사람의 재범예방을 위하여 필요한 사항이다(제16조제7항). 그리고 성폭력범죄자로서 형의 집행 중에 가석방된 자는 가석방기간 동안 보호관찰을 받는다. 다만, 가석방을 허가한 행정관청이 보호관찰을 할 필요가 없다고 인정한 경우에는 그러하지 아니하다(제16조제8항). 위 보호관찰, 사회봉사, 수강명령 및 이수명령을 부과하기 위하여 필요한 경우에는 그 법원의 소재지 또는 피고인의 주거지를 관할하는 보호관찰소의 장에게 피고인의 신체적 · 심리적 특성 및 상태, 정신성적 발달과정, 성장배경, 가정환경, 직업, 생활환경, 교우관계, 범행동기, 병력(病歷), 피해자와의 관계, 재범위험성 등 피고인에 관한 사항의 조사를 요구할 수 있다(제17조제1항). 그리고 위 보호관찰, 사회봉사, 수강명령 및 이수명령은 이 법에서 규정한 사항 외의 사항에 대하여는 보호관찰 등에 관한 법률을 준용한다(제16조제9항).

한편 성폭력범죄에 대하여 형사소송법 제224조(고소제한) 및 군사법원법 제266조에도 불구하고 자기 또는 배우자의 직계존속을 고소할 수 있다(제18조). 또한 음주 또는 약물로 인한 심신장애 상태에서 행한 성폭력범죄는(제2조제1항제1호의 죄는 제외) 형법 제10조제1항 · 제2항 및 제11조 적용하지 않을 수 있다(제20조).

그 밖에 공소시효에 관한 특례(제21조), 특정강력범죄의 처벌에 관한 특례법의 준용(제22조), 피해자, 신고인 등에 대한 보호조치(제23조), 피행자의 신원과 사생활 비밀누설금지(제24조), 피의자의 얼굴 등 공개(제25조), 성폭력범죄의 피해자에 대한 전담조사제(제26조), 성폭력범죄 피해자에 대한 변호사선임의 특례(제27조), 성폭력범죄에 대한 전담재판부(제28조), 수사 및 재판절창에서의 배려(제29조), 영상물의 촬영 · 보존 등(제30조), 피해자의 심리비공개(제31조), 증인지원시설의 설치 · 운영 등(제32조), 행위자 또는 피해자에 대한 전문가 의견조회(제33조), 일정한 경우 범죄피해자의 증인심문시 피해자와 신뢰관계에 있는 사람의 동석(제34조), 진술조력인 양성 등(제35조), 진술조력인의 수사과정참여(제36조)과 재판과정참여(제37조), 진술조력인의 의무(제38조), 진술조력인의 벌칙적용에 있어서 공무원의 의제(제39조), 비디오 등 중계장치에 의한 증인신문(제40조), 증거보존의 특례(41조) 등의 규정을 둠으로써 피의자에 대한 강한 처벌과 피해자의 적극적 보호를 꾀하고 있다.

'사실상의 친족관계'란 자연혈족관계에 있으나 법정 절차의 미이행으로 인하여 법률상 친족으로 인정되지 못하는 자 또는 법률이 정하는 실질관계는 모두 갖추었으나 신고 등 법정절차의 미이행으로 인하여 법률상의 친족으로 인정되지 못하는 자를 말하고 위와 같은 관계가 없거나 법률상의 인척에 불과한 경우에는 친족관계와 유사한 외관을 가졌다는 이유만으로 위의 사실상의 관계에 의한 친족에 포함한다고 할 수 없다(대법원 1996.2.23. 선고 96도2914판결 참조).

(2) 고소제한에 대한 예외

성폭력범죄에 대하여 형소법 제224조 "자기 또는 배우자의 직계존속을 고소하지 못한다(고소의 제한)"의 규정에도 불구하고 자기 또는 배우자의 직계존속을 고소할 수 있다(제18조).

(3) 고소기간

친고죄에 대하여는 형사소송법 제230조제1항의 규정에 불구하고 범인을 알게 된 날부터 6월을 경과하면 고소하지 못한다. 그러나 성폭력범죄는 친고죄가 아니므로 이 고소 및 고소기간과 관계없이 처벌할 수 있다.

(4) 보호관찰 등 절차에 관한 특례

법원이 성폭력범죄인에 대한 형의 선고를 유예할 경우에 1년 동안 보호관찰을 받을 것을 명할 수 있다. 다만 성폭력범죄인이 소년인 경우에는 반드시 보호관찰을 명하여야 한다(제16조). 그리고 피해자의 신원과 생활비밀 누설금지규정을 두어 피해자의 주소, 성명, 연령, 직업, 용모 기타 피해자를 특정하여 파악할 수 있는 인물사항과 사진 등을 공개하거나 타인에게 누설해서는 안 된다고 규정하고 있다. 또한 심리의 비공개(제31조)규정을 두어 피해자의 사생활보호를 위한 결정으로 이를 공개하지 아니할 수 있도록 하였다.

4) 성폭력피해상담소 등

한편 '성폭력 방지 및 피해자보호등에 관한 법률'에는 성폭력상담소의 설치 및 업무와 보호시설의 설치 및 업무 등에 관하여 규정하고 있다. 즉, 국가 또는 지방자치단체는 성폭력피해상담소(동법 제10조), 성폭력피해자보호시설(동법 제12조), 성폭력피해자통합지원텐터(동법 제18조)를 피해자의 보호를 위하여 설치·운영할 수 있다. 그 밖에 국가 또는 지방자치단체는 상당원(상담원이 되려는 사람을 포함)의 자질을 향상시키기 위하여 상담원에 대한 전문적인 교육·훈련을 담당하는 시설인 교육훈련시설을 설치·운영할 수 있다(동법 제19조의2제1항).

사례문제

사례 1. 의붓아버지가 의붓딸을 강간한 경우 형사책임

■ 甲은 어머니가 친정에 있는 동안 어머니와 혼인신고를 하고 함께 사는 의붓아버지 乙에게 강간을 당했다. 이 경우 甲이 乙을 고소하지 않아도 처벌이 되는지? 또한 형법상의 강간죄가 적용되는지 아니면 성폭력범죄의 처벌 및 피해자보호 등에 관한 법률 제7조의 친족관계에 의한 강간죄가 적용되는지?

폭행 또는 협박으로 부녀를 강간한 자는 3년 이상의 유기징역으로 처벌된다.(형법 제297조). 그리고 성폭력범죄의 처벌 및 피해자 보호 등에 관한 법률 제7조는 친족관계에 있는 자가 강간죄를 범한 때에는 5년 이상의 유기징역으로 처벌하는데 여기에서의 친족은 사실상의 관계에 의한 친족을 포함한다고 규정하고 있다. 의붓아버지와 의붓딸이 성폭력범죄의 처벌 및 피해자보호 등에 관한 법률 제7조의 친족관계에 해당하는가에 관하여 과거 판례를 보면 "성폭력범죄의 처벌 및 피해자보호 등에 관한 법률 제7조제4항에서 규정하는 사실상의 관계에 의한 존속이란 자연혈족관계에 있으나 법정절차 미이행으로 인하여 법률상의 존속으로 인정되지 못하는 자(예컨대, 인지 전의 혼인외의 출생자의 생부) 또는 법정혈족관계를 맺고자 하는 의사합치 등 법률이 정하는 실질관계는 갖추었으나 신고 등 법정절차 미이행으로 인하여 법률상의 존속으로 인정되지 못하는 자(예컨대, 사실상의 양자의 양부)를 말하고 위와 같은 관계가 없거나 법률상의 인척에 불과한 경우는 그 생활관계, 당사자의 역할 · 의사 등이 존속관계와 유사한 외관을 가진다는 이유만으로 위의 사실상의 관계에 의한 존속에 포함된다고 할 수 없다"라고 하여(대법원 1996. 2. 23. 선고 95도2914 판결, 2000. 2. 8. 선고 99도5395 판결, 2002. 2. 22. 선고 2001도5075 판결) 의붓아버지는 의붓딸과 아무런 혈연관계가 없고 단지 인척관계에 있을 뿐이므로 위 법률에서 규정하는 존속에 해당하지 아니한다고 한 적이 있다.

그러나 1997년 8월 22일 성폭력범죄의 처벌 및 피해자보호 등에 관한 법률의 개정으로 인하여 친족의 범위가 4촌 이내의 혈족과 2촌 이내의 인척으로 규정되게 되었으므로(1998. 1. 1. 시행) 의붓아버지는 2촌 이내의 인척에 포함되어 성폭력범죄의 처벌 및 피해자보호 등에 관한 법률이 적용될 것이고 고소가 없어도 처벌할 수 있게 되었다. 참고로 판례는 "성폭력범죄의 처벌 및 피해자보호 등에 관한 법률 제7조제1항은 친족관계에 있는 자가 형법 제297조(강간)의 죄를 범한 때에는 5년 이하의 유기징역에 처한다고 규정하고 있고 동법 제7조제4항은 제1항의 친족의 범위는 4촌 이내의 혈족과 2촌 이내의 인척으로 한다고 규정하고 있으며 동법 제7조제5항은 제1항의 친족은 사실상의 관계에 의한 친족을 포함한다고 규정하고 있는바 법률이 정한 혼인의 실질관계는 모두 갖추었으나 법률이 정한 방식, 즉 혼인신고가 없기 때문에 법률상 혼인으로 인정되지 않는 이른바 사실혼으로 인하여 형성되는 인척도 동법 제7조제5항이 규정한 사실상의 관계에 의한 친족에 해당한다."라고 하였으므로(대법원 2000. 2. 8. 선고 99도5395 판결) 혼인신고를 하지 않고 함께 사는 의붓아버지가 의붓딸을 강간한 경우에도 성폭력범죄의 처벌 및 피해자보호 등에 관한 법률 위반죄로 처벌될 것이다.

한편 현행 성폭력범죄의 처벌 등에 관한 특례법 제5조제5항 '사실상 관계에 있는 친족'을 가해자의 친족관계에 포함하고 있기 때문에 의부에 의한 성폭력은 당연히 친족관계에 의한 강간에 의하여 해당 특례법이 적용된다. 〈출처 : 법률구조공단 사례에서〉

사례 2 사실혼관계에서 성폭력

■ 甲은 乙녀의 어머니 丙과 혼인신고를 하지 않고 살다가 丙을 성추행하였다. 이 경우 성폭력범죄의 처벌 등에 관한 특례법의 위반으로 처벌할 수 있는가?

위 특례법 제5조제2항 "친족관계인 사람이 폭행 또는 협박으로 사람을 강제추행한 경우에는 5년 이상 유기징역에 처한다"고 규정하고 있다. 또한 동법 제5조제4항에 "친족범위는 4촌 이내의 혈족·인척과 동거하는 친족으로 한다"고 규정하고 있다. 그리고 제5조제5항에 "친족은 사실상 관계에 의한 친족을 포함한다"고 규정함으로써 위의 경우에 성폭력특례법상 강제추행죄로 처벌할 수 있다. 또한 이 경우 고소 없이 처벌할 수 있다.

사례 3. 중혼적 사실관계와 성폭력

▌甲녀는 법률상 혼인한 부녀자로서 딸인 丙녀를 데리고 집을 나와 乙남과 동거생활을 하고 있다. 甲이 없는 틈을 이용하여 丙녀를 乙남이 성폭력하였다. 이 경우 성폭력특별법상 처벌할 수 있는가?

이는 중혼적 사실관계(甲이 법적으로 혼인관계를 해소하지 않고 乙과 사실혼관계를 가짐)로서 판례에 따르면 "... 일부일처를 채택하여 중혼을 금지하는 규정을 두고 있다 하더라도 이를 위반한 때를 혼인무효의 사유로 규정하고 있지 아니하고 단지 혼인 취소의 사유로만 규정함으로써 중혼에 해당하는 혼인이라도 취소되기 전까지는 유효하게 존속하는 것이므로 중혼적 사실혼이라 하여 달리 볼 것은 아니다(대법원 2002.2.22. 선고 2001도5075 판결)"라고 판시하고 있고 동법 제7조제5항에 사실상 친족관계도 처벌하도록 하고 있기 때문에 위의 경우에 성폭력특례법상 성폭력범죄자로 처벌할 수 있다.

생각할 문제

문제 1. 13세 미만의 어린의 성폭력

개똥의 자년인 왈패는 현재 만 12세로서 학교에서 집으로 돌아오던 중 동네의 어귀에서 같은 마을에 사는 아는 아저씨가 왈패의 가슴을 손으로 만졌다. 이 경우에 왈패는 어떤 법적 조치를 취할 수 있는가?

문제 2. 계부의 성폭력

엄마와 결혼한 계부는 재혼한 부인의 딸인 왈패(15세)를 그의 부인이 없는 동안에 상습적으로 가슴과 음부를 만졌다. 이 경우에 왈패와 그 엄마는 계부를 상대로 어떤 법적 조치를 취할 수 있는가?

문제 3. 미성년자에 의한 성폭력

고등학교에 다니는 고등학생이 이웃에 사는 어린 유치원생의 성기를 만졌다. 이 경우에 해당 고등학생은 어떠한 처벌을 받는가? 그리고 성인의 성폭력범죄인 경우와 어떻게 다른가?

제13강 성희롱과 법

1. 성희롱의 개념
2. 성희롱의 구성요건
3. 성희롱의 예방
4. 성희롱 구제절차
5. 성희롱 관련법
6. 성희롱 발생시 대처요령

제13강 성희롱과 법

1. 성희롱의 개념

1) 성희롱의 정의

'성희롱'이란 남녀고용평등법과 남녀차별금지법의 규정에 따르면 '업무와 관련해 성적 언어나 행동 등으로 성적 굴욕감을 느끼게 하거나 성적 언동 등을 조건으로 고용상 불이익을 주는 행위'이다.

고용노동부는 이 법을 근거로 2000년 '성희롱행위 예시집'을 내면서 '음란한 농담이나 언사', '외모에 대한 성적인 비유나 평가', '원하지 않는 신체접촉', '회식 야유회 자리에서 옆에 앉히거나 술을 따르도록 강요하는 행위'등을 성희롱으로 간주했다. 논란이 됐던 '음란한 눈빛'은 제외됐다.

성희롱은 성폭력의 하위개념이고, 성폭력은 성희롱, 성추행, 성폭행 등을 모두 포괄하는 개념으로 한국성폭력상담소에서는 '성의 매개로 상대방의 의사에 반해 이뤄지는 모든 가해행위'라고 정의한다.

2) 성희롱과 성추행의 구별

(1) 당사자

강제추행과 성희롱의 당사자에는 제한이 없다. 따라서 주체와 객체의 성별이나 연령 또는 관계 등을 불문하고 모든 경우에 성립될 수 있다. 다만, 고용평등법의 적용대상인 '직장내 성희롱'당사자는 사업주, 직장내의 상급자, 동료, 하급자 등 일정한 직장이라는 제한된 영역내에서 인정된다.

(2) 행위수단

'성추행'은 강제추행을 뜻하는 것으로 성희롱과 다른 점은 '폭행이나 협박'을 수단으로 '추행'한다는 것이다. 따라서 폭행 또는 협박에 의하지 아니한 성적 접촉은 성희롱이 될 수 있을 뿐이다. 대법원 판례에 따르면 '상대방을 알몸이 되게 하는 행위', '유방을 만지는 행위', '간음 이외의 비정상적 성행위 강요'등을 모두 강제추행으로 본다.

(3) 행위내용

성희롱과 성추행은 모두 음란한 행위라야 한다. 음란성에 대해서는 대법원 판례(대판 1997.12.26, 97누11287)에 따르면 "그 시대의 건전한 사회통념에 비추어 그것이 공연히 성욕을 흥분 또는 자극시키거나, 보통인의 정상적인 성적 수치심을 해하고 선량한 성적 도의관념에 반하는 것이라고 할 수 있는가의 여부에 따라 결정되어야 한다"고 판시하고 있다.

2. 성희롱의 구성요건

1) 당사자

(1) 주 체

노동부 성희롱예방지침에 의하면 사업주 · 직장 내의 상급자 · 동료 · 하급자가 모두 직장내 성희롱의 주체가 될 수 있다. 다만, 거래처 관계자나 고객 등 제3자는 제외된다.

(2) 객 체

사업자를 제외한 모든 남녀 근로자(협력업체 및 파견근로자 포함). 모집 · 채용과정에서의 구직자 등이 모두 직장 내 성희롱의 피해자가 될 수 있다.

(3) 성희롱의 범위

노동부의 성희롱예방지침에 따르면 성희롱의 발생장소를 직장에 한정하고 있다. 따라서 문제되는 성희롱의 범위는 "직장 내의 지위를 이용하거나 업무와 관련하여 이루어진 것"으로 인정된다. 성희롱예방지침에 따르면 직장 내 지위를 이용하였거나 업무와의 관련성이 있는 행위라면 행위장소에 대해서는 문제삼지 않는다. 그러나 성희롱은 직장에서만 발생하는 것이 아니라 가정이나 학교 등에서도 발생할 수 있다.

2) 피해자의 의사에 반할 것

성희롱은 상대방의 의사에 반하는 즉, 상대방이 원하지 않는 행위이다. 상대방의 의사를 판단하는 것은 구체적 사례마다 피해자가 실제로 가진 심리적 태도에 의존하는 것이지만, 그 판단에는 행위를 둘러싼 객관적인 정황을 고려하되, 현존하는 사회적 편견으로 인하여 피해자가 입게 될 심리적, 사회적 피해를 고려하여야 한다(서울고판 1995.7.25, 94나15358).

3) 고용환경을 악화시킬 것

성희롱은 고용상의 불이익을 주거나 또는 성적굴욕감을 유발하여 고용환경을 악화시키는 것이어야 한다. 이 때 '고용상의 불이익을 주는 것'이란 조선적 성희롱으로 채용탈락·감봉·승진탈락·전직·정직·휴직·해고 등과 같이 채용 또는 근로조건을 일방적으로 불리하게 하는 것을 말한다.

'성적굴욕감을 유발'한다는 것은 환경적 성희롱 성적인 언어나 행동 등으로 위협적 적대적인 고용환경을 형성하거나 성적 굴욕감으로 업무능력을 저해하는 것을 말한다.

따라서 피해자가 회피하기 어려운 정황아래에서 행해졌거나, 피해자의 복지 또는 인격권을 침해한 것으로 인정되는 행위만을 의미한다.

4) 성적인 의미를 지닌 행위가 있을 것

(1) 성적 언동

노동부의 성희롱예방지침에서 예시하고 있는 대표적인 성적 언동은 다음과 같다.

a. 육체적 행위

· 입맞춤이나 포옹, 뒤에서 껴안는 등의 신체적 접촉행위
· 가슴·엉덩이 등 특정 신체부위를 만지는 행위
· 안마나 애무를 강요하는 행위

b. 언어적 행위

· 음란한 농담을 하거나 음탕하고 상스러운 이야기를 하는 행위(전화통화 포함)
· 외모에 대한 성적인 비유나 평가를 하는 행위
· 성적인 사실관계를 묻거나 성적인 내용의 정보를 의도적으로 유포하는 행위
· 성적인 관계를 강요하거나 회유하는 행위
· 회식자리 등에서 무리하게 옆에 앉혀 술을 따르도록 강요하는 행위

c. 시각적 행위

· 음란한 사진 · 그림 · 낙서 · 출판물 등을 게시하거나 보여주는 행위(컴퓨터나 팩스 등을 이용하는 경우 포함)

· 성과 관련된 자신의 특정 신체부위를 고의적으로 노출하거나 만지는 행위

d. 기타 사회통념상 성적 굴욕감을 유발하는 것으로 인정되는 언어나 행동

(2) 성희롱 판단기준

· 피해자가 불쾌감을 느꼈는가 여부, 이때 가해자의 의도와는 무관
· 거부의사를 표현했음에도 불구하고 지속되는 행위, 그러나 심한 경우에는 1회적이라도 해당
· 거부의사를 표현하지 않았더라도 명백한 경우
· 성차별적 행위와는 구분
· 발생 당시의 상황-동일한 행위일지라도 상황, 개인에 따라 달라짐
· 시간, 장소는 불문: 업무종류 후 회식자리 출장시 등

(3) 성적 언동의 한계

성적 언동이라고 하더라도 위에서 예시된 그러한 언동이 형법상의 성범죄에 해당하는 경우에는 형법상의 처벌 사유가 될 뿐이고, 성희롱이 되기 위해서는 형법상 범죄구성요건에 해당하지 않아야 한다. 즉, 강요죄, 강간죄, 업무상위력 · 위계에 의한 간음죄, 공연음란죄 등을 구성하

지 않은 행위이어야 한다.

5) 사회통념상 용인될 수 있는 한계를 넘었을 것

노동부의 성희롱예방지침은 성희롱의 판단기준에 관하여 “피해자의 주관적 사정을 고려하되, 사회통념상 합리적인 사람이 피해자의 입장이라면 문제가 되는 행동에 대하여 어떻게 판단하고 대응하였을 것인가를 함께 고려해야 한다”고 규정하고 있으므로, 교육상 또는 직업수행상의 필요에 의해 행해지는 신체적 접촉 또는 친밀감의 표시나 사회관습상 의례적으로 이루어지는 언동은 성희롱에 해당되지 않는다(서울고판 1995.7.25, 94나15358).

3. 성희롱의 예방

공공기관장은 공공기관의 성희롱예방조치에 관한 지침 제6조에 따른 예방교육을 하여야 한다. 따라서 성희롱 상담 고충에 대한 전담창구를 마련하여 정기점검을 하여야 하고, 성희롱 상담자 교육훈련지원을 하여야 하며, 성희롱 예방교육 홍보용 자료를 게시하거나 비치하여야 한다. 또한 성희롱 행위자에 대한 적정한 대처 및 재발방지대책을 수립하고, 성희롱과 관련된 피해자에게 불이익한 조치를 하여서는 안 된다.

4. 성희롱 구제절차

1) 민사상의 문제

(1) 가해자의 민사상 책임

성희롱 피해자는 가해자에 대하여 민법 제750조에 의한 불법행위책임에 따른 손해배상을 청구할 수 있다. 피해자가 가해자의 성적 언동으로 인하여 인격권을 침해 받았음이 인정되면 이로써 피해자가 정신적 고통을 입었음이 경험칙상 명백하다고 할 것이기 때문이다.

(2) 사용자의 민사상 책임

2002년 롯데호텔 성희롱 사건에 대한 판결로 직장내 성희롱 사건에 대하여 회사의 책임을 명확하게 인정하고 있다. 따라서 직장내 성희롱을 묵인하거나 단순히 형식적인 예방교육을 실시한 경우에 피해자는 사용자에게 피해근로자에 대한 '보호의무 위반'을 이유로 민법 제750조 불법행위책임 내지 제756조 사용자책임을 근거로 하여 손해배상을 청구할 수 있다.

또한 근로자는 근로계약상의 사용자의 배려의무, 불법행위의 주의의무 위반을 근거로 하여 그 책임을 물을 수 있다. 따라서 사용자는 상담이나 고충에 대한 대응창구를 명확히 하지 않거나, 적절하고 신속하게 대응하지 않거나 이로 인하여 피해자가 부득이 퇴직한 경우에 근로자는 손해배상을 청구할 수 있다.

2) 형사상 문제

성희롱으로 판단되는 경우 남녀고용평등법과 남녀차별금지법에서 남녀차별문제로 금지되고 있을 뿐이고, 형사상의 처벌대상이 되지 않는다. 따라서 피해자는 민사상의 책임을 물을 수밖에 없고, 공공기관이나 사용자가 가해자를 징계할 수 있지만 가해자는 형사 처벌되지 않는다.

5. 성희롱 관련법

1) 국가인권위원회법

제2조제3호 : 평등권침해의 차별행위
제2조제3호'라'목 : 성희롱의 개념

2) 남녀고용평등과 일·가정 양립 지원에 관한 법률, 동법시행령 및 동법시행규칙

법 제12조 : 직장 내 성희롱의 금지
법 제13조 : 직장 내 성희롱 예방 교육
법 제13조의2 : 성희롱 예방 교육의 위탁
법 제14조 : 직장 내 성희롱 발생 시 조치
법 제14조의2 : 고객 등에 의한 성희롱 방지
규칙 제2조 : 직장 내 성희롱 판단기준의 예시
규칙 제6조 : 성희롱 예방 교육기관의 지정 등
규칙 제7조 : 성희롱 예방 교육기관의 지정 절차

규칙 제8조 : 성희롱 예방 교육기관의 위탁교육 방법
규칙 제9조 : 직장 내 성희롱을 한 자에 대한 징계 등

3) 여성발전기본법

제3조제4호 "성희롱"이란 업무, 고용, 그 밖의 관계에서 국가기관 · 지방자치단체 또는 대통령령으로 정하는 공공단체(이하 "국가기관 등"이라 한다)의 종사자, 사용자 또는 근로자가 다음 각 목의 어느 하나에 해당하는 행위를 하는 경우를 말한다.

가. 지위를 이용하거나 업무 등과 관련하여 성적(성적) 언동(언동) 등으로 상대방에게 성적 굴욕감이나 혐오감을 느끼게 하는 행위

나. 상대방이 성적 언동이나 그 밖의 요구 등에 따르지 아니하였다는 이유로 고용상의 불이익을 주는 행위

제17조의2 '성희롱의 방지 등', 제17조의3 '성희롱 실태조사', 제25조 '성폭력 · 가정폭력 · 성매매 범죄의 예방'등에서 성희롱과 관련내용을 규정하고 있다.

4) 성폭력범죄의 처벌 등에 관한 특례법 (일명 성폭력특별법)

제10조: 업무상 위력 등에 관한 추행

① 업무, 고용이나 그 밖의 관계로 인하여 자기의 보호, 감독을 받는 사람에 대하여 위계 또는 위력으로 추행한 사람은 2년 이하의 징역 또는 500만원 이하의 벌금에 처한다.

② 법률에 따라 구금된 사람을 감호하는 사람이 그 사람을 추행한 때에는 3년 이하의 징역 또는 1천500만원 이하의 벌금에 처한다.

6. 성희롱 발생시 대처요령

1) 개인적 대응

· 거부의사를 직접 표현하기가 어려울 경우 소극적이긴 하지만 불쾌한 표정을 짓거나 그 자리를 피한다. 그러나 이러한 대응으로는 성희롱을 저지하기 어렵다.
· 가해자에게 직접 중지할 것을 요구하고 이것이 어려우면 가해자에게 편지를 쓴다.
· 중지를 요청할 때는 차분하고 명확한 어투로 분명하게 표현해야 한다.
· 편지에는 당시 상황을 6하 원칙(언제, 어디서, 누가, 무엇을, 어떻게, 왜)에 따라 정확히 기록하고 피해자의 생각이나 느낌을 정리하는 등 핵심을 정확하게 표현하여야 한다. 이 편지는 이후 증거자료가 될 수 있으므로 사본을 남겨둔다. 또 가해자에게 발송할 때에는 내용증명으로 보내어 적법한 증거로 활용할 수 있도록 한다.
· 가해자에게 직접 본인의 의사를 전달하기 어려울 때에는 주변 직원들과 문제를 의논하고 공동으로 대응한다.
· 상급자에게 이를 알리고 상급자가 가해자의 행동을 저지하도록 요구한다.

2) 기관 내 자체 처리절차

■ 성희롱 접수〈성폭력상담신고센터〉

· 피해자는 상담 창구를 통하여 피해내용을 상담하고 처리를 요구한다.

· 증인과 증거가 있는 경우에는 확보하여 제출할 수 있다.
· 상담자는 6하 원칙에 맞도록 신청하여야 한다.(팩스 또는 우편접수 가능)

■ 상담과 조사

상담이나 신고를 통해 피해자의 요구가 접수되었을 때에 일차적으로 사건에 대한 조사, 확인 절차를 거쳐 필요시 가해자에게 공개사과·각서 요구 등 중재, 조정을 한다.(성폭력대책위원회)

■ 사실 확인 및 조치

■ 상담 및 조사에 의한 사실 확인 결과

· 성희롱에 해당하지 않는다고 판단되면 당사자에게 통보하여 종결 조치한다.
· 성희롱에 해당된다고 판단될 경우에는 사안의 경중에 따라 다음과 같은 조치를 취한다.

■ 조정에 의한 조치

· 성희롱 사안이 경미하고 당사자 사이에 화해가 가능한 경우에는 피해자와 행위자의 의견을 듣고 조정안을 마련하여 양자의 합의로 사건을 마무리 한다.

· 조정안에는 피해자에 대한 공개사과, 행위자에 대한 경고, 행위자의 각서제출에 의한 사과와 재발방지 보장, 행위자 또는 피해자의 부서이동 등의 방안을 고려할 수 있다.

· 조정의 결과를 보고 받은 기관장은 조정내용대로 조치하고 사건을 종결 조치한다.

■ 인사조치 및 징계

· 조정이 성립되지 않거나 성희롱 사안이 중한 경우에 기관장은 상담원과 인사 및 감사부서 책임자의 의견을 듣고 행위자의 전보, 직위해제, 징계요구(견책, 감봉, 정직, 해임, 파면) 등의 적절한 조치를 취하여야 한다.

· 기관장은 행위자에 대한 조치 외에 피해자가 원할 경우에는 근무부서를 이동시켜 주어야 한다. 조사를 종결한 때에는 피해자와 성희롱 행위자 모두에게 그 결과를 알려 주어야 한다. 기관장은 성희롱 사건에 대한 사치 후에도 사후 피해자에 대한 성희롱이 재발되거나 보복이 이루어지지 않도록 관심을 가져야 한다.

■ 법적 구제 요청

위와 같은 기간 내 자체처리 절차를 거치지 않거나 처리결과가 만족스럽지 못할 때에 피해자는 국가인권위원회의 차별시정본부에 법적구제를 요청할 수 있다.

사례문제

사례 1. 집무실에서의 성희롱

■ 甲은 乙의 집무실을 방문하여 乙과 면담을 하면서 직사각형 형태의 회의용 테이블에 모서리를 사이에 두고 乙의 왼쪽에 90° 각도로 앉아 서로 대화를 나누던 중 乙이 甲의 오른쪽 옆으로 다가와 왼손으로는 甲의 목 뒷부분을 오른손으로는 어깨를 잡은 후 오른손을 아래로 내려 甲의 왼쪽 가슴을 만졌고 甲은 을의 오른손을 잡아 뿌리쳤다. 이 경우 성희롱에 해당되는가?

성희롱을 정의한 舊 남녀차별금지 및 구제에 관한 법률(2003. 5. 29. 법률 제6915호로 개정되기 전의 것) 제2조제2호에서의 지위를 이용하거나 업무 등과 관련하여라는 요건은 포괄적인 업무관련성을 나타낸 것으로서 업무수행의 기회나 업무수행에 편승하여 성적 언동이 이루어진 경우뿐 아니라 권한을 남용하거나 업무수행을 빙자하여 성적 언동을 한 경우도 이에 포함되고 어떠한 성적 언동이 업무관련성이 인정되는지 여부는 쌍방 당사자의 관계, 행위가 행해진 장소 및 상황, 행위의 내용 및 정도 등의 구체적 사정을 참작하여 판단하여야 한다(대법원 2006.12.21. 선고 2005두13414 판결). 따라서 위 사안의 경우 성희롱임이 명백할 것이다.

사례 2. 대학 내의 성희롱(일명 “우조교사건”)

■ 甲은 엔엠알기기 담당 유급조교로서 정식 임용되기 전후 2, 3개월 동안 乙교수가 기기의 조작 방법을 지도하는 과정에서 원고의 어깨, 등, 손 등을 위 피고의 손이나 팔로 무수히 접촉하였고 복도 등에서 원고와 마주칠 때면 원고의 등에

손을 대거나 어깨를 잡았고 실험실에서 “요즘 누가 시골 처녀처럼 이렇게 머리를 땋고 다니느냐”라고 말하면서 甲의 머리를 만지기도 하였으며 甲이 정식 임용된 후에는 단둘이서 입방식을 하자고 제의하기도 하고 교수연구실에서 甲을 심부름 기타 명목으로 수시로 불러들여 위아래로 훑어 보면서 몸매를 감상하는 듯한 태도를 취하여 乙은 불쾌하고 곤혹스러운 느낌을 가졌다. 이는 성희롱인가?

甲이 엔엠알기기 담당 유급조교로서 정식 임용되기 전후 2, 3개월 동안 가해자가 기기의 조작 방법을 지도하는 과정에서 피해자의 어깨, 등, 손 등을 가해자의 손이나 팔로 무수히 접촉하였고 복도 등에서 피해자와 마주칠 때면 피해자의 등에 손을 대거나 어깨를 잡았고 실험실에서 “요즘 누가 시골 처녀처럼 이렇게 머리를 땋고 다니느냐”고 말하면서 피해자의 머리를 만지기도 하였으며 피해자가 정식 임용된 후에는 단둘이서 입방식을 하자고 제의하기도 하고 교수연구실에서 피해자를 심부름 기타 명목으로 수시로 불러들여 위아래로 훑어보면서 몸매를 감상하는 듯한 태도를 취하여 피해자가 불쾌하고 곤혹스러운 느낌을 가졌다면 화학과 교수겸 엔엠알기기의 총책임자로서 사실상 甲에 대하여 지휘 · 감독관계에 있는 乙의 위와 같은 언동은 분명한 성적인 동기와 의도를 가진 것으로 보여지고 그러한 성적인 언동은 비록 일정 기간 동안에 한하는 것이지만 그 기간 동안만큼은 집요하고 계속적인 까닭에 사회통념상 일상생활에서 허용되는 단순한 농담 또는 호의적이고 권유적인 언동으로 볼 수 없고 오히려 피해자로 하여금 성적 굴욕감이나 혐오감을 느끼게 하는 것으로서 피해자의 인격권을 침해한 것이며 이러한 침해행위는 선량한 풍속 또는 사회질서에 위반하는 위법한 행위이고 이로써 피해자가 정신적으로 고통을 입었음은 경험칙상 명백하다고 한 사례로 보고 있다(대법원 1998.2.10. 선고 95다39533 판결). 판례에 따르면 위 사건이 성희롱인지 여부를 별론으로 하고서라도 성희롱의 행위가 불법행위에 해당하여 가해자인 乙이 피해자인 甲에게 손해배상책임이 있음을 명시하고 있다.

생각할 문제

문제 1. 성희롱의 대상

개똥은 2004년 초 어렵게 00회사의 신입사원으로 입사를 하였다. 몇 개월 근무 후 해당 부서의 회식이 있어서 회식을 하던 중 2차로 노래방을 갔다. 여기에서 회사의 상사인 왈자로 부터 브루스를 추자고 제의를 받았다. 싫은데도 불구하고 상사의 청이어서 브루스를 추었다. 춤을 추는 도중 여상사가 가슴을 밀착하였다. 이 경우에 개똥은 성희롱으로 여상사인 왈자는 고발할 수 있는가?

문제 2. 성희롱의 처벌

왈자는 00회사의 입사를 위하여 면접을 보던 중 입사와 관련 없는 이상한 질문을 면접관으로부터 받았다. 즉 "미스김 몸짱이군요. 집이 시골인데, 서울엔 혼자삽니까?"이런 질문을 받은 왈자는 심히 불쾌함을 느꼈다. 이 경우에 면접관을 성희롱으로 고발 할 수 있는가?

문제 3. 성희롱 후 상사로부터 불이익에 대한 조치?

성희롱을 수시로 받은 왈자는 이를 해당 상사에게 항의하였더니 해당 상사는 업무와 관련 없는 타부서로 근무명령을 하였다. 이 경우에 왈자는 회사를 상대로 어떤 법적 조치를 할 수 있는가?

제14강 남녀평등과 법

Ⅰ. 남녀평등에 관한 법률의 주요내용

1. 국가인권위원회법의 주요내용

2. 남녀고용평등과 일·가정 양립지원에 관한 법률의 주요내용

3. 여성발전기본법의 주요내용

Ⅱ. 남녀고용평등과 일·가정 양립지원에 관한 법

1. 법의 구성

2. 적용범위

3. 차별금지의 내용

제14강 남녀평등과 법

Ⅰ. 남녀평등에 관한 법률의 주요내용

1. 국가인권위원회법의 주요내용

정부는 남녀차별을 법률로 금지하고 그 구제방안을 마련하기 위하여 1999년 2월 28일 일명 '남녀차별금지 및 구제에 관한 법률'을 제정하였다(법률 제5934호). 그러나 남녀차별금지 및 구제에 관한 법률의 제정 후 6년만(2005년)에 역사 속으로 사라졌다. 2005년 6월 23일 여성가족부 출범과 함께 남녀 차별 개선 업무가 여성가족부에서 국가인권위원회로 넘어갔다. 따라서 국가인권위원회는 국가인권위원회법의 개정으로 성희롱 관련조항이 신설되고 이 업무를 담당하고 있다

1) 성희롱의 개념

'성희롱'이라 함은 업무, 고용 그 밖의 관계에서 공공기관의 종사자, 사용자 또는 근로자가 그 직위를 이용하거나 업무 등과 관련하여 성적 언동 등으로 성적 굴욕감 또는 혐오감을 느끼게 하거나 성적 언동 그 밖의 요구 등에 대한 불응을 이유로 고용상의 불이익을 주는 것을 말한다(국가인권위원회법 제2조제3호'라'목).

2) 차별행위

국가인권위원회는 남녀차별을 넘어서서 인권적 차원에서의 차별금지를 담당하고 있다. 따라서 동법에서 '평등권침해의 차별행위'라 함은 합리적인 이유 없이 성별, 종교, 장애, 나이, 사회적 신분, 출신지역(출생지, 등록기준지, 성년이 되기 전의 주된 거주지역 등을 말한다), 출신국가, 출신민족, 용모 등 신체조건, 기혼·미혼·별거·이혼·사별·재혼·사실혼 등 혼인 여부, 임신 또는 출산, 가족형태 또는 가족상황, 인종, 피부색, 사상 또는 정치적 의견, 형의 효력이 실효된 전과, 성적(性的) 지향, 학력, 병력(病歷) 등을 이유로 한 다음 각 목의 어느 하나에 해당하는 행위를 말한다. 다만 현존하는 차별을 해소하기 위하여 특정한 사람(특정한 사람들의 집단을 포함한다. 이하 같다)을 잠정적으로 우대하는 행위와 이를 내용으로 하는 법령의 제·개정 및 정책의 수립·집행은 평등권침해의 차별행위(이하 '차별행위'라 한다)로 보지 아니한다(국가인권위원회법 제2조제3호).

■ 고용(모집, 채용, 교육, 배치, 승진, 임금 및 임금 외의 금품 지급, 자금의 융자, 정년, 퇴직, 해고 등을 포함한다)과 관련하여 특정한 사람

을 우대 · 배제 · 구별하거나 불리하게 대우하는 행위

■ 재화 · 용역 · 교통수단 · 상업시설 · 토지 · 주거시설의 공급이나 이용과 관련하여 특정한 사람을 우대 · 배제 · 구별하거나 불리하게 대우하는 행위

■ 교육시설이나 직업훈련기관에서의 교육 · 훈련이나 그 이용과 관련하여 특정한 사람을 우대 · 배제 · 구별하거나 불리하게 대우하는 행위

■ 성희롱 행위

2. 남녀고용평등과 일 · 가정 양립지원에 관한 법률의 주요내용

1) 용어의 의의

(1) 남녀차별

사업주가 근로자에게 성별, 혼인 또는 가족상의 지위, 임신, 출산 등의 사유로 합리적인 이유 없이 채용 또는 근로조건을 달리하거나 그 밖의 불이익한 조치를 취하는 경우를 말한다. 또한 사업주가 채용 또는 근로조건은 동일하게 적용하더라도 그 조건을 충족시킬 수 있는 남성 또는 여성에게 불리한 결과를 초래하며 그 기준이 정당한 것임을 입증할 수 없는 경우에도 차별로 본다(동법 제2조제1호).

다음과 같은 경우에는 차별로 보지 않는다.

■ 직무의 성격에 비추어 특정 성이 불가피하게 요구되는 경우

■ 근로여성의 임신, 출산, 수유 등 모성보호를 위한 조치를 취하는 경

우

■ 그밖에 이 법 또는 다른 법률에 의하여 적극적으로 고용개선조치를 취하는 경우

(2) 직장 내 성희롱

'직장 내 성희롱'이란 사업주, 상급자 또는 근로자가 직장 내의 지위를 이용하거나 업무와 관련하여 다른 근로자에게 성적인 언동 등으로 성적 굴욕감 또는 혐오감을 느끼게 하거나 성적 언동 그 밖의 요구 등에 대한 불응을 이유로 고용상의 불이익을 주는 것을 말한다(동법 제2조제2호).

(3) 적극적인 고용개선조치

'적극적인 고용개선조치'란 현존하는 남녀간의 고용차별을 해소하거나 고용평등을 촉진하기 위하여 잠정적으로 특정성을 우대하는 조치를 말한다(동법 제2조제3호).

2) 남녀의 평등한 기회보장과 대우(동법 제7조 내지 제11조)

모집, 채용, 임금, 교육・배치 및 승진, 정년・퇴직 및 해고 등에 대하여 남녀의 차별을 하여서는 아니 된다.

3) 직장 내 성희롱의 금지와 예방

(1) 직장 내의 성희롱의 금지

사업주・상급자 또는 근로자는 직장 내 성희롱을 하여서는 아니 된다(동법 제12조).

(2) 직장 내 성희롱의 예방교육

사업주는 직장 내 성희롱을 예방하고 근로자가 안전한 근로환경에서 일할 수 있는 여건조성을 위하여 직장 내 성희롱의 예방을 위한 교육을 실시하여야 한다. 교육의 방법, 내용 및 횟수 등에 관하여 필요한 사항은 연 1회 이상 실시하고(동법시형령 제3조제1항), 예방교육의 내용에는 직장 내 성희롱에 관한 법령, 당해 사업장의 직장 내 성희롱 발생시 처리 절차 및 조치기준, 당해 사업장의 직장 내 성희롱, 피해근로자의 고충상담 및 구제절차 그 밖에 직장 내 성희롱 예방에 필요한 사항으로 구성한다(동법 시행령 제3조제2항).

(3) 직장 내 성희롱 발생시 조치(동법 제14조)

사업주는 직장 내 성희롱 발생이 확인된 경우 지체 없이 행위자에 대하여 징계, 그밖에 이에 준하는 조치를 해야 한다. 사업주는 직장 내 성희롱에 관련하여 피해주장을 제기한 근로자 또는 피해를 입은 근로자에게 해고 그 밖의 불이익한 조치를 취해서는 아니 된다.

3. 여성발전기본법의 주요내용

1) 성희롱의 개념

'성희롱'이라 함은 업무, 고용 그 밖의 관계에서 국가기관 · 지방자치단체 또는 대통령령이 정하는 공공단체(이하 '국가기관 등'이라 한다)의 종사자, 사용자 또는 근로자가 그 지위를 이용하거나 업무 등과 관련하여 성적 언동 등으로 상대방에게 성적 굴욕감 또는 혐오감을 느끼게 하거나 성적 언동 그 밖의 요구 등에 대한 불응을 이유로 고용상의 불이익을 주는 것을 말한다(동법 제3조제4호).

2) 성희롱의 방지 등

국가기관 등의 장 및 사업주는 대통령령이 정하는 바에 따라 성희롱의 방지를 위하여 교육을 실시하는 등 필요한 조치를 하여야 하고 국가기관 등의 장은 그 조치 결과를 여성가족부장관에게 제출하여야 한다(동법 제17조의2제1항). 또한 여성가족부장관은 동법 제1항의 규정에 따른 국가기관 등의 성희롱 방지조치 결과를 언론 등에 공표하여야 한다. 다만 다른 법률에 의하여 공표가 제한되어 있는 경우에는 그러하지 아니하다(동법 제17조의2제4항). 그리고 동법 제1항의 규정에 의한 성희롱예방교육의 내용·방법 등 성희롱 방지조치에 관하여 필요한 사항은 대통령령으로 정한다(동법 제17조의2제7항).

3) 적극적 조치

국가 및 지방자치단체는 여성의 참여가 현저히 부진한 분야에 대하여 합리적인 범위 안에서 여성의 참여를 촉진함으로써 실질적인 남녀평등이 이루어질 수 있도록 관계법령이 정하는 바에 따라 적극적 조치를 취할 수 있다(동법 제6조제1항).

Ⅱ. 남녀고용평등과 일 · 가정 양립지원에 관한 법률

1. 법의 구성

남녀고용평등과 일 · 가정 양립 지원에 관한 법률(이하 '남녀고용평등법'이라 한다)은 총 6장 39조 및 부칙으로 구성되어 있고 이를 구체적으로 살펴보면 제1장(총칙)은 법의 목적, 정의, 적용범위, 관계자의 책무, 시책의 수립 등 남녀고용평등 기본계획 수립을 내용으로 하고 있다.

제2장(고용에 있어 남녀의 평등한 기회보장 및 대우 등)은 모집, 채용, 임금, 교육, 배치 및 승진, 정년, 퇴직 및 해고, 직장 내 성희롱의 금지와 예방교육, 직장 내 성희롱 발생시 조치 그리고 직업지도, 직업능력개발과 여성고용촉진, 적극적 고용개선조치를 내용으로 하고 있고,

제3장(모성보호)에서는 산전후 휴가에 대한 지원, 배우자 출산휴가, 제3장의2(일 · 가정 양립지원)에서는 가정생활의 양립지원, 보육시설과 복지시설설치 등을 담고 있다.

제4장(분재의 예방과 해결)은 상담지원, 명예고용평등감독관, 분쟁의 자율적 해결과 입증책임을 내용으로 하며,

제5장(보칙)은 사업주의 보고와 검사 등, 고용평등이행실태 등의 공표, 관계서류의 보존, 파견근로에 대한 적용, 경비보조 및 권한의 위임과 위탁을 규정하고,

제6장(벌칙)은 규정위반시의 벌칙사항인 벌칙, 과태료와 양벌규정을 내용으로 하고 있다.

2. 적용범위

남녀고용평등법은 제3조의 규정에 따라 근로자를 사용하는 모든 사업 또는 사업장에 적용된다. 다만 동거의 친족만으로 이루어지는 사업 또는 사업장(이하 '사업'이라 한다)과 가사사용인에 대하여는 법의 전부를 적용하지 아니한다. 또한 동법 제3조제1항 단서의 규정에 의하여 상시 5인 미만의 근로자를 사용하는 사업에 대하여는 동법 제8조 내지 제10조 및 제11조제1항의 규정을 적용하지 아니한다(동법시행령 제2조제2항).

3. 차별금지의 내용

1) 모집과 채용 상 평등

남녀고용평등법 제7조제1항은 "사업주는 근로자의 모집과 채용에 있어서 남녀를 차별하여서는 아니 된다"고 규정하고 있다. 여기서 '모집'이란 신문·방송 등을 통한 광고모집 뿐만 아니라 직업안정기관에의 구인신청, 위탁모집, 연고채용 등 명칭이나 방법에 관계없이 사업주가 불특정인에게 임금, 근로시간 등 근로조건을 제시하고 근로를 권유하는 것을 말하며 '채용'이란 이들을 대상으로 시험 등을 거쳐 특정인을 선정하여 근로계약을 체결하는 행위를 말한다. 아울러 사업주는 여성근로자를 모집, 채용함에 있어서 모집, 채용하고자 하는 직무수행에 필요로 하지 아니하는 용모, 조건, 키, 체중 등의 신체적 조건, 미혼조건 그 밖에 고용노동부령이 정하는 조건을 제시하거나 요구해서는 아니 된다(동법 제7조제2항).

이 규정은 사업주의 여성근로자에 대한 차별금지 및 평등 대우 의무를 입법화 한 것으로 모집・채용에 있어서 여성에게 남성과 평등한 기회를 주어야 할 의무를 부과함으로써 모집・채용 시의 차별을 금지하기 위한 취지이다.

2) 임금에서의 차별금지

남녀고용평등법 제8조제1항에서 "사업주는 동일한 사업내의 동일 가치의 노동에 대하여는 동일한 임금을 지급해야 한다"고 규정하고 있고, 동조제2항에서는 "동일가치 노동의 기준은 직무수행에서 요구되는 기술, 노력, 책임 및 작업조건 등으로 하고 있으며 사업주가 그 기준을 정함에 있어 동법 제25조의 규정에 의한 노사협의회의 근로자를 대표하는 위원의 의견을 들어야 한다"고 규정하고 있고, 제3항에서 "임금차별을 목적으로 사업주에 의하여 설립된 별개의 사업은 동일한 사업으로 본다"고 규정하고 있다.

이 규정에서 '동일가치노동'이란 노동수행에서 요구되는 기술, 노력, 책임, 작업조건, 기타의 기준에서 볼 때 서로 비교되는 남녀 간의 노동이 동일하거나 거의 같은 성질인 노동 또는 두 업무가 다소 다르더라도 직무평가 등의 방법에 의해 본질적으로 동일한 가치가 인정되는 노동을 말한다.

이와 같이 동법 제8조제1항은 동일노동 동일임금의 원칙을 규정한 것으로 동일한 임금을 지불하도록 한 것이다. 이 원칙은 임금의 차별대우를 배제하고 노동내용에 맞는 공정한 임금 결정의 기준으로서 외국에서는 일찍부터 구체화되어 있다. "동일가치노동의 기준은 노동수행에서 요구되는 기술, 노력, 책임 및 작업 조건 등으로 한다"고 규정하고 같은 내용의 직무, 노동은 같은 조건에서 수행하는 경우에 성별의 차이만을 착안하여 임금의 차이를 설정해서는 아니 된다는 것이다.

한편, 사업주는 임금 외에 근로자의 생활을 보조하기 위해 금품의 지급 또는 자금의 융자에 있어서 여성인 것을 이유로 남성과 차별대우를 해서는 아니 된다(동법 제9조).

3) 교육, 배치 및 승진에 있어서의 차별금지

남녀고용평등법 제10조는 "사업주는 근로자의 교육·배치 및 승진에 있어서 남녀를 차별하여서는 아니 된다"고 규정하고 있다. 이런 규정의 이유를 교육·배치·승진에 있어서의 차별은 근로여성의 직무수행능력을 습득, 향상시키고 관리직을 담당할 기회와 가능성을 배제함으로써 근로여성을 계속적으로 단순보조직이나 저임금직종·직위에 머무르게 하는 요인이 되며 이는 근로여성의 근무의욕을 저하시켜 근속기간을 단축시키는 요인이 된다는 데서 찾을 수 있다. 여성의 근로권보호와 자아실현 기회의 보장을 위하여 동법은 제7조에서 사업주로 하여금 교육·훈련, 배치전환, 승진 등에 있어서의 성차별 행위를 하지 못하도록 규정하고 있다.

위 규정에서 차별대우가 금지되는 '교육'이란 신입사원교육, 관리감독자의 훈련, 국내외 연수 등 명칭과 관계없이 근로자의 직무수행능력의 배양 또는 향상을 위하여 사업주가 소속근로자를 대상으로 실시하는 모든 교육 및 직업훈련을 포함하는 것을 말한다.

또한, '배치'란 사업주가 근로자에게 직무의 내용과 직무수행의 장소 등을 특정업무에 종사하도록 하는 것으로서 신규 채용자 배치, 기존근로자 배치전한, 파견, 대기발령 등을 포함하여 말한다. 그리고 '승진'이란 사업주가 근로자를 현재의 직급 또는 직위로부터 보다 상위의 직급 또는 직위에 임명하는 것을 말한다.

4) 정년·퇴직 및 해고에 있어서의 차별금지

남녀고용평등법 제11조제1항에서 "사업주는 근로자의 정년 및 해고에 관하여 남녀를 차별하여서는 아니 된다"라고 규정하고 있다. 동법 제11조제2항에서는 "사업주는 근로여성의 혼인, 임신 또는 출산을 퇴직사유로 예정하는 근로계약을 체결하여서는 아니 된다"고 규정하고 있다. 정년·퇴직·해고에 있어서의 차별유형은 여성조기정년제, 결혼(임신 및 출산) 퇴직제, 정리해고에서의 여성우선 등의 고용관행이 존재하는 바 이들은 정당한 이유 없이 여성의 근로권을 박탈하는 것이므로 성차별 금지가 강력히 요청되는 것이다.

'정년'이란 사업장의 단체협약, 취업규칙, 근로계약 등에 근로자의 계속 근로의사 및 능력에 관계없이 근로관계가 종료되는 근로자의 상한 연령을 정한 후 근로자가 그 연령에 달했음을 이유로 퇴직시키는 것을 말한다.

또한, '해고'란 근로자의 의사와는 관계없이 사용자가 일방적인 의사표시로 장래에 대하여 근로관계를 소멸시키는 행위를 말하며, '차별적 해고'란 여성의 혼인, 임신, 출산을 이유로 해고하는 것은 물론 긴박한 경영상의 이유로 정리해고를 하는 경우 합리적 이유 없이 여성을 우선적으로 해고하는 것 등을 말한다. 성차별적 요소가 포함된 해고는 그 정당성이 부인되며 따라서 남녀고용평등법 제11조 뿐만 아니라 근로기준법 제27조제1항에 위반하는 것이다.

사례문제

사례 1. 공무원채용시 가산점제도와 평등권

▌甲은 9급 국가공무원 공개채용시험에 응시자로서 본 시험에 국가유공자에게 득점 만점의 10%를 가산하도록 되어 관계법령에 규정하고 있는 데 이를 헌법상 보장된 평등권, 공무담임권, 직업선택의 자유를 침해하는 것으로 헌법소원을 제기할 수 있는지?

국가유공자 등 예우 및 지원에 관한 법률 제31조제1항에 국가유공자에 대한 가산점 및 헌법 제32조제6항에 "국가유공자의 유가족은 법률이 정하는 바에 의하여 우선적으로 근로의 기회를 부여 받는다"고 규정하고 있다. 이러한 가산점제도에 의한 공직취업권의 제한은 헌법 제32조제6항에 헌법적 근거를 두고 있는 능력주의의 예외로서 평등권침해 여부와 관련하여 비례의 원칙 내지 과잉금지의 원칙에 위반된 것으로도 볼 수 없으므로 이 사건 가산점제도는 청구인의 공무담임권을 침해하지 아니한다(헌법재판소 2001.2.22 선고 2000헌마25 결정). 따라서 위 사안의 甲은 가산점제도가 평등권 등을 침해하여 위헌이라고 다투기 어려울 것이다.

사례 2. 제대군인가산점제도와 평등권

▌만기제대군인인 甲이 국가공무원 7급에 응시할 경우 득점 만점에 일정한 범위내에서 가산점을 부여하도록 하는 제도는 평등권에 위반하는 것으로 헌법소원을 제기할 수 있는가?

결론적으로 위의 사안은 위헌이다. 헌법재판소의 결정에 따르면 "가산점제도는 제대군인에 비하여 제대군인이 아닌 자를 비례의 원칙에 반하여 차별하는 것으로서 헌법 제11조에 위배되며 이로 인하여 청구인의 평등권이 침해된다(헌법재판소 1999. 12. 23. 98헌바33 전원재판부)"고 결정함으로써 평등권의 침해로 보고 있다.

생각할 문제

문제 1. 남녀차별?

여자 근로자인 왈순은 회사의 명령에 따라 야간에 숙직을 한 달에 한번씩 하고 있다. 해당 회사는 남녀 구분 없이 숙직을 하고 있다. 과연 이는 남녀차별인가?

문제 2. 성희롱 예방교육은 남녀평등법에 있는가?

왈자가 다니는 회사에는 다른 회사와 달리 여성근로자가 많다. 그리고 이런 이유로 성희롱 예방교육을 실시하지 않고 있다. 아마도 고용주의 생각이 해당회사는 대부분 여성근로자이기 때문에 성희롱이 발생하지 않으며 이런 이유로 성희롱예방교육이 불필요하다고 생각하는 것 같다. 반드시 성희롱 예방교육을 해야 되는가?

문제 3. 부당한 해고?

왈패가 다니는 금융회사에 남편인 개똥도 함께 다니고 있다. 그런데 해당회사의 운영이 어려워 구조조정을 하였다. 구조조정의 일환으로 부부근로자가 일순위가 되어 왈패가 권고사직을 당하였다. 이 경우에 남녀평등에 위배되는 것이 아닌가?

관련법률용어

◆ 제1강 여성과 법

간통죄(姦通罪)

법적인 혼인관계를 맺은 배우자 있는 자가 간음하면 성립하는 범죄이다. 간통을 처벌하지 않는 나라도 상당히 많지만 우리나라는 간통을 한 당사자 모두를 처벌하는 입법주의를 채택하고 있다. 본죄는 친고죄이며, 간통고소는 이혼을 하거나 이혼소송을 제기한 이후가 아니면 할 수 없다. 또 범인을 알게 된 날로부터 6월 내에 고소해야 한다. 그리고 간통 당사자 중 어느 한 명에 대해서만 고소하더라도 고소의 효력은 모두에게 미친다. 배우자가 간통행위를 사전에 동의하였거나 사후에 승낙한 경우에는 고소를 할 수 없다. 다만 이때 동의는 명백한 이혼의사의 합치 정도에 이르러야 하며 단순히 간통사실을 안 후에 특별한 의사표시나 행동을 하지 않거나 일시 동침한 사실이 있다는 것만으로 동의가 있다고 볼 수는 없다는 것이 대법원의 입장이다. 본죄를 범한 자는 2년 이하의 징역에 처한다.

친고죄(親告罪)

검사가 공소를 제기하기 위한 요건으로 피해자 기타 일정한 관계에 있는 자의 고소가 있어야만 하는 범죄를 말한다. 보통 강간죄와 같은 성범죄, 사자의 명예훼손죄와 같은 죄가 이러한 친고죄에 해당하는데 사회일반에 범죄사실의 공표 자체가 피해자에게 불이익할 가능성이 높아 이런 경우에는 국가형벌권발동을 자제하는 것이다. 고소가 없으면 공소제기는 부적법하며 공소제기 이후 고소가 취소되어도 부적법하게 된다.

평등권(平等權)

모든 국민은 법앞에 평등하다는 기본권을 말한다. 헌법 제11조제1항은 "모든 국민은 법앞에 평등하다. 누구든지 성별, 종교 또는 사회적 신분에 의하여 정치적, 경제적, 사회적, 문화적 생활의 모든 영역에 있어서 차별을 받지 아니한다"고 하여 평등 원칙을 규정하고 있다.

쌍벌죄(雙罰罪)

어떤 행위에 관련되어 있는 양쪽 당사자를 모두 처벌하는 범죄로 뇌물죄, 간통죄 따위이다.

부정(不貞)

타인의 성적 자유를 침해하거나 부부간의 정조의무에 위반하여 배우자 이외의 자와 간음함으로써 사회일반의 성적 풍속을 침해하는 것이다.

친족(親族)

인척과 혈족을 기초로 한 사람과 다른 사람의 관계를 친족관계라고 하고 그 사람을 서로 친족이라고 한다. 친족에 해당하는 자는 8촌 이내의 혈족, 배우자, 4촌 이내의 인척으로 구성된 자들의 통칭이다(민법 제777조). 이러한 친족을 중심으로 민법상 친족법은 운영되게 된다.

상속법(相續法)

상속에 관한 법률관계를 규율하는 법규의 총체로 친족법과 함께 신분법을 이룬다. 우리 현행 상속법의 주된 규정은 민법 제5편에 두어져 있다. 가사소송법, 파산법, 호적법, 섭외사법 기타의 법령 중에도 상속에 관한 규정이 많이 있다.

가족법(家族法)

가족관계인 친족관계와 상속관계를 규율하는 사법으로 재산법에 대한 의미이며 재산법이 합리성을 기조로 하는데 반하여 가족법은 습속성, 보수성을 그 기조로 한다. 신분법이라고도 한다.

거소지정권(居所指定權)

자녀는 친권자(親權者)가 지정한 장소에 거주하여야 하므로(민법 제914조), 친권자는 자녀에 대한 거소지정권을 가진다. 구법(舊法)에서는 친권자의 거소지정권 이외에도 부양의무(扶養義務)를 전제로 호주(戶主)의 가족(家族)에 대한 거소지정권과 남편의 아내에 대한 거소지정권을 인정하였으나 호주의 가족에 대한 지배나 남편의 아내에 대한 지배가 헌법상(憲法上) 평등(平等)의 원칙에 위배된다는 지적을 감안하여 제7차 개정(1990. 1. 13) 때에 이를 삭제하였다. 이에 따라 호주는 가족에 대하여 아무런 실질적 권리 · 의무가 없는 유명무실한 존재가 되었으며 부부의 동거 장소는 당사자가 협의하거나 가정법원(家庭法院)의 결정에 따른다(민법 제826조).

한정치산(限定治産)

재산의 처분이나 관리가 법에 의하여 제한되는 상태를 말한다.

혈족(血族)

자기(본인)와 혈족으로 이어져 있는 자를 말한다. 민법상 혈족에는 법정혈족과 자연혈족이 있다.

인척(姻戚)

인척이란 혼인을 이유로 친족의 관계가 형성된 자들을 의미한다. 즉 형수·매형 등의 혈족의 배우자, 시부모·장인 등의 배우자의 혈족, 동서 등의 배우자의 혈족의 배우자를 의미한다. 또한 계모자관계나 적모서자관계에 있어서도 인척에 포함된다. 이는 혼인으로 인해 성립하며 혼인의 해소로 인해 소멸되게 된다. 다만 부부 일방의 사망의 경우 재혼하기전까지는 인척관계가 유지된다. 그러나 1990년 민법개정으로 혈족의 배우자의 혈족, 즉 흔히 말하는 사돈은 인척의 범위에서 제외되었다.

분가(分家)

분가란 가족 중 일부가 자신의 의사 또는 법률규정에 의해 본가를 떠나서 새로 가를 설립하는 행위를 말한다. 분가에는 임의분가와 법정분가 두 가지가 있다. 가족은 분가할 수 있으며 미성년자가 분가함에는 법정대리인의 동의를 얻어야 한다. 가족은 혼인하면 당연히 분가된다. 그러나 호주의 직계비속 장남자는 그러하지 아니하고 분가호주의 배우자, 직계비속과 그 배우자는 그 분가에 입적한다. 한편 직계비속 장남자는 현행법상 임의분가를 할 수 있다(민법 제788조). 본가 호주의 혈족 아닌 분가호주의 직계존속은 분가에 입적할 수 있다.

양자(養子)

양자란 입양에 의해 발생한 법률상의 자로서 친생자와 동일한 법률상의 효력이 있다. 존속이나 연장자는 양자가 될 수 없으며 성년에 달한자는 양자를 할 수 있다. 양자가 될 자가 성년에 달하지 못한 경우에 부모 또는 다른 직계존속이 없으면 후견인의 동의를 얻어야 한다. 그러나 후견인의 동의를 얻음에 있어서는 가정법원의 허가를 얻어야 한다. 배우자 있는 자가 양자를 할 때에는 배우자와 공동으로 하여야 하며 배우자 있는 자가 양자가 될 때에는 다른 일방의 동의를 얻어야 한다.

후견인(後見人)

후견인이란 미성년자나 피성년후견인, 피한정후견인의 제한능력자를 보호하고 그들이 행한 재산적 행위에 대한 동의나 취소 그리고 그들의 법정대리인으로서 활동하는 피후견인의 재산에 관한 권한과 피후견인을 보호하는 등의 가족관계상의 권한을 갖는다. 다만 각 제한능력자의 유형에 따라 후견인들의 권한은 조금씩 차이가 나기는 한다. 이러한 후견인의 행위에 대해서는 친족회와 가정법원이 감독을 하며 후견인은 법에 의해 정해지거나 법원이 선임하거나 미성년자의 경우 친권자가 지정함으로서 임명되고 후견이 필요 없어지거나 후견인에게 결격사유가 생겼을 때 해임됨으로서 종료된다.

동거(同居)

법적으로 부부가 아닌 남녀가 한집에서 같이 살면서 부부 관계를 가지면서 사는 것을 말한다.

입부혼인(入夫婚姻)

보통 혼인을 하면 여자가 남자의 호적에 입적하게 되는데 처가 자기 친정의 호주이거나 호주승계인일 때에는 남자가 여자 집의 호적에 들어갈 수도 있다. 이는 여자의 가를 소멸시키지 않기 위한 방법이라고 볼 수 있는데 이 경우 부부간의 자식은 어머니의 성과 본을 따르고 어머니쪽의 가에 입적하게 된다.

가정법원(家庭法院)

이혼 · 상속 · 재산 관리 등 가정 사건의 심판 · 조정, 소년 보호 사건의 조사 · 심판 등을 다루는 하급 법원을 말한다.

방계혈족(傍系血族)

자기와 같은 시조(始祖)로부터 갈라져 나온 혈족으로 예를 들면 백부모(伯父母) · 숙부모(叔父母) · 생질 · 형제자매 등이다.

배우자(配偶者)

부부의 한쪽에서 본 다른 쪽으로 곧, 남편에 대한 아내를 말한다.

서양자(壻養子)

사위를 양자로 삼는 것, 또는 그 양자를 말한다.

계모(繼母)

아버지의 후처(後妻)로써 의붓어머니, 후모(後母)

적모(嫡母)

큰어머니

서자(庶子)

첩에게서 난 아들로써 별자(別子), 얼자(孼子), 첩자(妾子)

◆ 제2강 가정폭력과 법

기소유예(起訴猶豫)

죄를 범한 사람에 대하여 공소(公訴)를 제기하지 않는 검사의 처분으로 검사는 범인의 연령 · 성행(性行), 지능과 환경, 피해자에 대한 관계, 범행동기 · 수단과 결과, 범행 후의 정황 등을 참작하여 소추할 필요가 없다고 사료될 때에는 공소를 제기하지 않을 수 있다(형사소송법 247조 1항). 이러한 기소유예를 인정하는 입법주의를 기소편의주의(起訴便宜主義)라고 하고 이에 대응하는 것을 기소법정주의(起訴法定主義)라고 한다. 기소편의주의는 형사정책면에서 합목적적(合目的的)인 사건처리를 기대할 수 있다는 점에 그 장점이 있으나 반면에 기소독점주의(起訴獨占主義)와 결부되어 정치적으로 남용될 염려도 있다. 그러나 이와 같은 폐단을 막기 위한 방법으로 고소인 또는 고발인은 검사의 불기소처분에 대하여 항고(抗告)나 재정신청(裁定申請)을 할 수 있는 길이 있다(검찰청법 10조, 형사소송법 260조 1항). 또 고소인은 고발인과는 달리 헌법소원을 제기할 수도 있다.

기소중지(起訴中止)

수사를 일시적으로 중단하는 검사의 처분. 피의사건에 대하여 공소 조건이 구비되고 범죄의 객관적 혐의가 충분하더라도 피의자나 참고인의 소재불명 등의 사유로 수사를 종결할 수 없는 경우, 검사가 그 사유가 없어질 때까지 수사 중지를 결정할 수 있다(검찰사건사무규칙 73조). 넓은 의미의 불기소처분에 해당하며 기소중지결정으로 수사가 종결되는 것은 아니다. 피의자의 소재불명을 이유로 기소중지를 하는 경우에는 피의자를 지명수배하며 기소중지의 사건기록에 공소시효 만료일을 기재한다. 또 기소중지가 결정된 사건에 대하여 수시로 그 중지사유가 없어졌는지의 여부를 검토하고 피의자나 참고인의 소재가 파악되는 등 기소중지사유가 해소되면 다시 수사를 진행한다. 한편 기소중지가 되었다고 해서 모두 출국이 금지되는 것은 아니며 피의자가 출국하여도 사건처리에 지장이 없다고 판단될 경우에는 관할 검찰청이나 지청에서 출국가능사실증명원을 발급받아 출국할 수 있다. 또 형사소송법 제253조에 명시된 공소시효 정지사유(공소의 제기, 범인이 형사처분을 면할 목적으로 국외에 있는 경우 등) 이외에는 공소시효가 정지되지 않으므로 검사의 기소중지처분은 공소시효 정지의 효력이 없다.

불기소처분(不起訴處分)

검사가 하는 종국처리(終局處理)의 하나로서 검사가 공소(公訴)를 제기하지 아니하는 처분이다. 불기소의 이유로는 사건이 죄가 되지 않고 범죄의 증명이 없을 때나 그 밖의 소송조건을 결한 경우(좁은 뜻의 불기소처분) 이외에 처벌이 객관적으로 타당하지 않다고 생각되는 경미한 죄, 경미한 죄는 아니지만 형사정책적 견지에서 기소하지 않는 기소유예 등을 들 수 있다.

보호관찰(保護觀察)

범죄인을 교도소나 기타의 시설에 수용하지 않고 사회생활을 영위하면서 개선・갱생시키는 제도이다. 연혁적으로 대륙법계의 감시위주의 제도와 영미법계의 보호위주의 제도의 두 계열이 있고 제2차 세계대전 때는 소년에게는 보호적이고 성인에게는 감시적이었으나 전후에는 미의 프로베이션(probation: 고유예・집행유예에 수반하는 보호관찰)이나 패롤(parole : 가석방에 수반하는 보호관찰)을 본받아 보호적인 보호관찰제도가 채택되고 있다. 한국은 보호관찰법에 의하여 이 제도가 시행되고 있다. 보호관찰 대상자는 ① 보호관찰을 조건으로 형의 선고유예를 받은 자 ② 보호관찰을 조건으로 형의 집행유예를 선고받은 자 ③ 가석방 또는 가퇴원된 자 ④ 소년법의 규정에 의하여 보호처분을 받은 자 등이다(보호관찰법 제3조).

보호관찰에 관한 사항을 심사・결정하기 위하여 보호관찰심사위원회를 두고(동법 제5조제1항), 보호관찰사무를 관장하기 위하여 보호관찰소를 두고 있다(동법 제14조제1항). 보호관찰은 법원의 판결이나 결정이 확정된 때로부터 시작되며 보호관찰 대상자는 대통령이 정하는 바에 따라 주거・직업・생활계획 기타 필요한 사항을 관할 보호관찰소장에게 신고하여야 한다(동법 제34조). 보호관찰대상자가 지켜야 할 준수사항은 ① 주거지에 상주하고 생업에 종사할 것 ② 악습을 버리고 선행을 하며 범죄성이 있는 자들과 교제, 회합하지 아니할 것 ③ 보호관찰관 및 보호위원의 지도・방문에 응할 것 ④ 주거를 이전하거나 1개월 이상의 국내외 여행을 할 때는 보호관찰관에게 신고할 것 등이다.

보호처분(保護處分)

사회방위 및 특별예방적 목적으로 소년범이나 누범자 또는 심신장애자 · 약물중독 · 가정폭력행위자 등에 대해 가하는 보안처분으로 현행법상 소년법, 사회보호법, 가정폭력범죄의 처벌 등에 관한 특례법에 의한 3가지 보호처분제도가 있다.

(1) 소년법에서 반사회성이 있는 소년에 대하여 그 환경의 조정과 성행(性行)의 교정을 위하여 형사처분에 관한 특별조치를 행함으로써 소년의 건전한 육성을 목적으로 20세 미만의 범죄 소년에 대하여는 가정법원 또는 지방법원의 소년부에서 보호사건으로 심리한 결정으로써 보호처분을 한다. 보호처분의 내용은 ①보호자 또는 보호자를 대신하여 소년을 보호할 수 있는 자에게 감호를 위탁하는 것 ② 보호관찰관의 단기 보호관찰을 받게 하는 것 ③ 보호관찰관의 보호관찰을 받게 하는 것 ④ 아동복지법상의 아동복지시설 기타 소년보호시설에 감호를 위탁하는 것 ⑤ 병원 · 요양소에 위탁하는 것 ⑥ 단기로 소년원에 송치하는 것 ⑦ 소년원에 송치하는 것 등이다(동법 제4조, 제32조).

(2) 사회보호법에서 재범의 위험성이 있고 특수한 교육 · 개선 및 치료가 필요한 사람에 대하여 보호처분을 한다. 보호처분 대상자는 ① 수개의 형을 받거나 수개의 죄를 범한 사람(과실범은 제외) ② 심신장애자 · 마약류 중독자 및 알코올중독자로서 죄를 범한 사람이다(동법 제2조). 보호처분의 종류는 보호감호 · 치료감호 및 보호관찰의 3가지가 있다(동법 제3조). 보호처분의 절차는 검사의 청구에 의하여 관할법원에서 심리하여 그 청구가 이유 있다고 인정할 때에 판결로써 선고한다(동법 제14조~제20조).

(3) 가정폭력범죄의 처벌 등에 관한 특례법은 판사가 가정보호사건에 대하여 심리한 결과 필요하다고 인정한 경우에는 가정폭력 행위자에 대하여 결정으로 보호처분을 한다. 보호처분의 내용은 ① 행위자가 피해자에게 접근하는 행위의 제한 ② 친권자인 행위자의 피해자에 대한 친권행사의 제한 ③ 보호관찰 등에 관한 법률에 의한 사회봉사 · 수강명령 및 보호관찰 ④ 가정폭력방지 및 피해자보호 등에 관한 법률이 정하는 보호시설에의 감호위탁 ⑤ 의료기관에의 치료위탁 ⑥ 상담소 등에의 상담위탁 등이며 각 처분을 병과 할 수 있다.

계부모(繼父母)

계친자(繼親子)의 관계에 있는 아비나 어미로 "계친자"란 자식과 아버지의 후처 또는 자식과 어미의 후부(後夫)가 같은 적(籍)에 있을 때의 친자관계를 말한다.

벌금(罰金)

일정금액을 국가에게 납부하게 하는 형벌이며 과료(科料)・몰수(沒收)와 더불어 재산형의 일종으로 그 금액이 많다는 점에서 과료와 다르고 재산권을 일방적으로 국가에 이전시키는 물권적 효과를 수반한 부과형의 성질을 가진 몰수와 구별된다.

◆ 제3강 의녀와 법

촉진(觸診)

한방에서 환자의 몸을 문지르거나 눌러 보고 그 반응으로 병증을 헤아리는 진찰법이다.

종량(從良)

종이나 천민의 신분을 면하고 양민(良民)의 적에 오르던 일이다.

맥경(脈經)

중국 의학에서 맥은 맥박・혈맥・경맥 등의 뜻을 지니고 있다. 이 책은 주로 맥박에 대해 서술하였으며 맥진(脈診)의 근본이 되는 고전의서이다. 현재 전해지는 맥경은 당시의 원본이 아니고 북송(北宋) 때 가필한 것으로 여겨진다. 이 책은 신라 692년(효소왕 1)에 처음으로 의학서로 채택되고 고려・조선에서도 채용하였다.

제생원

1397년(태조 6) 조준(趙浚)의 건의에 따라 설치한 구료(救療) 기관으로 서울과 지방 빈민의 치료와 서울에서 발생한 미아(迷兒)의 보호도 맡아보았다. 서울에서는 특히 동활인서(東活人署)에 수용된 빈한한 환자의 치료를 맡았으며 창고궁사(倉庫宮司)의 동녀(童女) 수십 명을 뽑아 맥경(脈經)·침구법을 가르쳐 부인들의 질병을 치료하는 의녀(醫女)로 양성하는 한편 각 도 향약재(鄕藥材)의 수납(輸納)·비치 등의 일도 맡아보았다. 관원으로는 설치 당시에 지사(知事)·영(令)·승(丞)·주부(注簿)·녹사(錄事) 등을 두었다가 1414년(태종 14) 지사·승·부승(副丞)·녹사·부녹사(副錄事)를 두었는데 1459년(세조 5) 혜민서(惠民)에 병합하였다.

홍장(紅粧)

강릉부사가 경포(鏡浦)의 뱃놀이에서 선녀같이 꾸민 홍장으로 하여금 안렴사(按廉使) 박신(朴信)을 유혹하게 하였다는 일화가 있다. 해동가요(海東歌謠)에 다음의 시조(時調) 한 수가 전한다. "한송정(寒松亭) 둘 붉은 밤의 경포대(鏡浦臺)예 물결 잔제, 유신(有信)훈 백구(白鷗)는 오락가락 훈것만은, 엇덧타 우리의 왕손(王孫)은 가고 안이 오는이".

혜민국(惠民局)

1112년(예종 7)에 설치하여 충선왕 때에는 사의서(司醫署)에 예속되었다가, 1391년(공양왕 3) 혜민전약국(惠民典藥局)으로 이름을 바꾸었다. 관원으로는 판관(判官) 4명을 두었으며 본업(本業 : 醫官)과 산직(散職)을 교대로 보내어 일을 담당하게 하였다. 조선시대에는 혜민서(惠民署)로 고쳤다.

갑신정변

1884년(고종 21) 김옥균(金玉均)을 비롯한 급진개화파가 개화사상을 바탕으로 조선의 자주독립과 근대화를 목표로 일으킨 정변이다.

매삭(每朔)

매월 초하루(매월 첫째일)를 말한다.

◆ 제4강 주택임대차와 법

임대차계약(賃貸借契約)

당사자 일방인 임대인이 상대방에게 목적물을 사용, 수익하게 해줄 것을 약정하고 상대방인 임차인이 이에 대하여 차임을 지급할 것을 약정함으로써 성립하는 낙성, 유상, 쌍무, 불요식의 계약을 말한다. 이러한 임대차계약은 임대인이 꼭 목적물의 소유자일 필요는 없으므로 임차인이 다시 임대를 할 수도 있다. 이러한 임대차 중 주택의 임대차에 대하여는 집 없는 서민들을 보호하기 위하여 특별한 보호가 행해지고 있다.

계약(契約)

두 권리주체인 사람이 일정한 사항에 대하여 서로 의견의 일치를 보고 그 합의한 내용대로 각각 실행하기로 한 약속을 의미하며 민법상 재화의 이전과 활용을 실현하는 수단으로 소유권과 함께 민법의 근본을 이루는 제도이다. 계약을 체결함에는 그 체결 여부, 내용, 형식에 대하여 당사자는 자유를 갖는다.

제3자(第三者)

당사자가 아닌 사람을 말한다.

양수인(讓受人)

타인의 권리, 재산, 법률에서의 지위 따위를 넘겨받는 사람이다.

항변권(抗辯權)

청구권의 행사에 대하여 그 작용을 저지하는 작용을 가지는 사권(私權)으로 권리의 행사에 대한 방어라는 의미에서 반대권이라고도 한다. 동시이행의 항변권(민법 제536조), 최고(催告)의 항변권, 검색(檢索)의 항변권 등이 그 예이다. 항변권은 상대방의 권리를 부인하거나 변경 · 소멸시키는 것이 아니라 상대방의 권리는 승인하면서 그 권리의 작용을 저지하는 점에서 특수한 형성권에 속한다. 항변권은 민사소송법상의 방어방법의 일종인 항변과는 다르다. 독일의 학자는 항변권을 청구를 일시적으로 저지할 수 있는 연기적 항변권과, 영구적으로 저지할 수 있는 영구적 항변권의 2종으로 구별한다. 독일 민법의 소멸시효의 항변권은 후자에 속한다. 그러나 한국 민법의 항변권은 모두 전자에 속하고 후자의 예는 없다. 항변권은 재판 외에서도 행사할 수 있고 재판상으로도 행사할 수 있다. 항변권은 시효에 걸리지 않는다는 학설이 있다(항변권의 영구성).

확정판결(確定判決)

판결이 내려도 그 판결에 불복신청(상소)이 가능한 사람이 상급법원에 재심사를 청구하면(항소 · 상고) 그 판결에 잘못이 있는 경우에는 상급법원은 그 판결을 취소 · 변경하지 않으면 안 된다. 이와 같이 판결의 취소 · 변경은 그 소송절차에서 당사자가 상급법원에 불복을 신청한 경우에 이루어지므로 당사자에게 그 불복신청이 허용되지 않았을 경우에는 이미 그 판결은 보통의 상소에 의하여는 취소 · 변경할 수 없게 되는 셈이다. 이처럼 취소할 수 없는 상태를 판결이 확정되었다 하며 그와 같은 판결을 확정판결이라 한다. 이 확정판결의 취소불가능성을 형식적 확정력이라 하며 이 형식적 확정력에 의하여 판결의 내용이 고정되고 다른 법원도 이와 모순되는 판단을 하지 못하는 효력이 생기는데 이것을 실체적 확정력이라 한다. 판결이 확정되는 시기는 보통의 상소가 허용되지 않는 경우이므로 처음부터 상소할 수 없는 판결인 때에는(상고심판결이나 불항소의 합의가 있는 경우) 그 선고와 동시에 확정되며 정하여진 상소기간(1주일간) 내에 상소하지 않으면 그 기간이 만료되는 때에 확정된다. 또 상소기간이 경과하기 전에 불복을 신청할 수 있는 사람이 상소하지 않을 뜻을 밝히면 그것으로써 판결은 확정된다.

집행(執行)

법률, 명령, 재판, 처분 따위의 내용을 실행하는 일이다.

담보(擔保)

채무자가 채권자에게 빌린 돈을 갚거나 혹은 일정한 행위를 언제까지 해 주기로 한 경우 채권자의 입장에서는 채무자가 만약 자기의 의무를 이행하지 않는다면 후에 채무자로부터 빌려준 돈을 받아오거나 채무불이행으로 인한 손해 배상을 청구할 때 완전하게 보상받기는 쉽지 않을 것이다. 그러므로 이러한 위험을 방지하고 채무불이행의 경우 바로 금전적 이익을 회복하기 위하여 채무자는 채권자에게 일정 재산 가치가 있는 물건을 담보물로 제공하게 된다. 이러한 담보에는 물권법상 유치권, 질권, 저당권과 채권법상 보증 등의 제도가 있다.

공매(公賣)

법률의 규정에 의하여 공공 기관이 강제적으로 행하는 매각(賣却)이다.

우선변제(優先辨濟)

어떤 채권자가 채무자의 전재산 또는 특정재산에서 다른 채권자보다 먼저 변제를 받는 일로 채무자의 재산이 총채권액보다 부족한 경우에 의의가 있다. 채권자 평등의 원칙의 예외를 이루는 것이기 때문에 특히 법률의 규정이 있는 경우에만 인정된다. 민법상 유치권 · 질권 · 저당권자에게 우선변제권이 인정되고 있다. 특별법상으로는 근로기준법상 근로자의 임금 · 퇴직금 · 재해보상금 등에 우선변제권이 인정되어 있고 국세징수법 · 지방세법 등에도 국세 · 지방세의 우선변제를 규정하고 있다.

유보(留保)

일반적으로는 자기의 권리 · 의무 · 주장 등을 후일을 위하여 보류시켜 두는 일이다. 예를 들면 해제권의 유보, 소유권의 유보, 상고권(上告權)의 유보 등이 있다. 국제법상으로는 특히 조약의 유보를 의미한다. 즉 다수 국가간에 체결된 조약의 체약국이 된 어느 당사국이 특정한 조항의 자국에 대한 적용을 배제할 것을 밝혀 두는 의사표시이다. 1969년 5월 22일 빈에서 체결된 조약법에 관한 빈 협약에 있어서는 ① 그 조약에 의하여 유보가 금지되어 있는 경우 ② 조약에는 특정의 유보를 하는 것이 인정되나 당해 유보가 그 가운데 포함되어 있지 않은 경우 ③ 당해 유보가 그 조약의 대상 및 목적과 양립하지 않은 경우를 제외하고는 교섭국은 조약에 서명하고 조약을 비준 · 수락 · 승인하며 조약에 가입할 때에 유보할 수 있게 되어 있다(빈협약 제19조). 유보의사를 표명한 때로부터 1년 이내에 이의를 표명하지 않거나 이의(異意)를 표명하지 않고 조약당사국이 된 국가와 유보표명국과의 사이에는 조약의 규정은 유보의 범위 내에서 수정된 것이 된다. 그것에 대하여 유보에 이의를 표명한 국가가 자국과 유보국 간의 조약의 효력발생 자체에 반대하지 않았을 경우에는 유보에 관련한 규정은 양국간에서는 적용되지 않는다(제21조제3항).

항고(抗告)

판결 이외의 재판인 결정 · 명령에 대한 독립의 상소(上訴)이다.

채권자(債權者)

채무자에 대하여 일정한 급부를 청구할 권리를 가진 사람이다.

압류(押留)

압수의 전형적인 예로서 물건을 취득하는 과정에서 강제력이 행사되는 압수를 말한다. 임의제출물을 받는 영치 등도 압수에 해당하지만 형사소송법 상 구별하여 다루지는 않는다.

대항(對抗)

대항하지 못한다라는 말은 당사자간에 어떠한 법률관계가 만들어졌다 하더라도 그 법률효과는 그 당사자간에만 적용되고 선의의 제3자에게는 영향을 미치지 않으므로 당사자는 제3자에게 자기들 간의 법률관계가 변하였다고 이를 제3자에게도 따르라고 요구할 수 없다는 것을 의미한다. 이는 주로 선의의 제3자를 보호하여 거래의 안전을 꾀하고자 하는 경우에 사용된다.

해지(解止)

계속적 계약관계에서 그 효력을 장래를 향하여 소멸시키는 계약당사자의 일방적 의사표시를 말한다. 이러한 해지권은 기간의 정함이 없는 계속적 채권관계에서 각 당사자가 원칙적으로 해지의 자유를 가지므로 약정이나 법률의 규정이 없더라도 언제든지 상대방에게 해지의 통고를 할 수 있다. 기간의 정함이 있는 임대차계약이나 조합 같은 경우 기간의 만료나 목적의 달성 이전에 부득이한 사유가 있다면 해지권이 발생할 수 있다. 그리고 임대차와 같은 경우에 이러한 해지의 자유와는 별도로 민법에서 해지권을 규정해 놓은 경우도 있다. 이러한 해지가 행해지면 해제와는 달리 장래를 향해서만 계약관계를 해소하는 것이므로 해지 이전의 계약관계는 유효한 것으로 남게 된다.

동거(同居)

법적으로 부부가 아닌 남녀가 한집에서 같이 살면서 부부 관계를 가지면서 사는 것을 말한다.

임차권(賃借權)

당사자의 일방(임대인)이 상대방(임차인)에게 목적물을 사용·수익할 수 있게 하고 상대방이 그 대가로서 차임을 지급할 것을 약정함으로써 성립하는 계약이다.

해지통고(解止通告)

계약에 의하여 생긴 법률관계를 일정한 기간이 지난 장래에 소멸시키겠다는 당사자 한쪽의 의사 표시이다.

사정변경(事情變更)

계약체결 당시의 사회사정이 계약체결 후 현저히 변경되면 계약은 그 구속력을 잃는다는 것이다.

승계인(承繼人)

다른 사람의 권리와 의무를 이어받는 사람이다.

소액사건(少額事件)

소가 이천만원 이하의 금전 기타 대체물 또는 유가증권의 일정수량의 지급을 구하는 사건을 말한다. 제1심에 있어 신속하고 저렴한 재판의 진행을 목적으로 소액사건 심판법의 적용을 받는다. 소액사건과 관련하여 부동산의 경우에는 특정물이므로 소가가 일천만원 미만이더라도 소액사건이 아니다. 소액사건 심판법에 나타나는 소액사건의 특징을 보면 변호사가 아니라도 일정한 범위 내에 있는 사람이 법원허가 없이도 대리인이 될 수 있고 소제기를 반드시 서면에 의하지 않아도 되며 1회 심리로 소송 종료함을 원칙으로 하고 원고의 청구가 이유 없음이 명백하면 서면심리만으로 기각할 수도 있다. 통상의 소송절차와 달리 법령위반이나 판례에 반함을 이유로 해서 제한적으로만 상소를 제기할 수 있다.

대항력(對抗力)

당사자 사이에서 효력이 있는 권리 관계를 제3자에 대하여 주장할 수 있는 법적(法的) 효력을 말한다.

이의(異議)

법률상의 효과를 가져오지 않도록 하기 위해 남의 행위에 대하여 반대나 불복(不服)을 나타내는 일이다.

확정판결(確定判決)

확정된 효력을 지니는 판결, 즉 보통의 불복신청(不服申請)에 의해 취소할 수 없는 판결을 말한다.

양수인(讓受人)

타인의 권리・재산 및 법률상의 지위 등을 양도받는 사람이다.

◆ 제5강 부동산등기와 법

등기용지(登記用紙)

부동산등기법에 의해 정하여진 절차에 따라 일정한 등기사항이 기재된 용지를 의미한다. 등기용지는 하나의 부동산, 즉 1필의 토지 또는 1동의 건물에 관한 등기를 한 일정양식의 일단의 서류를 의미한다. 등기용지는 부동산의 표시에 관한 사항을 정해 놓은 표제부용지, 소유권에 관한 사항을 기재한 갑구용지, 소유권이외의 권리에 관한 사항을 기재한 을구용지로 구성되어 있고 한 개의 부동산은 1개의 용지를 사용한다. 을구는 이에 기재할 사항이 없는 경우 두지 않을 수도 있다.

등기필정보

등기부에 새로운 권리자가 기록되는 경우에 그 권리자를 확인하기 위하여 등기사무에 의하여 등기관이 작성한 정보

착오(錯誤)

(1) 민법상 착오란 표시의 내용과 내심의 의사가 일치하지 않는 것을 표의자 자신이 알지 못하는 것을 말한다. 즉 착각하여서 하지 않아야 할 행위를 잘못 행한 경우이다. 이러한 착오가 법률행위의 중요부분에 관한 것이며 표의자가 이에 대해 중과실이 없을 때에 표의자는 이를 취소할 수 있다. 다만 선의의 제3자에게는 취소를 가지고 대항할 수 없으므로 제3자가 행한 행위는 유효가 된다.

(2) 형법상 고의가 인정되기 위해서는 법규정에 정해진 모든 요건사실을 인식하고 있어야 한다. 그렇지만 실제로 이렇게 행위자가 인식한 그대로 결과가 발생하는 경우는 극히 예외적이다. 따라서 인식한 사실과 발생한 결과가 다르게 되는 착오가 있더라도 일정한 경우에는 처벌에 영향을 미치지 않는다고 해야 한다. 대법원 입장에 따라 몇 가지를 검토해 보면 다음과 같다. 먼저 A를 B라고 잘못 생각하고 B를 살해해도 B에 대한 살인죄가 성립한다. 살인죄는 단지 다른 사람을 살해하면 성립하기 때문이다. A를 살해하려고 살해행위를 시도했지만 빗나가서 B를 살해하게 된 경우에도 마찬가지로 B에 대한 살인죄가 성립한다. A에 대한 살해행위를 하였고 실신한 A가 죽은 줄로 알고 A를 다른 곳에 묻었는데 실은 A가 매장행위로 인하여 죽더라도 살인죄가 성립할 수 있다. 학설에 따라서는 A는 살인의 고의가 없는 매장행위에 의해서 사망했으므로 살인죄가 성립하지 않는다고도 하는데 대부분의 견해는 이러한 착오는 살인죄가 성립하는데 영향이 없다고 한다.

저당권(抵當權)

채무자 또는 제3자인 저당권설정자가 목적 부동산을 계속 점유하지만 채권자는 채무자의 채무불이행시에 그가 채무의 담보로 제공한 부동산에 대하여 경매 등을 통해 환가하여 그로부터 다른 채권보다 우선하여 변제를 받는 담보물권을 말한다.

피담보채권(被擔保債權)

채권은 보통 채무자의 총재산에 의해 변제될 것이 약정된 것이다. 그러나 채권은 채권자 평등의 원칙 등에 의해 우선적 효력이 인정되지 않으므로 자기 채권의 완전한 만족이 어렵게 된다. 그러므로 채권의 확실한 만족을 얻기 위해 채권자는 저당권이나 질권 등에 의해 채권을 담보하고자 한다. 이러한 저당권이나 물권 등에 의해 담보되는 채권을 피담보채권이라고 한다.

물권변동(物權變動)

물권의 발생・변경・소멸하는 것으로 물권변동의 모습으로서 물권의 발생에는 절대적 발생과 상대적 발생이 있다. 절대적 발생은 원시취득으로서 건물의 신축에 의한 소유권의 취득, 무주물선점(無主物先占)에 의한 점유권의 취득 등이 그 예이다. 상대적 발생은 승계취득으로서 이전적 승계와 설정적 승계가 있다. 이전적 승계는 소유권의 이전, 지상권(地上權)의 양도 등이 그 예이며, 설정적 승계는 전전세권(轉傳貰權)의 설성, 실권(質權)의 설정 등이 그 예이다. 물권의 변경에는 주체의 변경, 내용의 변경, 작용의 변경이 있다. 주체의 변경은 물권의 이전에 해당한다. 내용의 변경은 질적 변경과 양적 변경이 있다. 질적 변경은 물건(物件)의 멸실로 물권적 청구권이 손해배상청구권으로 변하는 것 등이 그 예이며, 양적 변경은 첨부에 의한 소유권의 범위의 증가, 목적물의 일부멸실에 의한 전세권의 범위의 축소 등이 그 예이다. 작용의 변경은 저당권(抵當權)의 순위가 승진되는 것 등이 그 예이다. 물권의 소멸에는 절대적 소멸과 상대적 소멸이 있다. 절대적 소멸은 목재(木材)의 소실(燒失)에 의한 소유권의 소멸, 폐기(廢棄)에 의한 점유권의 소멸 등이 그 예이다. 상대적 소멸은 이전적 승계를 전주의 입장에서 본 것이다.

물권변동에는 법률행위에 의한 물권변동과 법률의 규정에 의한 물권변동이 있다. 법률행위에 의한 부동산물권변동은 등기(登記)하여야 효력이 발생하며(민법 제186조), 법률의 규정에 의한 부동산물권변동은 등기를 하지 않아도 효력이 발생하지만 등기를 하지 않으면 처분하지 못한다(민법 제187조). 물권변동은 제3자에게 미치는 영향이 크므로 거래의 안전을 위하여 물권변동을 외부에서 인식할 수 있는 일정한 표상으로서 공시방법(公示方法)을 갖추도록 한다. 이를 공시의 원칙이라고 한다. 동산물권(動產物權)은 점유 또는 인도, 부동산물권(不動產物權)은 등기를 공시방법으로 한다. 공시된 내용이 진실한 법률관계와 다를 때 거래의 안전을 위하여 그 공시방법을 신뢰하고 거래한 자를 보호한다는 원칙을 공신(公信)의 원칙이라고 한다. 동산물권에는 공신의 원칙이 인정되나 부동산물권에는 공신의 원칙이 인정되지 않는다.

권리관계(權利關係)

권리와 의무 사이의 법률관계를 말한다.

지역권(地役權)

일정한 토지의 이용가치를 증가시키기 위하여 타인 소유의 다른 토지를 사용하는 권리를 의미한다. 즉 타인의 토지를 통행하거나 타인의 토지를 통하여 물을 끌어 오기 위하여 그 토지를 이용하는 권리이다. 이 때 지역권을 필요로 하는 지역권자 소유의 토지가 요역지, 지역권의 부담을 받는 타인 소유의 토지를 승역지라고 한다. 지역권이 설정되었다 하더라도 승역지 소유자의 그 부분 이용권능은 유지되며 지역권은 요역지의 소유권 이전에 따라서 함께 이전 된다.

수소법원(受訴法院)

어떤 사건에 대한 판결 절차가 과거에 계속되었거나 현재 계속하고 있거나 혹은 장차 계속할 법원을 말한다.

법리(法理)

법률의 근본 원리, 법에 내재하는 사리(事理), 법적인 논리이다.

절차법(節次法)

실체법(實體法)에 대하여 권리 실현의 형식이나 절차를 정한 법, 형사 소송법·민사 소송법·부동산 등기법·호적법 등이다.

실체법(實體法)

권리·의무의 실체를 규정하는 법률로 민법·상법 따위를 말한다.

상속법(相續法)

상속에 관한 법률관계를 규율하는 법규의 총체로 친족법과 함께 신분법을 이룬다. 우리 현행 상속법의 주된 규정은 민법 제5편에 두어져 있다. 가사소송법, 파산법, 호적법, 섭외사법 기타의 법령 중에도 상속에 관한 규정이 많이 있다.

공용징수(公用徵收)

공익사업을 위하여 필요한 국민 개인의 특정재산권을 법률의 힘에 의하여 강제적으로 취득하는 것이 공용징수이다. 공용징수는 기업자와 토지소유자의 협의에 의해 취득하는 협의취득과 협의가 성립하지 않은 경우에 토지수용위원회에의 재결로 성립하는 재결수용이 있다. 이러한 공용징수가 있다면 부동산 물권의 변동이 등기 없이도 이루어지게 된다.

판결(判決)

당사자의 신청에 따라 변론절차를 거친 뒤 법원이 내리는 재판 형식이다. 판결에는 기속력이 인정되며 불복수단으로는 상소가 있다. 법관이 아니라 법원이 하는 재판이라는 점에서 명령과 구별되고 변론을 거쳐야 한다는 점에서는 결정과 구별 된다.

경매(競賣)

광의로는 팔려는 사람이 가장 비싼 값을 부르는 사람에게 파는 것을 의미하고 협의로는 경매청구의 권리자의 신청에 의하여 법원 또는 집행관이 동산이나 부동산을 공중에게 판매하는 것을 의미한다. 금전채권을 채무자가 이행하지 못하는 경우 채무자의 재산에 대해 강제집행을 하게 되는데 이 때 부동산의 경우에는 경매를 이용하여 환가되게 되는데 이 때를 강제경매라고 하고 계약 당사자간에 담보권에 의한 저당권 · 질권 등의 실행으로 하는 경매를 임의경매라고 한다.

특별법(特別法)

특정한 지역 · 사람 · 사항에 한정하여 적용하는 법이다. 특례법(特例法)

공시의 원칙(公示**의** 原則)

물권이 누구에게 속하며 어떠한 내용을 가지고 있으며 어떻게 권리자와 내용이 변경되었는가를 외부에서 쉽게 알 수 있도록 일정한 표시를 갖추어야 한다는 원칙이다. 이는 동산이나 부동산 위에 어떠한 물권이 존재하는지를 외부에서 쉽게 알 수 있게 하여 당해 물건에 대한 거래의 안전을 보호하고자 하기 위함이다. 이러한 공시의 방법으로서는 부동산의 경우 등기, 동산의 경우 인도가 있다. 우리 민법은 부동산, 입목, 동산 중에 건설장비 · 선박 · 항공기 · 자동차 등에 있어서 등기나 등록을 공시방법으로 삼고 있으며 그 외 동산의 경우에는 당해 동산의 점유의 이전이 공시의 수단이 된다. 다만 동산의 공시방법인 점유의 이전은 등기 · 등록과 같은 공시방법에 비하여 제도적으로 완비된 공시 수단이 아니므로 공신의 원칙에 의해 보충적으로 거래의 안전을 도모하게 된다.

가등기(假登記)

본등기를 할 수 있을 만한 실체법적 혹은 절차법적 요건이 완비되지 못한 경우에 장래에 그 요건이 다 충족될 경우를 대비하여 그 때 행하여질 본등기의 순위를 미리 보전해 놓는 효력을 가진 등기로 예고등기의 일종이다. 가등기는 소유권, 지상권, 지역권, 전세권, 저당권, 권리질권, 임차권의 설정, 이전, 변경 또는 소멸의 청구권을 지금은 아니지만 장래에 문제없이 행사할 수 있도록 보전해 놓고자 할 때 쓰이게 되며 청구권이 시기부 또는 정지조건부이어서 시간이 지나야만 그 내용을 확정할 수 있는 경우에도 이를 행한다. 가등기가 행하여진 후 본등기가 행하여지면 본등기의 순위는 가등기의 순위로 소급 된다.

공작물(工作物)

공작물이란 인공적인 작업에 의하여 제작된 물건이다. 이러한 공작물에는 건물·도로·교량·광고탑·어린이 놀이시설 등 토지에 부착된 공작물과 건물 내의 시설, 기계, 움직이는 교통수단, 나무 등을 포함한다. 다만 이러한 공작물이 국가 소유인 경우에는 국가배상법 제5조가 우선 적용된다. 이러한 공작물의 하자로 인해 손해가 발생하면 공작물 책임이 성립하게 된다.

정착물(定着物)

토지에 부착하여 있고 계속해서 부착한 상태로 사용되는 것이 사회통념으로 인정되는 물건으로 건물, 수목, 교량, 돌담, 도로의 포장, 토지에 고정된 기계 따위를 이른다.

권리(權利)

어떤 일을 자유로이 행하거나 타인에 대하여 당연히 주장하고 요구할 수 있는 힘이나 자격을 말한다.

입목(立木)

토지에 부착된 수목의 집단으로 특히 소유자가 입목에 관한 법률에 의하여 소유권보존등기를 하면 수목의 집단은 입목이 되어 그때부터 이 입목은 토지로부터 분리된 독립한 부동산이 된다. 이 법률은 인공적으로 심어진 나무의 경우 30종, 자연림인 경우 7종으로 그 종류를 한정시켜 놓고 있다. 이러한 입목은 토지대장이나 가옥대장처럼 수목의 집단에 대해서도 시·군에 입목등록원부를 비치하고 이에 등록된 것에 한해 입목등기부에 등기할 수 있다. 입목은 소유권과 저당권만을 설정할 수 있으며 동일인이 토지와 그 위의 입목을 소유하고 있다가 경매 등의 이유로 서로 소유자가 다르게 된 경우 토지소유자는 입목소유자에 대해 저당권을 설정한 것으로 간주되게 된다.

제한물권(制限物權)

목적물을 한정된 목적을 위하여 이용할 수 있는 물권을 말한다. 목적물을 전면적으로 지배하는 소유권과는 반대되는 개념으로서 소유권에 대한 제한 위에 성립하고 그 내용도 제한되는 물권이다. 이것은 용익물권(지상권, 지역권, 전세권 등)과 담보물권(유치권, 질권, 저당권 등) 으로 나누어진다.

지상권(地上權)

타인의 토지에 건물 기타 공작물이나 수목을 소유하기 위하여 그 토지를 사용할 수 있는 물권을 말한다. 지상권은 토지 지표 위의 공간을 활용하기 위한 권리이며, 공작물이란 인공적으로 설치된 모든 시설을 의미한다. 또한 수목이란 농지법 농지의 임대차가 금지되므로 농작물의 소유를 위해 농민에게 지상권을 설정하는 것도 금지된다. 그 효력으로 지상권자는 배타적으로 지표를 사용할 수 있게 되며 지상권자는 투하자본을 회수하기 위하여 자유로이 자기의 지상권을 양도・임대・담보제공을 할 수 있다.

구분지상권(區分地上權)

건물 및 그 밖의 공작물을 소유하기 위하여 다른 사람이 소유한 토지의 지상이나 지하의 공간에 대하여 상하의 범위를 정해 그 공간을 사용하는 지상권의 한 가지

전세권(傳貰權)

전세금을 지급하고 타인의 부동산을 점유하여 그 부동산의 용도에 좇아 사용・

수익하면서 그 부동산 전부에 대하여 후순위권리자 기타 채권자보다 전세금에 관하여 우선 변제권이 인정되는 특수한 용익물권을 말한다. 부동산을 사용하는 지료는 전세금으로 지급한 금액의 이자로 대신한다.

◆ 제6강 소비자보호와 법

권리주체(權利主體)

권리를 누리게 하기 위하여 법이 인정하는 힘을 가지는 자. 자연인과 법인이 있다.

실체법(實體法)

법률관계의 실체에 관한 법으로 주법(主法)이라고도 하며 권리 · 의무의 존부를 규율함으로써 법률관계의 실현과정 내지 권리 · 의무의 실현절차를 규율하는 절차법 또는 조법(助法)에 대립한다. 법률관계의 실체란 권리 · 의무의 내용, 귀속자, 범위 등을 말한다. 민법 · 상법 · 형법 등이 이에 속하며 민사소송법 · 형사소송법은 그에 대한 절차법이다. 실체법과 절차법은 서로 다른 독립된 법 사이에서만 구별되는 것이 아니라 동일한 법의 규정과 규정 사이에서도 구별될 수 있다. 민법은 실체법이지만 그 가운데 법인의 설립에 관한 규정(민법 제40조 내지 제56조)은 절차법이며 부동산등기법은 절차법이지만 그 가운데 등기한 권리의 순위에 관한 규정(부동산등기법 제5조, 제6조)은 실체법이다. 실체법은 절차법과 함께 재판규범의 성질을 가지는데 실체법이 없는 경우에는 재판거부금지의 원칙에 의하여 법관은 법원(法源)에 따라 법의 흠결을 보충하여 재판을 하여야 하나 절차법이 없는 경우에는 임의로 절차를 마련하여 재판을 할 수 없다. 따라서 실체법은 절차법이 있음으로써 실효성을 갖게 된다. 그리고 실체법과 절차법이 충돌하는 경우에는 실체법이 우선한다. 국제사법상 국내법과 외국법이 충돌하는 경우 그 해결을 위한 충돌규정에 대하여 법률관계의 실질적 내용이나 그 실현절차를 직접 규정한 사항규정(事項規定)을 말한다. 이러한 의미에서는 특히 실질법이라고 하며 실체법과 함께 절차법도 포함하여 일컫는다.

전속관할(專屬管轄)

민사소송법상 법정관할 가운데 특히 고도의 적정(適正)과 신속의 공익적 요구 때문에 특정법원에만 재판권을 행사하게 하는 관할로 임의관할(任意管轄)과 대립된다. 전속관할에 해당되는 것은 직분관할(職分管轄) 및 법률이 특히 전속관할로 명시한 사물관할(事物管轄)·토지관할이다(민사소송법 제424조, 제433조, 제524조 참조). 이러한 정함이 있는 경우에는 합의관할(合意管轄)·응소관할(應訴管轄)·관련관할(關聯管轄)은 인정되지 않는다(동법 제28조, 제237조 제1항, 제242조제1항). 법원 또한 소송을 다른 법원에 이송(移送)할 수 없다. 전속관할의 위반은 직권조사사항이고 언제나 이송하여야 하며 상소로 다룰 수 있으며(동법 제381조 단서) 재심(再審)의 사유가 되지는 않는다.

단체소송(團體訴訟)

단체소송은 피해를 입은 사람이 여럿일 경우 집단으로 소송을 제기해서 이기면 소송에 참여하지 않았다 하더라도 동일한 피해를 입었을 경우에는 다른 사람도 이에 의제해서 손해 배상을 받게 되는 제도다.

◆ 제7강 할부매매와 법

소유권(所有權)

목적물을 자유로이 사용·수익·처분하는 등 완전히 지배할 수 있는 권리이다.

최고(催告)

일정한 행위를 하도록 상대방에게 요구(독촉)하는 의사의 통지이다.

소유권유보(所有權留保)

매매에 의하여 매도인이 매매대금의 완납을 받을 때까지 소유권을 보유하는 것, 그러므로 매수인은 대금 완납할 때까지 조건부권리를 갖는다.

철회(撤回)

1) 민법상 철회란 아직 법률행위의 효력이 발생하고 있지 않은 법률행위에 대하여 그 효력발생의 가능성을 빼앗는 것을 의미한다. 즉 유언자가 생전에 얼마든지 유언을 철회하거나 미성년자의 행위에 대해 추인이 있기 전에 상대방이 자기 의사표시를 철회하는 경우 등이 그 예이다. 민법상 취소라는 용어와 혼동해서 쓰이나 취소는 이미 효력이 발생한 후에 그 효력을 소멸시키는 것임에 반해 철회는 아예 효력발생 전에 이루어지는 행위라는 점에서 차이가 난다.

(2) 행정법상 철회란 하자 없이 적법하게 성립한 행정행위를 행정청이 뒤에 생긴 사유를 이유로 해서 장래를 향해 당해 행정행위의 효력을 상실시키는 별개의 행정행위이다. 법령상으로는 철회에 대해서도 취소라는 용어가 사용되는 경우가 많은데 취소는 원래 행정행위의 성립 시부터 존재하는 하자를 이유로 하여 효과를 소급시켜 소멸시키는 데 반하여 철회는 행정행위의 성립 이후에 발생한 하자를 이유로 그 때부터 효력을 소멸시키는 점에서 근본적으로 구별된다. 그 밖에 직권취소는 처분청・감독청이 할 수 있는데 철회는 처분청만이 할 수 있다는 점도 다른 점이다.

소비자(消費者)

물건을 소비하는 사람 또는 물건을 사는 사람을 말한다.

손해배상(損害賠償)

법률의 규정에 따라 남이 입은 손해를 메워 주는 일, 손해배상 · 손실보상(損失補償) 둘 다 손해를 원래의 상태대로 복구시키는 것을 뜻하나 손해배상은 위법 행위로 생긴 손해에 대해 손실보상은 적법 행위로 인해 생긴 손실에 대한 보전(補塡)을 가리킨다.

기한(期限)

법률행위를 하는 당사자가 그 법률행위의 효력 발생 · 소멸을 장래의 어떤 시점으로부터 혹은 어느 시점까지로 한정하여 놓는 것을 '기한'이라고 한다. 그러므로 이러한 기한에는 시기와 종기가 있으며 그 성질에 따라 기일의 도래가 확실한 확정기한과 그러한 날이 오기는 오지만 언제 올지 지금으로서는 확실히 알 수 없는 날을 기일로 삼는 불확정기한이 있다.

기한이익상실(期限利益喪失)

채무자에게 주어진 기한의 이익은 채무자가 정해진 기일에 성실하게 채무를 이행할 것이라는 신뢰 하에 존재하는 것이다. 따라서 채권자와 채무자 사이에 이러한 신뢰관계가 파괴된 경우 채무자는 이러한 이익을 더 이상 향유할 수 없게 된다. 이러한 사유로는 채무자가 자기가 제공한 담보를 손상 · 감소 또는 멸실시킨 때, 채무자가 담보제공의 의무를 다하지 않은 때,채무자가 파산선고를 받을 때이다. 이러한 경우 채권자는 변제기일 전이라도 채무의 변제를 청구할 수 있다.

항변권(抗辯權)

상대방의 청구권의 행사에 대해 이를 저지하여 자기가 행하여야 할 급부를 거절할 수 있는 권리로서 청구 받은 즉시 이행하지 않고 그 기간을 연기시키는 연기적 항변권과 앞으로 두 번 다시 청구를 받지 않게 되는 영구적 항변권의 두 종류가 있다. 연기적 항변권에는 동시이행의 항변권과 최고 · 검색의 항변권이 있고 영구적 항변권에는 한정승인의 항변권이 있다.

주소(住所)

사람이 생활하는 근거가 되는 장소로서 주민등록상의 주소가 주로 민법상 주소가 되겠으나 민법상 주소란 꼭 그 하나만 있는 것이 아니라 생활영역에 따라 여러 개가 될 수 있다. 즉 서울에 직장이 있고 인천에 집이 있는 사람이라면 서울이 업무관계에 있어서는 주소가 되며 가정생활에 있어서는 인천이 주소가 된다. 주소가 민법상 의미를 갖는 경우는 채무를 변제할 장소가 원칙적으로 채권자의 주소지라는 점이다.

거소(居所)

생활의 본거지가 될 정도는 아니나 얼마 동안 계속하여 머물러 있는 곳을 말한다.

전속관할(專屬管轄)

공익적인 이유로 오로지 특정법원만이 관할권을 가지고 있는 것을 말한다. 가령 가사소송은 가정법원에만 관할권이 있고 강제집행과 관련한 소는 오로지 집행법원에만 관할권이 있다. 전속관할과 관련해서는 법원이 항상 직권으로 조사하며, 관할의 합의가 허용되지도 않는다. 전속관할위반은 상소이유도 되는데 재심사유는 되지 않는다. 전속관할과 반대되는 의미로는 임의관할이 있다.

위약금(違約金)

채무불이행의 경우 채무자가 채권자에게 지급할 것을 약속한 금전이다. 이러한 위약금은 '위약벌'과 '손해배상의 예정'의 두 가지 종류가 있다. 당사자간에 계약하면서 위약금을 예정할 때 별다른 약정이 없다면 손해배상의 예정으로 추정된다. 손해배상액의 예정으로 성질을 갖는다면 그에 따른 규정이 적용되지만 위약벌이라고 한다면 채무불이행으로 채권자에게 손해가 발생하지 않은 경우에도 채무자는 약속된 배상을 하여야 하며 만약 손해까지 발생한다면 이 역시 추가적으로 배상하여야 한다.

고지(告知)

행정청이 처분을 할 때 그 상대방이나 이해관계인에게 당해 처분에 대한 불복신청의 가능여부 및 불복신청에 필요한 사항을 알려주는 제도가 고지제도이다. 이는 행정심판을 받을 수 있는 기회를 보장하고 적정한 행정을 보장함을 목적으로 하며 행정심판법은 직권에 의한 고지(행정심판법 제42조제1항)와 신청에 의한 고지(행정심판법 제42조제2항)를 규정하고 있다. 고지 자체에 어떠한 법적 효과는 없지만 행정청이 고지를 잘못하거나 고지를 하지 아니한 경우에는 행정심판제기기간이 통상적인 90일보다 긴 180일로 연장되고 적정한 행정기관에 대해 심판청구를 제기한 것이 아니라고 하더라도 당초에 심판청구를 한 때에 본래의 행정기관에 심판청구가 된 것으로 보는 등의 구제수단이 인정된다(행정심판법 제18조).

도달주의(到達主義)

멀리 떨어져 있는 사람에 대한 의사표시의 효과가 발생하는 시기는 그 표시가 상대방에게 도달한 때라고 하는 주의, 수신주의(受信主義)라고도 한다.

◆ 제8강 방문판매와 법

영업정지(營業停止)

영업자가 단속 규정을 위반하였을 때, 행정 처분에 의해 일정기간 영업을 정지시키는 일을 말한다.

휴업(休業)

사업이나 영업을 일시적으로 중단하고 한동안 쉬는 것을 말한다.

부가가치(附加價値)

어떤 물품을 생산하는 과정에서 새롭게 덧붙여진 가치, 곧 매출액에서 원료비 · 감가상각비 등을 뺀 것으로 인건비 · 이자 · 이윤의 합계를 가리킨다.

청약(請約)

일정한 내용의 계약을 체결할 것을 목적으로 하는 일방적 · 확정적 의사 표시이다.

지연이자(遲延利子)

일정한 금액의 지급을 목적으로 하는 채무에서 그 원금(元金)의 지급이 지체된 경우에 지급해야 하는 손해배상을 말한다.

◆ 제9강 친족관계와 법

가부장제(家父長制)

가장(家長)이 강력한 지배권을 가지고 가족을 통솔하는 가족 형태이다.

가장(家長)

집안의 어른

직계비속(直系卑屬)

자기로부터 직계로 내려간 혈족, 곧 아들 · 손자 · 증손 등

직계혈족(直系血族)

직계의 관계에 있는 존속과 비속의 혈족

인척(姻戚)

어떤 사람과 그 사람의 혈족(血族)의 배우자, 배우자의 혈족, 배우자의 혈족의 배우자 사이의 신분관계(민법 제769조)를 말한다.

친족회(親族會)

관습적인 문중이라는 개념과는 전혀 다른 것으로서 제한능력자를 보호하고 집안의 중요문제를 결의하기 위하여 두게 된 제도이다. 친족회는 제한능력자 후견에 관한 사항, 제한능력자의 신분행위, 제한능력자의 취소권의 행사에 대한 권한을 갖는다. 이는 굳이 친족이 아닌 사람이라도 그 회원이 될 수 있으며 친족회의 활동에 대하여는 가정법원이 전반적으로 감독하게 된다. 이는 미성년자에 대한 친족회의 부당한 처분을 방지하고자 하는 목적에 기인한 것이다.

분가(分家)

분가란 가족 중 일부가 자신의 의사 또는 법률규정에 의해 본가를 떠나서 새로 가를 설립하는 행위를 말한다. 분가에는 임의분가와 법정분가 두 가지가 있다. 가족은 분가할 수 있으며 미성년자가 분가함에는 법정대리인의 동의를 얻어야 한다. 가족은 혼인하면 당연히 분가된다. 그러나 호주의 직계비속 장남자는 그러하지 아니하고 분가호주의 배우자, 직계비속과 그 배우자는 그 분가에 입적한다. 본가 호주의 혈족 아닌 분가호주의 직계존속은 분가에 입적할 수 있다.

일가창립(一家創立)

무후가의 가족, 입적할 가(家)가 없는 자, 입적을 원하지 않는 자가 새로이 자기

를 호주로 하는 가(家)를 신설하는 것을 의미한다. 이러한 예로서는 자식이 부모 쌍방을 알 수 없는 경우, 혼인 외의 출생자가 인지를 못 받았거나 아버지가 인지 후 입적을 거부한 경우, 파양 후 돌아가야 할 생가가 폐가되었거나 무후가가 된 경우, 호주인 남편이 죽은 후 부인과 그녀의 전 남편 소생자가 분가하는 경우 등에 일어나게 되며 이는 1월 이내에 호적법에 따라 신고하여야 한다.

사실혼(事實婚)

혼인신고를 하지 않았기 때문에 법률상으로는 혼인으로 인정을 받을 수 없으나 사실상의 혼인관계에 있는 내연(內緣)의 부부관계이다.

피성년후견인

가정 법원에서 질병, 장애, 노령 그 밖의 사유로 인한 정신적 제약으로 사무를 처리할 능력이 지속적으로 결여를 이유로 본인, 배우자, 4촌 이내의 친족, 미성년후견인, 미성년후견감독인, 한정후견인, 한정후견감독인, 특정후견인, 특정후견감독인, 검사 또는 지방자치단체의 장에 청구에 의하여 성년후견개시의 심판을 받은 사람.

피한정후견인

가정법원에서 질병, 장애, 노령 그 밖의 사유로 인한 정신적 제약으로 사무를 처리할 능력이 부족을 이유로 본인, 배우자, 4촌 이내의 친족, 미성년후견인, 미성년후견감독인, 성년후견인, 성년후견감독인, 특정후견인, 특정후견감독인, 검사 또는 지방자치단체의 장에 청구에 의하여 성년후견개시의 심판을 받은 사람.

양친자(養親子)

양친(養親)과 양자(養子)와의 친자 관계이며 법정 혈족의 하나로 입양신고를 함으로써 발생한다.

폐가(廢家)

호주가 자신의 가를 의도적으로 소멸시키고 다른 가(家)에 입적하는 것이다. 폐가의 원인으로는 차남인 호주가 본가의 장남의 사망으로 인해 본가의 호주승계인이 되는 경우나, 호주가 입양되는 경우, 여자가 호주였다가 혼인하는 경우, 남자 호주가 입부 혼인하는 경우 등을 들 수 있다. 폐가는 호주만이 할 수 있으며 따로 폐가신고를 할 필요는 없으나 호주의 혼인이나 입양신고서에 반드시 폐가 사실을 신고하여야 하며 폐가로 인해 가는 소멸되며 호주의 가족도 같이 다른 가로 수반입적하게 된다. 입적할 수 없거나 하기 싫은 가족은 일가창립을 한다.

무후가(無後家)

호주 한 명만 가(家)를 구성하고 있다가 그마저 사망한 경우처럼 호주의 사망 기타 사유로 인하여 호주승계인이 없기 때문에 그 가(家)가 소멸하는 경우를 의미한다. 기타의 사유란 다른 가에 입적하면서 호주가 본래 자신의 가에 대해 폐가신고를 하지 않은 경우 등을 들 수 있다. 이러한 경우 시·읍·면장은 감독법원의 허가를 얻어 직권으로 무후를 원인으로 하여 당해 호적을 말소한다.

방계혈족(傍系血族)

같은 시조(始祖)에서 갈라져 나간 혈족으로 백부모, 숙부모, 생질, 형제자매 등이며 법률에서는 8촌 이내 방계혈족 사이의 혼인을 무효로 인정한다.

소급(遡及)

지나간 일에까지 거슬러 올라가서 미치게 하는 것을 말한다.

실종선고(失踪宣告)

어떤 사람이 생사불명 되어 그 상태가 계속된 경우 그의 재산관계나 신분관계에 있어 불안정한 상태가 계속되는 바, 이러한 경우 일정한 요건을 거쳐 법원이 그에 대해 이미 사망한 것으로 의제하여 그의 신분이나 재산관계를 확정시키는 제도이다. 이러한 실종선고가 내려지려면 일반적으로는 부재자가 5년 이상 행방불명이어야 하며 전쟁이나 항공기 사고, 선박사고 등으로 인한 자의 경우는 1년 이상 계속하여 생사불명이라면 이해관계인이나 검사가 실종선고를 법원에 청구할 수 있고 실종선고가 내려지면 부재자는 위의 실종기간이 끝나는 날에 사망한 것으로 의제된다.

동의권(同意權)

타인의 행위에 인허(認許) 또는 긍인(肯認)의 의사표시를 하는 권리이다.

악질(惡疾)

고치기 힘든 나쁜 병, 악병, 악증(惡症)

간음(姦淫)

부부 아닌 남녀가 상대의 의사에 반하여 강제적으로 성교하는 일, 또는 배우자가 배우자가 아닌 남자나 여자와 성교하는 일을 말한다.

부성(父姓)

아버지로서 가지는 성(姓)

조정(調停)

법관이나 조정위원회가 분쟁관계인 사이에 개입하여 화해로 이끄는 절차를 말한다. 조정조서가 작성되면 재판상 화해와 마찬가지로 확정판결에 준하는 효력이 발생한다. 조정은 일도양단식의 분쟁해결방식이 아니고 합의를 요구하는 점에서 재판과는 차이가 있다. 조정이 불성립하거나 법원이 직권으로 조정을 대신하는 결정을 하여 이의신청을 하면 소송절차로 넘어간다.

복적(復籍)

이혼·파양(罷養) 등으로 친가(親家) 또는 생가(生家)의 호적으로 다시 돌아가는 일을 말한다.

재산분할청구권(財産分割請求權)

협의상 혹은 재판상 이혼한 부부 일방이 타방배우자에 대해 혼인 중 취득한 재산의 일부를 분할해 줄 것을 청구하는 권리이다. 이는 아내의 가사노동을 정당하게 평가함으로써 이혼 후에도 경제적 능력 없는 배우자의 생활보호와 남녀평등의 실현을 위해 존재하는 제도이다. 이는 유책배우자를 포함하여 이혼이나 혼인 취소 시 일방 배우자, 사실혼배우자가 청구할 수 있으며 그 대상은 혼인관계 중에 발생한 공유재산이나 둘이 협력해서 이룬 재산이지만 타방의 명의로 되어 있는 재산이다. 이를 분할하는 방법으로는 협의에 의하고 그것이 불가능할 때 법원이 직권으로 재량에 따라 정한다. 이러한 재산분할청구와 위자료청구는 서로 무관한 것이므로 양자를 따로따로 청구할 수 있다.

부정(不貞)

혼인한 사람(여자 또는 남자)이 정조를 지키지 않는 것을 말한다.

추정(推定)

민법이 적용되다 보면 법적 논리로 문제를 해결하기 이전에 어떤 일들이 벌어졌는가를 먼저 확실히 하여야 한다. 그러나 사실관계라는 것을 정확히 재현한다는 것이 말처럼 쉽지가 않다. 그러므로 민법은 어떤 사정이 규명되지 않은 경우 여태까지 인간사회의 경험 등에 비추어 가장 그럴 확률이 높은 사정이 발생하였다고 우선 판단하고 그에 따라 법률문제를 풀게 된다. 이렇게 우선적으로 내리는 판단을 추정이라고 한다. 이러한 추정은 만약 추정 받은 사실로 인해 손해를 받는 자가 당시의 진짜 사정이 무엇이었다고 증명한다면 그러한 추정은 깨어지게 된다.

법률행위(法律行爲)

당사자가 일정한 효과의 발생을 얻으려고 행하는 행위로 법률이 그 효과의 발생을 인정하는 것을 말한다.

연대책임(連帶責任)

두 사람 이상이 함께 지는 책임

강박(强迫)

민법에서 부당한 이익을 얻기 위해 상대에게 해악(害惡)이 생기게 할 뜻을 알려 공포심이 일어나도록 하여 자유로운 의사 결정을 방해하는 일을 말한다.

공시송달(公示送達)

당사자의 주소불명 등의 사유로 서류 등의 송달이 곤란하게 되었을 때 법원사무관 등이 송달서류를 보관하는 대신 그 사유를 법원게시장에 하여 당사자에게 송달 받을 수 있게 함과 동시에 일정한 기간이 지나면 송달이 된 것으로 취급하는 제도를 말한다. 공시송달은 상대방의 주소불명 등의 사유로 송달이 불가능할 경우 최후로 하는 송달방법인데 실제 송달받을 자가 공시송달에 의하여 송달의 내용을 알게 되는 것은 거의 불가능하다. 이러한 점 때문에 공시송달은 악의의 원고에 의해서 악용되는 경우도 있다. 공시송달 여부는 재판장이 결정하며 공시송달에 의한 경우에는 의제자백이 배제된다. 공시송달을 하게 되면 처음에는 2주일이 지나야 송달의 효력이 있지만 그 후에는 게시한 다음날부터 효력이 생긴다.

친권(親權)

자식에 대한 어버이의 권리로서 자식을 지배한다는 의미의 권리가 아니라 자식을 보호하고 양육할 의무를 누구에게도 방해받지 않고 행사할 수 있는 권리이다. 친권은 부모가 공동으로 행사하며 부모가 이혼한 경우 양자의 협의에 의해 친권자를 결정하되 만약 결정이 나지 않으면 가정법원에서 이를 정한다. 친권의 내용은 자식을 보호・교양시킬 권리・의무, 거소 지정권, 징계권, 자식을 데리고 있는 사람에 대한 인도청구권, 신분상 행위에 있어서 대리권과 동의권, 자식의 재산관리권 등이 있으며 이러한 친권을 남용하여 자식의 복리에 방해요소가 된다면 친권이 박탈당할 수도 있다.

불법행위(不法行爲)

고의 또는 과실로 타인에게 손해를 주는 위법행위를 말한다. 불법행위가 성립하기 위하여는 책임능력 있는 당사자가 법질서에 반한 위법한 행위를 고의・과실로 하였고 그 행위의 결과 피해자에게 손해가 발생하였다면 불법행위가 성립하여 가해자는 이에 대한 손해를 배상할 책임이 생긴다. 다만 정당방위나 긴급피난 등의 특별한 사정이 있었다면 불법행위는 성립하지 않게 된다. 이러한 불법행위는 채권관계에서만 문제되는 채무 불이행과는 달리 어느 누구에게도 저지를 수 있다는 것에 차이가 있다.

준정(準正)

법률상 혼인관계에 있지 아니한 부모 사이에서 태어난 자식이더라도 그 부모가 혼인을 한다면 부모의 혼인 시점부터 혼인 중의 출생자로의 신분을 취득하는 제도이다. 이는 혼인 외 출생자라 하여 호주승계에 있어서의 불이익을 제거하는 데 의의가 있다. 이러한 준정은 자녀출생 시까지 소급하여 혼생자가 되는 것은 아니므로 준정에 의한 혼생자는 친생추정을 받지 못한다.

특별대리인(特別代理人)

민사 소송의 규정에 따라 소송 무능력자에게 법원에서 정하여 주는 법률상의 대리인이다.

◆ 제10강 상속관계와 법

인정사망(認定死亡)

사체는 발견되지 않았지만 사망한 것이 확실시되는 경우에 그것을 조사한 관공서가 지체 없이 사망지의 시, 읍, 면의 장에게 사망의 보고를 하고 이 보고에 의하여 호적부에 사망의 기재가 되는 것을 말한다. 이는 행정적 목적으로 행하는 것이므로 나중에 혹시라도 그 사람이 살아 있다는 증거가 있다면 인정사망은 부인될 수 있다는 점에서 법원의 실종선고와는 다르다.

실종선고(失踪宣告)

어떤 사람이 생사불명 되어 그 상태가 계속된 경우 그의 재산관계나 신분관계에 있어 불안정한 상태가 계속되는 바 이러한 경우 일정한 요건을 거쳐 법원이 그에 대해 이미 사망한 것으로 의제하여 그의 신분이나 재산관계를 확정시키는 제도이다. 이러한 실종선고가 내려지려면 일반적으로 부재자가 5년 이상 행방불명이어야 하며 전쟁이나 항공기 사고, 선박사고 등으로 인한 자의 경우는 1년 이상 계속하여 생사불명이라면 이해관계인이나 검사가 실종선고를 법원에 청구할 수 있고 실종선고가 내려지면 부재자는 위의 실종기간이 끝나는 날에 사망한 것으로 의제된다.

피상속인(被相續人)

권리・재산 따위가 상속되기 전의 소유자를 말한다.

법정대리인(法定代理人)

법정대리권을 행사하는 사람으로 미성년자, 제한능력자, 피한정후견인의 경우 존재하게 된다. 미성년자의 경우에는 친권자, 후견인 등이 법정대리인이 되며 제한능력자의 경우 배우자, 후견인 등이 법정대리인이 된다. 법정대리인은 미성년자와 피한정후견인의 법률행위에 대해 동의권을 갖는다. 또한 그들이 동의 없이 한 행위를 취소할 수도 있다. 피성년후견인의 경우 법정대리인의 동의가 있다하더라도 유효한 행위로 되지 못한다. 또한 법정대리인 제도는 스스로 소송을 수행할 능력이 없는 자를 보호하기 위한 것이다. 법정대리인은 법정대리권의 발생원인에 따라 실체법상 법정대리인 소송상 특별대리인, 법인 등 단체의 대표자로 나눌 수 있다. 법정대리인은 당사자는 아니지만 당사자를 위하여 대부분의 활동을 하게 된다. 그렇기 때문에 소장이나 판결에 반드시 법정대리인을 기재하도록 하고 있으며 본인이 할 수 있는 모든 소송행위를 할 수 있고 소송서류 등은 본인에게 송달하는 것이 아니라 법정대리인에게 송달한다. 또 법정대리인이 사망하는 경우에는 본인의 사망 또는 행위능력 상실에 준해서 소송을 중단시킨다. 이외에도 법정대리인을 신문할 때에는 증인신문이 아니라 당사자신문에 의한다.

참칭상속인(僭稱相續人)

정당한 상속권이 없는 사람이 재산상속인 같은 외관을 갖추고 있는 경우나 스스로 상속인이라고 밝히면서 상속재산의 일부 또는 전부를 점유하고 있는 자를 말한다. 판례는 공동상속인이라도 자신의 일정한 지분을 넘어 다른 공동상속인의 지분을 침해하는 경우에는 참칭상속인에 해당한다고 본다. 이러한 자를 대상으로 상속재산회복청구를 하게 된다.

권원(權原)

어떠한 행위를 법률적으로 정당화하는 근거이며 실정법(實定法)에서는 권원이라는 표현이 여러 법률에서 사용되고 있는데(민법 제256조, 공유토지분할에 관한 특례법 제25조, 민사소송법 제617조의 2, 컴퓨터프로그램보호법 제12조, 항로표지법 제10조 등 다수) 거의 대부분 특정한 물건을 점유(占有)하거나 사용(使用)·수익(收益)하는 정당한 원인으로서의 권리를 뜻한다. 소유권(所有權),

지상권(地上權), 전세권(傳貰權), 질권(質權), 임차권(賃借權), 사용대차(使用貸借), 임치(任置) 등이 그에 해당한다. 권원에 의한 경우에는 점유 또는 사용·수익이 적법한 것으로 인정되어 그에 대한 보호가 이루어지지만 권원에 의하지 않는 경우에는 점유 또는 사용·수익이 위법한 것으로 인정되어 불법행위(不法行爲) 내지 부당이득(不當利得) 등의 문제가 발생하게 된다.

제척기간(除斥期間)

어떤 종류의 권리에 대하여 법률상으로 정하여진 존속기간으로 일정한 기간 안에 행사하지 않으면 해당 권리가 소멸된다는 점에서 소멸시효와 비슷한 개념이다. 그러나 제척기간은 소멸시효와는 달리 정지·중단이 없고 소송에서 그 이익을 원용할 필요가 없다. 제척기간이나 소멸시효를 정하는 것은 당사자의 권리 유무에 기한을 정함으로써 법질서를 조속히 안정시키는 데 목적이 있다. 그러나 소멸시효에 대하여는 법률에서 그것을 명시하고 있으나 제척기간은 명시되지 않은 경우도 있는데 법조문에 기한을 언급하면서 소멸시효가 명시되지 않은 경우에는 제척기간으로 해석된다. 현행 민법의 점유보호청구권(민법 제204~제206조), 매수인의 담보책임청구권(민법 제573조), 매도인의 하자담보책임(민법 제582조), 혼인의 취소권(민법 제819~제825조), 입양의 취소권(민법 제889~제897조) 등이 그 예이다. 법률에 제척기간이 명시된 경우의 예를 들면, 교통유발부담금은 부과할 수 있는 날부터 5년 동안 부과하지 않은 경우에는 이를 부과할 수 없다(도시교통정비촉진법 제23조제1항)고 규정되어 있다. 이 밖에 이해관계인의 심사청구 제척기간(감사원법 제44조), 관세부과의 제척기간(관세법 제21조), 상표등록 무효심판 및 취소심판 등의 제척기간(상표법 제76조), 신탁위반 처분행위에 대한 취소권의 제척기간(신탁법 제54조), 우편요금 등의 제척기간(우편법 제23조), 지방세 부과의 제척기간(지방세법 제30조제4항), 행정심판·행정소송의 제기기간(행정심판법 제18조, 행정소송법 제20조), 국세부과의 제척기간(국세기본법 제26조제2항) 등이 있다.

법인(法人)

민법상 각종 행위의 주체는 당연히 사람이지만 여러 사람이 모여서 공동의 목적을 달성하고자 하는 경우나 특정한 목적을 위해 재산을 다른 사람의 간섭 없이 사용하고 싶을 때에는 각 사람 개개인 모두가 권리의무의 주체가 되거나 재산 자체가 그냥 권리의무의 주체가 될 수는 없을 것이다. 그러므로 민법은 일정한 요건을 갖춘다면 단체나 재산에게도 법인격을 부여하여 독립된 행위주체로서 인정하고 있는 바 이것이 법인이다.

파양(破養)

입양으로 인한 양친자관계를 해소하는 유일한 방법이다. 파양은 협의에 의한 파양과 재판에 의한 파양이 있다. 협의에 의한 파양은 당사자간에 파양의 의사의 합치가 있어야 하며 양자가 15세 미만일 경우 입양을 대신 허락한 사람이 이를 허락하여야 하며 호적법이 정하는 바대로 파양신고를 하여야 한다. 재판에 의한 파양은 양자가 가족의 명예를 훼손하거나 일방이 타방으로부터 부당한 처우를 받았을 때 등의 원인으로 이루어진다(민법 제905조).

정지조건(停止條件)

어떤 조건이 성립되면 법률행위의 효력이 발생하는 조건으로 해제조건의 반대개념이다. 예를 들면 아버지가 아들에게 "대학에 합격하면 자동차를 사주겠다"고 약속한 경우, 합격이라는 장래에 일어날지도 모르는 불확실한 사실의 성립에 따라 자동차를 사준다는 법률행위의 효력이 발생한다. 여기서 합격하면이 바로 정지조건이다. 현행 민법에서는 정지조건이 있는 법률행위는 조건이 성취한 때로부터 그 효력이 생기지만(민법 제147조제1항), 당사자가 조건성취의 효력을 그 성취 전에 소급하게 할 의사를 표시한 때에는 그 의사에 따른다고 규정하고 있다(민법 제147조제3항). 그리고 법률행위의 당시에 조건이 이미 성취된 경우, 즉 기성조건이 정지조건이면 조건 없는 법률행위로 한다(민법 제151조제2항). 또 그 조건이 법률행위의 당시에 이미 성취할 수 없는 것인 경우, 즉 불능조건을 정지

조건으로 하는 법률행위는 무효로 한다(민법 제151조제3항). 형법상으로는 친고죄가 정지조건부에 해당된다. 친고죄란 범죄의 피해자와 그밖에 법률이 정한 자의 고소 · 고발이 있어야 법률상 처벌할 수 있는 범죄이다. 고소 · 고발을 함으로써 고소 · 고발을 하지 않으면 법률상 처벌할 수 없는 전제조건을 중단하는 효력이 발생하여 처벌할 수 있게 되는 것이다. 한편 국민투표권도 정지조건부 권리에 해당된다. 헌법재판소는 신행정수도의 건설을 위한 특별조치법에 대한 위헌판결에서 국민투표권(대한민국헌법 제72조)은 대통령이 해당 사안을 국민투표에 붙일 것을 조건으로 하는 정지조건부 권리로 해석하였다

해제조건(解除條件)

어떤 조건이 이루어짐에 따라 법률행위의 효력을 소멸시키는 조건으로 법률상으로 조건이란 장래에 어떤 일이 성취되는가에 따라 법률행위의 효력이 발생하거나 소멸하게 되는 부관이다. 해제조건은 조건이 성취되면 법률행위의 효력이 소멸되는 조건이다. 예를 들면 아비지가 아들에게 자동차를 사 주면서 "시험에 불합격하면 자동차를 사용하지 못하게 하겠다"고 한 경우에 불합격이 해제조건이다. 아들은 이미 자동차를 사용하고 있으므로 효력이 발생하고 있다. 그러나 시험에 불합격하는 조건이 성취되면 자동차를 사용하지 못하게 되므로 효력이 소멸되는 것이다. 현행 민법에서는 해제조건이 있는 법률행위는 조건이 성취한 때로부터 그 효력을 잃지만(민법 제147조제1항), 당사자가 조건성취의 효력을 그 성취 전에 소급하게 할 의사를 표시한 때에는 그 의사에 따른다고 규정하고 있다(민법 제147조제3항). 그리고 법률행위의 당시에 조건이 이미 성취된 경우, 즉 기성조건이 해제조건이면 그 법률행위는 무효로 한다(민법 제151조제2항). 또 법률행위의 당시에 이미 성취할 수 없는 것인 경우, 즉 불능조건을 해제조건으로 하는 법률행위는 조건없는 법률행위로 한다(민법 제151조제3항). 형사소송법에서는 피해자의 명시한 의사에 반하여 죄를 논할 수 없는 사건에 대하여 처벌을 희망하지 않는 의사표시가 있거나 처벌을 희망하는 의사표시가 철회되었을 때에는 판결로써 공소기각을 선고해야 한다고 규정하고 있다(형사소송법 제327조제6

호). 즉 형법상 처벌할 조건은 성립하지만 피해자가 상대를 벌하지 말기를 원하는 조건이 성립함으로써 해제사유가 발생하는 것이다. 이를 반의사불벌죄라고 하며 해제조건부범죄라고도 한다.

유류분(遺留分)

상속재산에 관하여 공동상속인들은 각자의 상속분에 따라 일정한 비율로 그 재산을 공유하고 나중에 분할로 각자 자기 몫을 가져가게 된다. 그러나 어떤 사유건 간에 피상속인의 재산이 다른 사람에게 넘어가서 상속인들이 경제적 곤궁을 겪을 우려가 있으므로 이에 피상속인의 배우자와 자식의 경우에는 상속분의 1/2, 부모나 형제자매의 경우는 상속분의 1/3은 반드시 보장해 주어야 하는 바이것이 유류분이다. 유류분 권리자는 상속재산을 침해한 사람에 대해 유류분반환청구권을 행사하여 이를 돌려받을 수 있다.

유증(遺贈)

유언자가 유언에 의하여 자기의 재산을 자기가 죽은 후에 무상으로 주겠다는 것을 그 내용으로 하는 단독행위를 말한다. 유증은 상속재산의 자유처분을 인정하는 것이기 때문에 유언과 같은 법리가 적용되어 유언자의 자유로운 의사결정을 우선하게 된다. 이는 비슷한 결과를 발생시키고 있는 사인증여와는 계약과 단독행위라는 점에서 차이가 난다.

상속분(相續分)

유산 상속인이 여러 사람일 때, 각 상속인이 받을 수 있는 유산의 비율을 말한다.

증여(贈與)

당사자 일방인 증여자가 무상으로 자기 재산을 상대방인 수증자에게 주겠다는 의사표시를 하고 상대방이 이를 승낙함으로써 그 효력이 생기는 무상, 낙성, 편무, 불요식의 계약을 말한다. 증여는 무상계약이니 만큼 당사자가 서면으로 계약서를 써 놓지 않는 한 급부의 이행 전에 증여계약을 해제할 수 있다. 또한 수증자가 증여자나 그의 가족에게 나쁜 행위를 한 경우에도 역시 증여계약을 해제할 수 있다.

중대한 과실(重大한 過失)

① 형법상 주의의 태만(부주의)의 정도가 큰 것. 중과실의 경우에는 형이 가중되거나(형법 제171조, 제189조제2항, 제268조) 특히 처벌된다(형법 제364조). 어떠한 과실이 중과실인가는 개개의 경우에 구체적인 사정을 고려하여 판단되어야 할 것이나 일반적인 기준으로서 다음의 몇 가지를 들 수 있다.

- 범죄사실의 인식이나 결과의 예견 및 회피가 용이할수록 과실이 크다.
- 긴장의 결여가 클수록 과실이 크다.
- 주의력이 높은 사람일수록 과실은 크다.
- 인식 있는 과실은 인식 없는 과실보다 일반적으로 과실의 정도가 높다.
- 기타 주의의무의 준수를 용이하게 기대할 수 있는 때일수록 과실은 크다.

② 민법상 선량한 관리자의 주의를 현저하게 결하는 것.

혼동(混同)

채권과 채무가 동일인에 귀속하게 되어 채권을 소멸시키게 되는 채권소멸원인의 일종이다. 예컨대 금전소비대차계약이 있는 경우 채권자가 채무자를 상속하게 되어 피상속인이 가지던 자신에 대한 채무를 귀속 받게 된다면 상속인은 자신의 채권에 대한 채권자와 채무자의 지위를 동시에 가지게 되므로 당연히 채권은 혼동으로 소멸하게 된다.

한정승인(限定承認)

피상속인의 사망으로 인해 상속인은 자동적으로 그의 모든 권리・의무를 상속받는다. 그런데 피상속인이 빚만 있고 재산은 하나도 없을 때까지도 상속인이 무조건 상속하여야 한다면 불합리하다. 그러므로 상속인에게 이를 승인할지 거절할지 고려기간 동안 선택하게 하는 바 상속인의 총재산에서 총부채를 뺀 나머지만 상속받겠다고 조건을 붙여 승인하는 것이 한정승인이다. 이는 단순승인으로 예상치 못한 빚을 떠안거나 단순포기로 재산을 잃어버리는 일을 방지하는 역할을 한다.

인지(認知)

혼인 외에서 출생한 자기의 자(子)임을 인정하는 의사표시로 인지는 유언으로도 할 수 있고 자(子)가 사망한 경우에도 직계비속이 있는 경우에는 할 수 있다.

의사표시(意思表示)

사람이 하는 행위에는 여러 가지가 있다. 그 중에서도 일정한 법률적인 효과를 얻기 위해 하는 행위를 의사표시라고 한다. 이러한 의사표시를 함에는 어떠한 행위를 한다는 의식이 있어야 하며 그 행위가 특정의 법률효과를 얻기 위한 의도 하에서 행해져야 하며 말이나 글이나 행동 등의 방법을 통해 그러한 의사를 표현하여야 한다. 이러한 표시의사 없이 우연히 혹은 최면상태 등에서 행해진 행위는 행위의사가 없어서 표의자의 행위라고 볼 수 없다.

◆ 제11강 여성과 범죄

의제(擬制)

서로 다른 사실을 법적으로는 동일한 것으로 간주하여 동일한 법률적 효과를 부여하는 일을 말한다.

백치(白痴・白癡)

뇌에 장애나 질환이 있어 지능이 아주 낮고 정신이 박약한 상태, 또는 그러한 사람, 천치

미필적고의(未必的故意)

결과발생의 가능성을 인식하고 있으면서도 행위에 나아간 경우 그러한 고의를 미필적 고의라고 한다. 반대되는 의미로는 확정적 고의가 있다. 결과발생의 가능성을 인식하고 있다고 해서 바로 범죄행위의 고의가 있다고 할 수는 없다. 왜냐하면 위험한 행위를 하는 것을 모두 범죄의 고의가 있다고 규정해서는 안 되기 때문이다. 하지만 그러한 상황을 인식하면서도 결과발생을 회피하지 않고 감수 내지 용인하는 의사가 있었다면 고의로 볼 수 있다.

준강간(準强姦)

상대방의 심신상실 또는 항거불능 상태를 이용하여 상대방의 잠재적인 성적자기결정권을 침해하여 간음하는 범죄를 말한다. 상대방이 거부의 의사표시를 할 수 없는 부녀라는 점과 폭행・협박을 수단으로 하지 않는다는 점에서 강간죄와 구별된다. 다만 항거불능 상태를 행위자가 의도적으로 만들어낸 경우에는 준강간죄가 성립하는 것이 아니라 강간죄가 성립한다. 준강간죄를 범한 자는 강간죄와 마찬가지로 3년 이상의 징역에 처한다.

이취(泥醉)

술에 몹시 취하는 것

보호법익(保護法益)

어떤 법의 규정이 보호하려고 하는 이익으로 살인죄에서 사람의 생명, 절도죄에서 재물의 소유권 따위이다.

법률의 착오(法律의 錯誤)

형법에서 어떤 행위가 법률로 금지된 것을 모르거나 허용된다고 믿는 일로 고의 여부에 따라 문제가 된다.

친고죄(親告罪)

범죄의 피해자 기타 법률이 정한 자의 고소 · 고발이 있어야 공소할 수 있는 범죄로 형법상 간통죄 · 강간죄 · 강제추행죄 · 준강간죄 · 준강제추행죄, 미성년자 등 간음죄, 업무상 위력 등에 의한 간음죄, 혼인빙자간음죄, 미성년(13세 미만)자에 대한 간음 · 추행죄, 사자(死者)명예훼손죄, 모욕죄 등이 친고죄에 해당한다. 친고죄를 인정하는 이유는 피해자나 피해자 가족의 의사와 명예를 존중할 필요가 있거나 그 죄질이 경미한 경우가 있기 때문이다.

친고죄에는 상대적 친고죄와 절대적 친고죄가 있다. 전자는 범인이 피해자와 일정한 신분관계를 가지는 경우에 한하여 친고죄가 되는 경우를 말한다. 예컨대 친족상도(親族相盜 : 형법 제328조제2항, 제344조)와 같은 범죄이다. 이 경우 범인을 지정하여 고소하지 않는 한 다른 공범자를 고소하더라도 그 효과는 친족인 공범자에게 미치지 않는다. 후자는 범인이 피해자와 일정한 신분관계가 있든 없든 친고죄가 성립하는 경우를 말한다. 강간죄 · 강제추행죄(형법 제306조, 제297조, 제298조) · 사자명예훼손죄 등이 이에 해당한다. 친고죄에 대한 고소 · 고발은 소송조건이므로 이에 위반되면 그 공소는 법률의 규정에 위반하였다는 이유로 판결로써 기각된다(형사소송법 제327조제2호). 고소는 범인을 알게 된 날로부터 6개월 안에 해야 하지만 성폭력 범죄의 처벌 및 피해자 보호에 관한 법률상의 친고죄에 해당하는 경우에는 1년이 지나면 고소할 수 없다. 고소 취소는 1심 판결 전까지 해야 하고 다른 공범이 있는 경우 범인 한 사람만 선택해서 취소할 수는 없고 그런 취소라 하더라도 다른 공범 전체가 취소되는 것으로 본다. 일단 고소를 취소하면 다시 고소할 수 없다. 또 간통죄 고소는 이혼소송을 제기하거나 혼인이 해소된 후에만 고소할 수 있기 때문에 배우자라는 증거인 호적등본이나 주민등록등본, 이혼심판 청구 접수증을 함께 제출해야 한다.

◆ 제12강 성폭력과 법

강간미수

강간미수란 강력범죄의 하나로서 상대방의 동의 없는 성교까지 이르지 않은 행위를 말한다. 이 범죄는 강간과 더불어 최근 점차로 많이 증가하고 있음을 각종 통계수치로도 확인할 수 있지만 범죄의 특성상 신고 되지 않는 경우가 신고 되는 경우보다 훨씬 많다. 그러나 강간미수 또는 강간은 이처럼 수적으로 질적으로 가장 심각한 범죄 중의 하나로 인식되고 있음에도 불구하고 살인과 같은 다른 강력범죄와 동일하게 취급되지 않는 면이 있다.

스토커(stalker)

관심 있는 상대를 병적으로 집요하게 따라 다니며 괴롭히는 사람을 일컫는 말로 몰래 접근하다, 미행하다라는 뜻의 영어 'stalk'에서 유래된 말이다. 스토커는 본인이 일방적으로 관심 있는 상대를 병적으로 따라 다니는 사람으로 그런 행위를 스토킹이라 한다. 외국에서는 비틀스 멤버였던 존 레넌, 미국 여배우 레베카 셰퍼, 이탈리아의 패션 디자이너 지아니 베르사체 등이 스토커에 의해 살해되는 등 스토커에 의한 피해사례가 급증하면서 사회문제로 대두되고 있다. 흔히 치정사건으로 분류되는 사건의 대부분은 스토킹과 관련이 깊고 몇몇 국내 연예인들이 스토킹 피해를 당하고 있는 것으로 알려지면서 스토킹 처벌에 관한 특례 법안 제정을 서둘러야 한다는 여론이 높아지고 있다.

밤 메일(Bomb Mail)

한꺼번에 엄청난 양의 전자우편을 송신해 다른 사람의 정보처리장치를 과부화 상태로 만들어 마비되게 하는 전자우편의 한 가지, 인터넷을 통한 전자우편의 이용이 일반화되면서 한꺼번에 수만 통에 이르는 엄청난 양의 전자 우편을 다른 사람이나 기업의 컴퓨터에 송신, 정보처리장치를 과부하 상태로 만들어 마비되게 함으로써 네티즌들에게 막대한 피해를 안겨주는 일이 있는데 이러한 전자우편을 말한다.

남녀고용평등법(男女雇傭平等法)

고용에 있어서 남녀의 평등한 기회와 대우를 보장하기 위해 제정한 법률(1987. 12. 4 법률 제3989호), 헌법의 평등이념에 따라 고용에 있어서 남녀의 평등한 기회 및 대우를 보장하는 한편 모성을 보호하고 직업 능력을 개발하여 근로 여성 의 지위향상과 복지증진에 기여함을 목적으로 한다.

혈족(血族)

친자・형제・자매・숙질(叔姪) 등의 관계에 있는 자와 같이 상호간에 사실상 자연혈연관계가 있는 자연혈족, 그러나 민법상 양친자(養親子)의 관계와 같이 혈연관계는 없지만 법률상 혈족으로 의제(擬制)되는 법정혈족이 있다. 이를 준혈족(準血族) 또는 인위혈족(人爲血族)이라고도 한다. 따라서 민법상 혈족이라 할 때에는 자연혈족과 법정혈족을 포함하여 말한다.

인척(姻戚)

어떤 사람과 그 사람의 혈족(血族)의 배우자, 배우자의 혈족, 배우자의 혈족의 배우자 사이의 신분관계(민법 769조), 예컨대 혈족인 형제자매와 삼촌・고모 등의 배우자인 형수・계수・매부(妹夫)・숙모・고모부 등과 배우자의 혈족인 장인・장모・처남・처제 등 그리고 배우자의 혈족의 배우자인 처남이나 처제 등의 배우자를 말한다. 민법은 배우자・혈족 및 인척을 친족(親族)으로 규정하고 있으나(동법 제767조) 인척이 모두 친족인 것은 아니고 8촌 이내의 혈족, 4촌 이내의 인척, 배우자만을 친족으로 한정하고 있다(동법 제777조).

◆ 제13강 성희롱과 법

음화(淫畵)

주로 음란한 그림으로 형법상 음화에 관한 범죄의 대상에는 음란한 그림과 그 밖의 물건이 해당된다.

약취(略取)

폭력 따위를 써서 빼앗거나 폭력이나 협박 등으로 사람을 유괴하는 것이다.

불법행위(不法行爲)

고의 또는 과실에 의하여 남의 권리를 침해함으로써 손해를 입히는 행위이다.

위력(威力)

사람을 위압하는 힘 또는 강대한 힘이나 권력을 말한다.

중재(仲裁)

노동 쟁의 조정법에서 노사(勞使) 쌍방의 신청이나 행정 관청의 요구 등이 있을 때 노동 위원회에서 중재 재정(仲裁裁定)을 내려 쟁의를 해결하는 일을 말한다.

조정(調停)

노동 쟁의 조정법에서 쟁의가 알선으로 해결되지 않았을 때 노동 위원회에서 선출한 조정 위원이 노사(勞使) 쌍방의 의견을 듣고 조정안을 작성·제시하여 쟁의가 해결되도록 노력하는 일, 민사상 또는 가정 내의 분쟁을 해결하기 위하여 법원 등의 제삼자가 당사자 사이에 들어서 화해시키는 것을 말한다.

견책(譴責)

공무원에 대한 징계 처분의 한 가지로 잘못을 꾸짖고 다시 그런 일이 없도록 주의시키는 가벼운 벌을 말한다.

감봉(減俸)

공무원에 대한 징계 처분의 한 가지로 일정 기간 동안 봉급의 3분의 1이하를 줄여서 지급하는 일, 벌봉(罰俸)

정직(停職)

공무원 징계 처분의 한 가지이며 공무원의 신분은 그대로 두되 일정 기간 직무에 종사하지 못하게 하고 보수의 3분의 2를 감하는 일을 말한다.

해임(解任)

공무원의 징계 처분의 한 가지이며 공무원의 신분은 박탈하되 연금(年金)은 지급하는 일을 말한다.

파면(罷免)

공무원의 징계 처분의 한 가지로 공무원의 신분을 박탈하는 일을 말한다.

◆ 제14강 남녀평등과 법

시정권고(是正勸告)

잘못된 것을 바로 잡도록 권고하는 것을 말한다.

고발(告發)

고소권자인 피해자 이외의 사람이 수사 기관에 범죄 사실을 신고하고 수사 및 범인의 기소를 요구하는 일을 말한다.

직권조사(職權調査)

공무원 등이 그 직무를 수행(遂行)하기 위하여 가지고 있는 권한으로 어떤 사실이나 사물의 내용을 뚜렷하게 알기 위하여 자세히 살펴보거나 찾아보는 일을 말한다.

원상회복(原狀回復)

일정한 사실이 없었던 것과 같은 원래의 사실상 또는 법률상의 상태를 만드는 일이며 계약의 해제 또는 불법행위의 경우에는 계약이나 불법행위가 없었던 본래의 상태로 상대방을 회복시킬 의무가 발생한다.

손해배상(損害賠償)

위법(違法)한 행위에 의하여 타인에게 끼친 손해를 전보(塡補)하여 손해가 없었던 것과 동일한 상태로 복귀시키는 일로써 적법한 공권력의 행사에 의하여 가하여진 경제상의 특별한 희생(공용징수)에 대하여 행정주체가 행하는 재산적 보상인 손실보상(損失補償)과 구별된다.

소명(疎明)

법관이 당사자가 주장하는 사실에 대하여 일단 확실한 것 같다는 추측을 얻은 상태 또는 그렇게 하기 위하여 증거를 제출하는 일로 고도의 심증(心證)인 확신(確信)을 가지게 하는 증명(證明)과는 다르다. 소송절차를 진행함에 있어 엄격한 증명을 기다리다가는 시기에 늦는다거나 처리의 신속을 꾀하기 위하여 특히 소명만으로써 충분하다고 법이 규정하고 있을 때에만 인정된다.

재결(裁決)

소원(訴願)의 제기나 행정 소송에 대한 행정 기관의 판정을 말한다.

양벌규정(攘伐規定)

위법행위에 대하여 행위자를 처벌하는 외에 그 업무의 주체인 법인 또는 개인도 함께 처벌하는 규정으로 쌍벌규정(雙罰規定)이라고도 한다. 법인의 대표자나 법인 또는 개인의 대리인 · 사용인 및 기타의 종업원이 법인 또는 개인의 업무에 관하여 위법행위를 한 때에 행위자를 처벌하는 외에 그 법인 또는 개인도 처벌하는 규정을 말하며 행정법규의 실효성을 확보하기 위하여 인정된다. 종래에는 위법행위에 대하여 그 행위의 효과의 귀속주체만을 처벌하는 전가규정(轉嫁規定)이 많았으나 최근에는 양벌규정이 많아지고 있다(건축법 제81조, 고용보험법 제87조, 관세법 제279조, 국민연금법 제106조, 근로기준법 제116조, 남녀고용평등법 제24조, 도로교통법 제116조, 문화재보호법 제86조, 소방법 제118조, 외국환관리법 제31조 등). 형벌은 일신전속적(一身專屬的)인 것인데 행정형벌법규에서 양벌규정을 두는 경우에 행위자 이외의 자가 지는 책임의 본질은 타인의 책임을 대신하여 지는 대위책임(代位責任)이나 무과실책임이 아니고 자기의 지배범위 내에 있는 자에 대하여 위법행위를 하지 않도록 하여야 할 주의의무 · 감독의무를 해태한 과실책임이다. 형사범에서는 법인의 범죄능력이 인정되지 않으나 행정범에서는 법인의 범죄능력이 인정되며 이때 법인의 책임 형식은 양벌규정에 의한 재산형인 것이 일반적이다. 양벌규정이 없는 경우에도 행위자 이외의 자에 대한 처벌을 할 수 있는가에 대하여 견해의 대립이 있으나 이는 죄형법정주의(罪刑法定主義)의 원칙상 인정되지 않는다고 본다.

고발(告發)

범인 또는 피해자 이외의 제3자가 수사기관에 범죄사실을 신고하여 그 소추(訴追)를 요구하는 의사표시로 제3자는 누구나 범죄가 있다고 생각될 때는 고발을 할 수 있다(형사소송법 제234조제1항). 공무원이 직무수행상 범죄를 발견한 때에는 고발의 의무가 있다. 고발의 방식 및 고발을 했을 경우의 절차는 고소(告訴)의 경우와 같다. 고발은 일반적으로는 수사의 단서에 불과하지만 특별법에 의하여 고발이 소송조건이 되는 경우가 있다. 예컨대 관세범(關稅犯)·조세범(租稅犯)에 대한 소관 공무원의 고발 같은 것이다. 또한 고발은 단순한 피해신고나 전말서(顚末書)의 제출과는 다르며 고소가 피해자를 중심으로 한 특정인의 의사를 존중하는 것임에 비해 고발은 제3자의 의사를 존중한다는 점이 다르지만 고발도 고소의 경우와 같은 이유로 자기 또는 배우자의 직계존속에 대해서는 하지 못한다(동법 제235조).

과태료(過怠料)

벌금이나 과료(科料)와 달리 형벌의 성질을 가지지 않는 법령위반에 대하여 과해지는 금전벌(金錢罰)이며 현행법상 과태료를 정하는 법률의 규정은 적지 않으나 각각의 성질에 따라 이에 적용되는 법원칙이나 절차는 같지 않다.

비송사건절차법(非訟事件節次法)

비송사건(법원이 다루는 사건 중에서 소송사건 이외의 민사에 관한 모든 사건)의 절차를 규정하기 위한 법률(전문개정 1991. 12. 14, 법률 제4423호)로써 법원의 관할에 속하는 비송사건으로서 다른 법령에 특별한 규정이 있는 경우를 제외한 모든 사건에 적용한다. 비송사건은 주소지 또는 거소지의 지방법원의 관할을 원칙으로 한다. 법원 직원의 제척·기피, 신청 및 진술의 방법, 기일·기간·소명방법·인증과 감정에 관하여는 민사소송법의 규정을 준용한다. 법원은 직권으로 사실의 탐지와 필요하다고 인정하는 증거의 조사를 하여야 한다. 심문은 공개하지 않으며 법원 서기관·법원 사무관·법원 주사 또는 법원 주사보는 심문에 관하여 조서를 작성하여야 한다. 검사는 비송사건에 관하여 의견을 진술하고 심문에 참여할 수 있다.

찾아보기

[저자 약력]

독일 Osnabrück대 법학박사(Dr. iur.) 취득
미국 William & Mary College Law School 방문연구교수
중국 상해대/청도대 법학원 방문연구교수
현재 부경대학교 법학과 교수

[저 서]

민법총칙(개정판)(법문사, 2014)
신부동산등기법(동방문화사, 2014)
물권법(부경대출판사, 2013)
물권법 I(부경대출판사, 2011)
물권법의 정리(부경대출판사, 2008)
담보물권법(부경대출판사, 2006)
생활과 법률(제2판, 공저)(법문사, 2006)

여성과 법률 [신정판]

2009년 2월 20일 초판 발행
2011년 3월 1일 개정판 발
2014년 3월 5일 신정판 1쇄

저 자 [illegible] 병 구
발행인 배 효 선
발행처 도서출판 法 文 社

413-120 경기도 파주시 회동길 37-29
등 록 1957년 12월 12일 제2-76호(윤)
전 화 031-955-6500~6, 팩 스 031-955-6525
e-mail(영업) : bms@bobmunsa.co.kr
(편집) : edit66@bobmunsa.co.kr
홈페이지 http://www.bobmunsa.co.kr
조 판 법 문 사 전 산 실

정가 26,000원 ISBN 978-89-18-08034-5

불법복사는 지적재산을 훔치는 범죄행위입니다.
이 책의 무단전재 또는 복제행위는 저작권법 제136조 제1항에 의거, 5년 이하의 징역 또는 5,000만원 이하의 벌금에 처하게 됩니다.